中國學術思想 研究輯刊

二二編

林慶彰 主編

第6冊

錢澄之《田間詩學》研究

江曙、林紅 著

花木蘭文化出版社

國家圖書館出版品預行編目資料

錢澄之《田間詩學》研究／江曙、林紅 著 -- 初版 -- 新北市：
花木蘭文化出版社，2015〔民 104〕
目 2+208 面：19×26 公分
（中國學術思想研究輯刊 二二編：第 6 冊）
ISBN 978-986-404-363-7（精裝）
1.（明）錢澄之 2. 明代詩 3. 詩學 4. 詩評
030.8　　　　　　　　　　　　　　　　　104014676

ISBN- 978-986-404-363-7

9 789864 043637

中國學術思想研究輯刊
二二編　第 六 冊　　　　　　ISBN：978-986-404-363-7

錢澄之《田間詩學》研究

作　　者　江曙、林紅
主　　編　林慶彰
總 編 輯　杜潔祥
副總編輯　楊嘉樂
編　　輯　許郁翎
出　　版　花木蘭文化出版社
社　　長　高小娟
聯絡地址　235 新北市中和區中安街七二號十三樓
　　　　　電話：02-2923-1455／傳真：02-2923-1452
網　　址　http://www.huamulan.tw 信箱 hml810518@gmail.com
印　　刷　普羅文化出版廣告事業
封面設計　劉開工作室
初　　版　2015 年 9 月
全書字數　185455 字
定　　價　二二編 22 冊（精裝）新台幣 40,000 元

錢澄之《田間詩學》研究

江曙、林紅　著

作者簡介

江曙，1985 年生，男，安徽桐城人，現暨南大學在站博士後。南京大學文學博士，研究方向爲明清、近代文學。博士學位論文爲《商務印書館與中國近代小說（1898～1919）》，博士後研究方向爲方言與中國近代小說。主持博士後資金資助項目與研究生科研創新項目各一項，在核心期刊發表學術論文十餘篇。

林紅，1986 年生，女，江西宜春人，暨南大學研究生。研究方向爲《詩經》、明清學術史。在核心期刊發表《虎座飛鳥性質用途論》、《漢唐之間袁氏世系考證》等多篇論文。

提　要

本書以錢澄之的《田間詩學》爲研究中心，通過細緻的文本研究總結它的注釋特色，並概括它的詩學理論與風格，從而定位它在明清《詩經》學史上的坐標與地位。錢澄之作爲明末清初遺民的代表人物，通過與同爲遺民的「清初三大家」之一王夫之以及貳臣孫承澤進行比較，在這種雙向的比較中凸顯遺民身份對他們《詩經》學研究的影響，從而對這個群體的《詩經》學著作做一個獨特的關照，論述錢澄之《田間詩學》在遺民《詩經》學史中的地位與作用。

《田間詩學》採用博採諸家、斟酌舊解並有所發揮的「學體」，在個人發揮、識斷的部分採用「按」、「愚按」的形式，從地點解釋、說解語義、名物訓詁、間附己見、標示章旨脈絡等不同層面來詮釋經文大義，運用歷史參照、引經據典、禮學釋義等方法。

《田間詩學》在詩學理論上重點探討詩樂關係，主張詩全入樂，提出「以聲爲用」；論《周南》、《召南》之「南」，把「南」理解爲一種特殊的古樂；關於十五國風的次序，他承襲他父親的觀點，「認爲國風之次第，可以觀周室之世變焉」；大雅、小雅之別，指出應以音樂性質的差別來區分；三頌論，認爲頌爲音樂，並做區分。「《商頌》雖是祭祀之歌，祭其先王之廟，述其生時之功，正是死後頌德，非以成功告神，其體異《周頌》也。《魯頌》主詠僖公功德，才如變風之美者耳。又與《商頌》異也。」《田間詩學》漢宋兼採，繁複引用並有所創新，語言通俗平易，且有遺民底色。

通過與同爲明遺民的王夫之和與身份迥異的貳臣孫承澤比較，突出遺民身份對《詩經》研究的影響。最後定位錢澄之《田間詩學》在明清詩學中的地位，並強調它在遺民《詩經》學研究中承上啓下的作用。

目
次

緒　論

　　《詩經》是我國第一部詩歌總集，在戰國末年被列爲「經」，作爲文學和經學的雙重經典，它長久以來被古今文人閱讀與研究。胡樸安《詩經學》、戴維《詩經研究史》、洪湛侯《詩經學史》等以歷史發展爲主要線索，以宏觀的視野展現《詩經》研究發展的內在脈絡，個案研究與綜觀論述並舉。學術界把大部分的眼光都集中在了重要的幾部《詩經》研究的著作上，它們自然是研究《詩經》最爲重要和最爲基礎的內容，但如果一直把眼光聚焦在這幾個人物和著作上，無疑也會使我們的《詩經》研究逼入一個狹仄而封閉的境地。

　　劉夢溪先生指出：「中國兩千多年來的學術流變，有三個歷史分際點最值得注意：一是晚周，二是晚明，三是晚清，都是天崩地裂、社會轉型、傳統價值發生危機、新思潮洶湧競變的時代。初看起來，明清易代似乎與春秋時期以及清末民初大有不同。實際上明清之際文化裂變的深度和烈度，絲毫不讓於另外兩個時期，而就學術思想的嬗變而言，更隱蔽，更婉曲，更悲壯。」〔註1〕「明清易代既是我國社會歷史的轉折點，也是理解華夏學術思想嬗變的一個樞紐。」〔註2〕而最能體現明清易代對於學術文化的影響，莫過於通過遺民的著述，分析他們的生平遭際和學術觀點，從而觀照這種價值轉型的特殊時代對於《詩經》研究所開拓的新的思路和方向，進而更爲深入地體會明代詩學向清代詩學的轉變。

　　之所以選擇錢澄之《田間詩學》〔註3〕，正是因爲它作爲一部較少人關注

〔註 1〕劉夢溪，中國現代學術要略〔M〕，北京：三聯書店，2008：137～138。

〔註 2〕劉夢溪，中國現代學術要略〔M〕，北京：三聯書店，2008：138。

〔註 3〕錢澄之《田間詩學》是一部詩經學方面的著作，並非他詩歌的彙集（他的詩

的《詩經》學專著，對它進行研究可以進一步豐富《詩經》學史的內容；更是因爲錢澄之作爲明清之際的遺民，他的著述會向我們傳達關鍵時期學術轉變的方向，深入理解明清《詩經》學的繼承和發展，風格和特色。以這樣一位具體作家和具體作品爲支點，以點帶面凸顯其特色，並展現明清《詩經》學的發展和流變，是筆者的初衷所在。之所以選擇錢澄之《田間詩學》，其更爲直接的原因在於人們對錢澄之詩歌投入太多關注，而對他的詩學理論重視不夠。

歷代對錢澄之《田間詩學》評價較高。《四庫全書總目》對其評價：「大旨以小序首句爲主，所採諸儒論說自《注疏》、《集傳》以外，凡二程子、張子、歐陽修、蘇轍、王安石、楊時、范祖禹、呂祖謙、陸個、羅願、謝枋得、嚴粲、輔廣、眞德秀、邵忠允、季本、郝敬、黃道周、何楷二十家。其中王、楊、范、謝四家今無傳本，蓋采於他書。陸、羅二家本無《詩》注，蓋於釋草木鳥獸之名，引其《俾雅》、《爾雅翼》也。自稱毛、鄭、孔三家之書，錄者十之二，《集傳》錄者十之三，諸家各本錄者十之四。持論頗爲精覈，而於名物、訓詁、山川、地理言之尤詳。」其後胡樸安《詩經學》中論及：「清代《詩經》學，在乾嘉之前，大概家法尚未立，或雜採漢唐之說，或兼及宋明之言，亦有涉於文字聲音訓詁名物之處。如錢澄之《田間詩學》，其所採諸儒之論說……徐元文稱其書於漢唐以來之說，不主一人，無所攻故無所主，亦可以窺見錢氏著書之意矣。」徐世昌在《清儒學案》中也指出：「《田間詩學》十二卷，謂《詩》與《尚書》、《春秋》互爲表裏，必考之三《禮》以詳其製作，征諸三《傳》以審其本末，稽之《爾雅》以覈其名物，博之《竹書紀年》、《皇王大紀》以辨時代之異同與情事之疑信，即今輿記以考古之圖經，而參以生平所親歷。其書以小序爲主，所採諸儒論說，自注、疏、《集傳》外凡二十家。綜觀學術史，對錢澄之《田間詩學》評論重點爲：兼采漢宋、依據《詩序》、考證廣博、論證精覈。

《田間詩學》主要有三種版本，一是《田間詩學》康熙二十八年錢氏斟雉堂刻本，不分卷，爲目前發現最早刻本。其後有孫鳳城、金蓉鏡等人的評

歌方面的著作是《田間詩集》，當然還包括《藏山閣集》)。所以雖然他取名《詩學》，但並非針對詩歌而言，而是研究《詩經》的著作。本文在行文的過程中，爲了統一一致，還會使用「詩學」這個概念，但都是專指《詩經》學理論和觀點，並非現在一般意義上的詩歌理論。

點批校本。第二種《田間詩學》清同治二年刻本，總五卷，斟雉堂刻本的重刊本。還有《田間詩學》清文淵閣《四庫全書》本，共十二卷，是斟雉堂刻本的抄寫本。

1998 年以來，安徽黃山書社陸續整理並出版了錢澄之全部作品：《田間詩集》、《田間文集》、《田間易學》、《莊屈合詁》（1998）、《藏山閣集》（2004）、《田間詩學》（2005）、《所知錄》（2006）。《錢澄之全集》的整理出版，開啓了研究的新局面。

隨著安徽古籍叢書的編纂，錢澄之的著述得到了全面的整理、校勘和出版。其人其書逐漸被人瞭解和認識，出現了一系列相關的研究論文，包括學位論文。但總體看來，研究的視角主要還是針對他的詩歌：如趙春燕《錢澄之〈田間詩集〉研究》、張銘《錢澄之詩歌創作的藝術成就》、趙慶元，趙春《錢澄之〈田間詩集〉評析》、劉天行的《明末遺民錢澄之的詩歌》、趙永紀《錢澄之的詩和詩論》、潘多《錢澄之〈詩〉學觀探析》、李瑞智《論錢澄之田園詩的藝術特色》、馬亞中《留得眞詩在人間》、湯華泉《錢澄之〈藏山閣存稿〉編集流傳考述》、何長江《試論錢澄之的田園詩及其陶詩之意象比較》等論文，它們著重分析了錢澄之詩歌的內容、風格和成就；對於錢澄之的生平和易學、莊學、史學、文集的研究也有幾篇，它們分別是黃語《錢澄之前期交遊考》、錢搗祿《錢田間先生年譜》、王俊才《錢澄之評述》、汪學群《錢澄之的經世易學》、張永義《以莊繼易：錢澄之的莊學觀》、諸偉奇《錢澄之的〈所知錄〉》、趙慶元《情眞‧詞達‧氣暢‧自然 —— 錢澄之〈田間文集〉探析》；對於他的詩學只有一篇論文，就是王政的《由〈田間詩學〉二南邶鄘衛風看錢澄之說詩》，他主要選擇了其中的「二南」、邶風、鄘風、衛風部分，考察它們的詩學內涵。著重分析了錢氏政治詩學傾向、以禮以史證詩、以引詩釋詩、以傳統詩學範疇及典型化母題說詩等方面。

陳國安先生《論清代詩經學之發展》中提及《田間詩學》中敘寫錢澄之的遺民身份所表現出的遺民特色。潘多《錢澄之〈詩〉學觀探析》，論述錢澄之從聲樂角度探討《詩》之本原：在樂律而不是詞句。潘多《錢澄之〈詩〉學思想探析》指出錢澄之〈詩〉學思想是：尊古求實，賴序明旨；循禮據實，實事求是；博采眾說，各從其是。周挺啓《錢澄之〈田間詩學〉研究》（華東師範大學 2013 年博士學位論文），從《田間詩學》的寫作時代和學術背景出發，論述錢澄之的《詩》學概念，對《詩》序的解讀，訓詁的成就及不足，

對《詩》內容的考索，並從錢澄之的遺民身份研究他的遺民情懷的表現，最後總結《田間詩學》的學術史地位。文章論述較爲詳細。馮曉睿《錢澄之〈田間詩學〉研究》（廣西大學 2013 年碩士學位論文）側重於《田間詩學》一書的文獻學研究，同時將其與同時代的著作進行比較，以期凸顯文獻學價值和學術意義。張暉《易代之悲 —— 錢澄之及其詩》（人民文學出版社 2014 年版），以明遺民錢澄之的詩歌創作、詩學交遊、詩史建構、詩論撰述爲切入點，呈現明清易代之際士大夫的滄桑體驗與婉曲心境。其中第五章《從復明志士到窮愁遺老：錢澄之重返福建（1664～1667）的感傷旅程》和第六章《晚年著述文體與錢澄之「遺民」身份的自我建構》重點論述錢澄之遺民身份下的詩歌創作與心路歷程。

臺灣方面研究錢澄之的有譚景芳《錢澄之及其詩歌研究》，銘傳大學2005 年碩士學位論文。謝明陽《明遺民的莊子定位問題》，臺灣大學出版委員會 2001 年版。謝明揚《明遺民「怨」「群」詩學精神 —— 從覺浪道盛到方以智、錢澄之》（臺灣：大安出版社，2004 年版）。謝明陽指出，從覺浪道盛、方以智到錢澄之完成了從「怨」到「群」的詩學精神的轉變。

總之，對錢澄之詩學理論的研究還是存在嚴重不足的。

有關《詩經》的著述和論文，一直都是不絕如縷、異彩紛呈，其中涉及明清《詩經》學的論文主要有以下三個方面的內容：

一、對清代詩經學狀況的總結、概括和綜述，如寧宇的《清代〈詩經〉學的發展階段及主要派別》、《清代詩經學研究百年回顧》、陳國安的《清代詩經學研究綜述》、《論清初詩經學》，它們以時間的線索介紹了清代詩經學發展的整體情況；

二、抓住明清詩經學的一些特點做集中深入的論述。如何海燕《清代以文學說〈詩〉文獻述論》、李劍波《清代詩學的話語分析》、張洪海《試論明末〈詩經〉評點中的以詩評〈詩〉》、龍向洋《明清之際〈詩經〉文學評點論略》、孫之梅《明清人對「詩史」觀念的檢討》等論文從各個方面論述了明清詩經學的特色和風格，主要是體現了明清詩學逐漸「文學化」；

三、選取清代詩學中的代表性著作進行分析和闡述。邊家珍《論方玉潤〈詩經原始〉的政治教化思想》、陳景聚《姚際恒、崔述與方玉潤的〈詩經〉學「簡論」》、肖力《方玉潤〈詩經原始〉的文學批評方法研究》、張海晏《姚際恒〈詩經通論〉研究》（上、下）、左川鳳《姚際恒與戴震〈詩經〉研究之

比較》等，可以看出具體著作的選擇還是比較集中於清代詩學的「名著」上，對它們的研究涉及各個方面，比較充分，而對於大量的所謂的「普通」詩學著述則缺乏必要的研究。

　　而具體到王夫之和孫承澤的研究上，兩者存在極大反差。對於王夫之的研究不論專著、期刊論文還是碩博學位論文，都比較多，其中單篇論文多達上千篇。而對於孫承澤的研究論文卻非常少，主要有兩篇：劉仲華《試論清初降臣孫承澤與理學家的學術交往》、張青《館藏孫承澤的四部書稿本述略》，而實際上，孫承澤在清初也小有名氣，著作多達二十幾種，對他的研究遠遠不夠深入，他有關《詩經》的研究著作《詩經朱傳翼》，還沒有相關研究論文。王夫之有關《詩經》的著作，包括《詩廣傳》、《詩經稗疏》、《薑齋詩話》三部著作，相關的主要研究論文包括：王玨的《王夫之〈詩經稗疏〉訓詁舉例》、魏春春《從〈詩經稗疏〈看王夫之的〈詩學〉闡釋學方法——兼與雷慶翼先生商榷》、雷慶翼的《王船山〈詩經稗疏〉治學方法管窺》、雷慶翼的《評王船山〈詩經稗疏〉》、張少康的《陽明心學與王夫之的〈薑齋詩話〉》、徐志嘯的《〈薑齋詩話〉詩學價值論》、曾玲先的《再談王船山〈詩廣傳〉對〈詩經〉的解讀》、程碧花的《關於〈詩廣傳〉成書年代的若干質疑》、袁愈宗的《論〈詩廣傳〉的思想內容》、袁愈宗的《王夫之〈詩廣傳〉成書年代考》，涂波的《〈詩廣傳〉主旨新探》以及袁愈宗的《從〈詩廣傳〉看王夫之的詩情觀》，而相關的碩博論文包括：袁愈宗的《〈詩廣傳〉詩學思想研究》、程碧花的《王夫之〈詩廣傳〉研究》、羅金燕的《王夫之〈詩廣傳〉闡釋思想和闡釋方法研究》、高美平的《王夫之〈詩經稗疏〉研究》、李鍾武的《王夫之詩學範疇研究》、張永奇的《因以通君子之道——王夫之的莊學研究》、肖建原的《王夫之對老莊思想的研究》。這些論文涉及到了方法、範疇、成書、內容、價值影響等等方方面面，是本文對王夫之《詩經》學分析的重要參考，但本文主要是從他遺民身份的角度、從與錢澄之、孫承澤對比的角度中進行論述，同時，也試圖把《詩廣傳》、《詩經稗疏》、《薑齋詩話》放在一個整體的視野中，比較全面地認識王夫之的《詩經》學成就和特色。總之，對於王夫之的研究已經比較全面深入，本文正是以這眾多的研究成果爲基礎進行論述的，當然，在視角上，本文盡量出新，而一些論述比較充分的內容，下文也將不再贅述。

　　當明清之際日漸成爲古典文學文化研究的一個中心地帶，對於明末清初的時代背景研究及其對於生活在這個特殊歷史時期的遺民的研究，九十年代

以來也取得了很多的成果。謝國楨先生的《晚明史籍考》、《增訂晚明史籍考》、《明末清初的學風》、《明清之際黨社運動考》是九十年代之前的開荒之作，90 年代以來形成了一個研究高潮：陳祖武《清初學術思辨錄》、周明初《晚明士人心態與文學個案》、謝正光等《清初人選清詩彙考》、林仁川《明末清初中西文化衝突》、孫立《明末清初詩論研究》，還有趙園《明清之際士大夫研究》、李政《明清之際蘇州作家群研究》、謝正光《清初詩文與士人交遊考》等，對於明末清初這個歷史、學術的轉折點進行了多方面的思考和探析，爲我們瞭解錢澄之其人其書提供了一個相對細緻的歷史背景。

在研究方法上，主要是運用分析和歸納相結合的研究方法，概括《田間詩學》所體現的注解體例、特色和詩學理論；其次是運用比較分析的方法，把錢澄之與同樣處於明末清初的王夫之、孫承澤進行比較，在對比中凸顯錢澄之《田間詩學》的特點，在比較中對其做出合理的評價，並在這個基礎上對清初遺民《詩經》學的特點進行初步探討；當然，在具體論述的過程中，盡量做到微觀和宏觀相結合，把錢澄之《田間詩學》放在明清詩學的大的歷史背景和線索中進行關照，以彰顯《田間詩學》的地位和影響。

相對應地，本書的創新點也主要有以下幾個：

首先，論文以《田間詩學》爲研究中心，通過細緻的文本研究歸納他注解的特色，彌補對錢澄之詩歌研究之外《詩經》研究方面的不足；

其次，在《田間詩學》注釋研究的基礎上，進一步歸納、概括它的詩學理論、風格、特色，從而總結它在明清《詩經》研究史上的地位，豐富《詩經》學史的內容；

最後，作爲明末清初遺民的代表人物，通過與同爲遺民的「清初三大家」之一王夫之以及貳臣孫承澤進行比較，在這種雙向的比較中凸顯遺民身份對他們《詩經》學研究的影響，從而對這個群體的詩經學著作做一個獨特的關照，論述錢澄之《田間詩學》在遺民詩經學史中的地位與作用。

第一章　錢澄之《田間詩學》[註1] 的寫作背景

第一節　錢澄之的人生經歷

　　錢澄之一生艱危遍歷，坎坷窮苦，依照他的人生軌迹，大致可以分爲三個階段：崇禎十七年（1644）之前，爲青少年時期。順治元年（1644）到順治八年（1651）爲中期，經歷了甲申國變，避難留都，後遭黨錮之禍逃往吳越，再經閩入兩廣，經歷了9年的顛沛流離生活。後期則從順治九年（1652）北歸至康熙三十二年（1693）病歿於故里，這個時期，也有若干次出遊，但多是出遊求食，減緩生存的壓力，開始閉門著述，寫出了大量著作。終其一生，經歷了由名士——戰士——隱士的過程[註2]。這種身份的變化也導致他的思想經歷了從儒家「兼濟天下」的抱負到儒佛交融再到儒釋合一轉變的過程[註3]，但縱觀這個過程，我們會發現，他儒家思想的底色一直沒有變，他在堅守，堅持儒生的本分，所以，在「天崩地裂」的時代，他沒有選擇投誠，而是選擇了冒著生命危險追隨遠在千里之外的南明朝廷，選擇了嚴守夷夏之辨，成爲遺民[註4]。他做出這個抉擇，與植根於他心中的儒家思想是分不開的。錢澄之出生於儒學之家，父親重視禮法 「有名當世」[註5]，母親

〔註 1〕錢澄之著，朱一清校點，田間詩學〔M〕，合肥：黃山書社，2005：415。
〔註 2〕張瑞傑，錢澄之詩歌研究〔D〕，蘇州：蘇州大學，2008：76。
〔註 3〕張瑞傑，錢澄之詩歌研究〔D〕，蘇州：蘇州大學，2008：83。
〔註 4〕許曉燕，錢澄之閩粵桂詩歌研究〔D〕，合肥：安徽大學，2007：42。
〔註 5〕錢澄之撰，彭君華校點，何慶善審訂，田間文集〔M〕，合肥：黃山書社，1998：546。

也來自桐城儒學之家〔註6〕，從小就接受儒家傳統教育，受儒學之風的薰陶，他回憶幼年與眾多兄弟讀書的情形，「我家世清白，子弟里中賢。守拙畫長饑，論文夜不眠。」〔註7〕而錢澄之在這眾多兄弟中，志向尤為明朗遠大，他「少負奇氣，有用世之志」〔註8〕，「形貌偉然，以經濟自負，常思冒危難以立功名」〔註9〕，胸懷兼濟之志，一心想報效朝廷，奪取功名。他又與復社、東林黨等會社的氣節之士方以智、錢棅、胡星卿、吳鑒在、孫克臨等交往，結下了深刻的友誼。他們同聲相契，批評時政，意氣風發，而錢澄之本身性格就豪爽磊落，偏急梗直〔註10〕。所以，他對亂國亂政的閹黨是深惡痛絕，方苞撰《田間先生墓表》記載了讓他名聞四方的痛斥閹黨一事：

> 弱冠時，有御史某，逆閹餘黨也。巡按至皖，盛威儀，謁孔子廟，觀者如堵。諸生方出迎，先生忽前，扳車而攬其帷，眾莫知所為。御史大駭，命停車，而溲溺已濺其衣矣。先生徐正衣冠，植立，昌言以詆之，騶從數十百人，皆相視莫敢動。而御史方自幸脫於逆案，懼其聲之著也。漫以為病顛而捨之。先生由是名聞四方〔註11〕。

這時的錢澄之鬥志昂揚，滿懷建功立業的抱負、理想，他並不滿足於讀經考取功名，而是「嘗思危難以立功名」〔註12〕，希望在國家危難之時建立奇功偉業，一鳴驚人，揚名四海。「我有四海志，離家動經年。」〔註13〕「天生我輩才，安事終沈冥。胡為方壯盛，終歲守一經。努力策奇勳，上勒燕然銘。」〔註14〕，所以，當滿清的鐵騎踏入中原，錢澄之加入錢棅的起義隊伍，起義失敗，又追隨隆武、永曆，遠涉閩廣，九死一生的悲慘坎坷，支持他的也正

〔註6〕錢澄之撰，彭君華校點，何慶善審訂，田間文集〔M〕，合肥：黃山書社，1998：554。

〔註7〕湯華泉校點，藏山閣詩存〔M〕，合肥：黃山書社，2004：185。

〔註8〕張舜徽，清人文集別錄〔M〕，武漢：華中師範大學出版社，2004：17。

〔註9〕方苞《田間先生墓表》，轉引自諸偉奇等輯校：《所知錄》，合肥：黃山書社，2006年，第235頁。

〔註10〕錢澄之撰，彭君華校點，何慶善審訂：《田間文集》卷二十九，《三兄幼安行略》：「顧偏急，不能容人過失，又不謹於口，言輒犯人忌諱，予兄弟皆坐此病。」第561頁。

〔註11〕方苞《田間先生墓表》，轉引自諸偉奇等輯校：《所知錄》，合肥：黃山書社，2006年，第235頁。

〔註12〕同上註。

〔註13〕湯華泉校點，藏山閣詩存（卷七）〔M〕，合肥：黃山書社，2004：185。

〔註14〕湯華泉校點，藏山閣詩存（卷二）〔M〕，合肥：黃山書社，2004：43。

是這種經濟抱負，奇勳偉績的理想吧。可是，當硝煙慢慢散去，當南明王朝土崩瓦解，當他再也無法追隨南明朝廷，再也沒有辦法冒危難立功名，青春已逝，少年的銳氣意氣也漸漸被殘酷的現實、無情的時光磨平。「亂日功名都小草，老年心事付高歌」〔註 15〕，一曲高歌之餘，他其實只能回歸到安身立命的儒家，只能回歸到少年時可能並不以為然的「埋首讀經」。一方面，回到儒家經典，也就回到了家族文化傳統，「早知家世尊經術，還向周秦覓異書」〔註 16〕，「聊識先世傳經之意」〔註 17〕，但另一方面，更是因為鑽研經學、著述立說也能成就不朽之盛事，留名千古，建立另一個層面的豐功偉業。但經歷甲申之變，經過國破家亡，物是人非之後，再次回歸到儒家經學，此時的著述立說，闡發經典已沾染上了特殊的意義。錢澄之在行藏出處之間選擇了作為遺民，他同時選擇的還有一代遺民進而浴血奮戰，退而含血著述的典型人生軌迹。那麼，當遺民的特殊身份與著述立說的選擇相結合，就不僅僅是傳經，同樣有經世救國之意義，因此，晚年的錢澄之「以墳典自娛」〔註 18〕，「杜足田間，治諸經」〔註 19〕，於經學方面，他先後完成了詩、易、屈、莊四注，其中，錢澄之尤為重視《田間詩學》、《田間易學》，此二書「頗發前人所未發，老年心血，盡耗於此〔註 20〕」。晚年的錢澄之為它們的刊刻流傳，付之剞劂，可謂勞神勞力，費盡心血，「篇幅一尺盈，心血十年嘔。倘能使流傳，吾生庶無負〔註 21〕」在他看來，二書的傳世甚至比他富有盛名的詩歌還有意義，「半世詩名應浪竊，一生經書且成編。故人肯教微言絕，何計流行令早傳」〔註 22〕。晚年的書信，更是年年心念此事，難以忘懷，他最為放心不下的除了「為小孫草構一椽」〔註 23〕就是二書的傳世。他還說：「妄欲借知己之力，

〔註 15〕 諸偉奇校點，田間詩集・補哭方還山詩〔M〕，合肥：黃山書社，1998：467。
〔註 16〕 諸偉奇校點，田間詩集（卷二十五）〔M〕，合肥：黃山書社，1998：515。
〔註 17〕 湯華泉校點，藏山閣集・田間尺牘（卷三）〔M〕，合肥：黃山書社，2004：499。
〔註 18〕 錢仲聯主編，廣清碑傳集〔M〕，蘇州：蘇州大學出版社，1999：158。
〔註 19〕 方苞《田間先生墓表》，轉引自諸偉奇等輯校：《所知錄》，合肥：黃山書社，2006 年，第 235 頁。
〔註 20〕 湯華泉校點，藏山閣集・田間尺牘・複方有懷〔M〕，合肥：黃山書社，2004：511。
〔註 21〕 諸偉奇校點，田間詩集・贈陳胤倩〔M〕，合肥：黃山書社，1998：387。
〔註 22〕 諸偉奇校點，田間詩集・以所著詩學易學示魏青城〔M〕，合肥：黃山書社，1998：482。
〔註 23〕 湯華泉校點，藏山閣集・田間尺牘〔M〕，合肥：黃山書社，2004：512。

付之剞劂,及犬馬之尚存,親自校訂以行世,即死亦足瞑目矣。萬念俱灰,惟此一事,不能忘也。」〔註24〕這種念念不忘著述的傳世,這種急切和恐慌,表面上是「此老專一不忘身後之名」,而實際上與他特殊的遺民身份以及他對這種身份的認同有莫大關聯。

晚年的錢澄之並沒有因為時間的推移,生活的窮困而忘懷故朝,相反,歲至暮年,更為傷感和失落。「老逢歲暮悲前事,客到途窮憶舊恩」〔註25〕,「語及先臣恨,吞聲淚滿衣。」〔註26〕雖然「好飲酒詼諧,放浪山水間」,但「每酒後談說平生,聲淚俱下」〔註27〕。

第二節　明末清初的時代背景和學術轉型

明清鼎革,不僅僅是朝代的更替,它也是是學術轉型的催化劑。

眾所周知,中國的士子絕不僅僅是為讀書而讀書的純粹的學問家,他們懷揣的是天下、國家、生民百姓的命運。「窮則獨善其身,達則兼濟天下」,「修身齊家治國平天下」的理想永遠都是他們追求的目標,「學而優則仕」,學問與治世之理想是緊密相連,息息相關的。「先天下之憂而憂,後天下之樂而樂」早已浸潤到他們的骨髓,內化為中華士大夫的固有的品性和堅持。社會、國家與學問、道德是一體相關的。所以,早在明代晚期,被譏諷為「無事袖手談心性,臨危一死報君王」的儒者,面對政治的腐敗、國家覆亡的憂懼,就已經在學術文化的範疇內開始對王學的流弊進行改革,這種救正一直持續到清初,但不論是劉蕺山、黃宗羲、孫夏峰等在心學系統內進行救正,還是明清之際朱子學的再興,對心學系統外部進行救正,努力使「空談性命」向講究實踐致知轉化,「把形上世界往下拉落,把超越隱藏於內在之中,形成一種內在一元的傾向。但內在一元的想法本身便是偏向一邊的過正不穩之辭,故若不得善解是很容易滑落為對形上超越主義的完全減煞與否定,終於

〔註24〕湯華泉校點,藏山閣集・田間尺牘・與嚴方貽〔M〕,合肥:黃山書社,2004:520。
〔註25〕諸偉奇校點,田間詩集・除夕前一夜葉井叔招同江無方小飲大醉〔M〕,合肥:黃山書社,1998:271。
〔註26〕諸偉奇校點,田間詩集・贈沈延年〔M〕,合肥:黃山書社,1998:357。
〔註27〕姚經三:《無異堂集》,轉引自諸偉奇等輯校:《所知錄》,合肥:黃山書社,2006年,第250頁。

乃整個脫略於宋明儒學思想的線索。」〔註 28〕而隨著明朝的滅亡,「天崩地裂」的殘酷現實也促使人們「對王學的懷疑批判逐一演而爲對整個宋明儒道德形上學的懷疑批判,認爲彼根本只懂得談心說性,完全缺乏經世致用的思考。由是乃有推翻否定宋明儒學傳統的思想湧現」〔註 29〕,總而言之,「明清之際宋明儒道德形上學的轉型,可謂表現爲一形上心靈的萎縮;對一切形上本體論說的厭惡。」樹立「達情遂欲哲學」的新典範。

「達情遂欲哲學」由陳乾初首創,「達情遂欲」一詞則出自戴東原《孟子字義疏證》,它講究治生、遂民之欲,富民爲本,從本質上說,其實還是經世之學〔註 30〕。如此命名是否準確,它對情慾的又一次張揚是否正確並非本文所要討論的。順著這個理路,在此著力要闡明的是明清儒學所經歷的轉型,由心學的救治到宋明儒學的否定,經世思潮的蓬勃湧動,伴隨這種轉型就是學風的轉變。

首先就是肯定經學的重要性。顧炎武在《與施愚山書》中明確區分宋明之理學,認爲宋儒之理學爲經學,明儒之理學爲禪學。其言曰:

> 然愚獨以爲理學之名,自宋人始有之。古之所謂理學,經學也,非數十年不能通也。故曰:「君子之於《春秋》,沒身而已矣。」今之所謂理學,禪學也,不取之五經而但資於語錄,校諸帖括之文而尤易也。又曰:「《論語》,聖人語錄也。」捨聖人之語錄而從事於後儒,此之謂不知本矣。高明以爲然乎?〔註 31〕

表面上他在肯定宋明理學,駁斥現在的理學,而實際上他肯定的是宋代理學「經學」的內容,所以,他肯定的是經學。

肯定經學,正是對「空談性命」「束書不觀」的王學的反撥,回到這種需要深入鑽研的學問,希望回到相對質實的學術風氣。另一方面,呼應經世致用的潮流,研究經學,學習古代聖人治世的方法,也能據之引申發揮而用之於現實社會,解決當前的社會問題。

〔註 28〕鄭宗義,明清儒學轉型探析 —— 從劉蕺山到戴東原〔M〕,香港:中文大學出版社,2000:171。

〔註 29〕鄭宗義,明清儒學轉型探析 —— 從劉蕺山到戴東原〔M〕,香港:中文大學出版社,2000:171〜172。

〔註 30〕鄭宗義,明清儒學轉型探析 —— 從劉蕺山到戴東原〔M〕,香港:中文大學出版社,2000:172。

〔註 31〕顧炎武,顧亭林詩文集〔M〕,北京:中華書局,1983:58。

而清代經學的復興迎來的是諸子學、史學、禮學、易學等的全面復興，諸子學中莊學尤爲興盛，並且與易學合流，形成一種特殊的面貌。它們的興盛、合流與明末清初遺民內在心態的調節當然大有關聯；史學的復興源自歷史治亂的啓示對現實社會的啓發意義，有明一朝的歷史脈絡更是廣大士大夫一直試圖弄清楚的一個問題，因爲這就是他們的身世；禮學的關注更是能從古代禮儀制度中得到現實實踐的參考。〔註 32〕「清儒本諸六經以求治世之道的傳統，以《春秋》和《禮》爲大宗。這是因爲《春秋》和三禮較諸其他經書（如《易》《詩》《書》）載存了更多的具體制度和對具體事件的裁斷，很可以作爲實踐的參考。其中，「禮」，因爲和宋明理學之理有辯證上的關係，被乾嘉學者用作發展其本身思想體系的基石，在清代『新義理學』上具有重大意義。」〔註 33〕

其次，經學的研究路數和風格上，則「以復古爲解放，」〔註 34〕要求「務本原之學」，主張恢復漢代研究經學的傳統：「經學自有源流，自漢而六朝而唐而宋，必一一考究，而後及於近儒之所著，然後可以知其異同離合之指。如論字者必本於《說文》，未有據隸楷而論古文者也。」〔註 35〕注重訓詁、考證，方以智考名物、象數、訓詁、音聲，窮源溯委，詞必有證，首開經典考據之風。他們摒棄了明代「遊談」之風，對宋代義理之學也多辯證，又回歸到漢代考據之學，講究字義訓詁，名物考證。

明末清初這種經世致用之思潮的興起，儒學的轉型，學風的轉變的主體則正是處於明清之際的一代遺民。翻開各種經學史，論及清代的學術風氣開篇就說顧炎武、黃宗羲、王夫之、方以智等一批傑出的遺民學者〔註 36〕，江藩（1761～1831）《國朝漢學師承記》雖從閻若璩（1636～1704）、胡渭（1633

〔註 32〕 錢穆：習齋論學習恭端坐，推本古禮，又謂禮樂所以存心盡性，而於心性一邊實少闡發，苟不能推明我之心性以興禮樂，則不得不講求古人之禮樂以範我之心性，而年遠代湮，所以講求古之禮樂者，又不得不借途於考據，恕谷之自有取於季野西河以補其師之缺憾者在此。此又顏學所以仍不免折入漢學考據之一途也。

〔註 33〕 張壽安，以禮代理——凌廷堪與清中葉儒學思想之轉變〔M〕，石家莊：河北教育出版社，2001：3。

〔註 34〕 梁啓超，清代學術概論〔M〕，上海：上海古籍出版社，2005：6。

〔註 35〕 顧炎武，顧亭林詩文集〔M〕，北京：中華書局，1983：91。

〔註 36〕 梁啓超《清代學術概論》稱顧炎武是清學的「黎明運動」。上海：上海古籍出版社，2005 年，第 6 頁。

～1714）開始敘述，但在最後一卷，則專記黃宗羲、顧炎武二人；又在卷末附識，借「客」的說話，指出黃、顧實爲清學開山之祖，引錄如下：

> 有明一代，囿於性理，泊於制義，無一人知讀古經注疏者。自梨州起而振其頹波，亭林繼之，於是承學之士知習古經義矣。所以閻百詩（若璩）、胡朏明（渭）推挹南雷（黃宗羲）、崑山（顧炎武）。〔註37〕

清代學術的轉型，學風的轉變眞正開風氣之先的其實正是明遺民，他們生活在歷史的夾縫中，對明朝滅亡的悲憤和深重反思激發出他們「破壞」、「變革」的勇氣和決心，使清代的學術從宋明義理之學轉變回歸到考據之學、復古之學。但這種考據的學問是帶有濃烈的經世致用的氣息的，因爲他們改革的初衷正是爲了現實的改良、改善，純粹學術的考證並不是他們所倡導的，他們偏重的是讀書窮理有用於世的一面。在顧亭林的眼中，純粹的辭章訓詁乃雕蟲篆刻之小道末學。在《與人書二十五首》有清楚的闡明：

> 君子之爲學，以明道也，以救世也。徒以詩文而已，所謂「雕蟲篆刻」，亦何益哉！其自五十以後，篤志經史，其於音學深有所得。今爲《五書》以續三百篇以來久絕之傳，而別著《日知錄》上篇經術、中篇治道、下篇博聞共三十餘卷。有王者起，將以見諸行事，以躋斯世於治古之隆，而未敢爲今人道也。向時所傳刻本，乃其緒餘耳。〔註38〕

其次，明末清初《詩經》研究也出現新趨勢。

元代，朱熹《詩集傳》盛行，《四庫全書總目》指出：「有元一代之說詩者，無非朱傳之箋疏，至延祐行科舉法，遂定爲功令，而明制因之。」明代的詩經學早期以朱熹《詩集傳》爲主，據《明史·選舉志》記載，洪武年間科舉用書《詩》用的是朱子的《集傳》。永樂12年，胡廣、楊榮等被命令修撰《五經四書大全》，朱熹《詩集傳》占統治地位，宋學爲主流派別，成爲官學，得到官方正統的推崇。明中期，詩文上有前、後七子，提倡「文必秦漢，詩必宋唐」，掀起一股復古思潮，詩經研究也隨之而變，詩經研究出現復宗毛鄭，以《小序》爲尊，這種傾向也影響清代詩經研究。以郝靜《毛詩原解》爲代表，尊小序，攻擊朱子詩學。兼有雜採漢宋的。明代後期，朱學式微，殊爲指出的是出現幾

〔註37〕 江藩，漢學師承記·宋學淵源記〔M〕，上海：上海書店，1983：135。
〔註38〕 顧炎武，顧亭林詩文集〔M〕，北京：中華書局，1983：98。

部考證《詩經》名物的著作，還有研究《詩經》音韻的著作，以楊愼《升菴經說》和陳第《毛詩古音考》爲代表。

清初是《詩經》研究從宋學向清學轉型時期。前期論詩，大多雜採漢宋，多偏向於漢，兼述《小序》和《詩集傳》。爲了糾正宋學的空虛與說理，清前期《詩經》研究重興考據之風，漢學漸起。專主漢學，尊《小序》當推朱鶴齡和陳啓源，攻擊朱熹，專注考證與訓詁，對詩的名物、音韻、史實等詳加考論，漢學逐漸興起。

錢澄之處於明末清初，錢澄之正是明末清初一代遺民中的一份子，錢澄之所處的時代正是經歷明清鼎革的時代，當這種特殊身份與特殊時代相交疊，自然，他的經學研究非常典型地體現出明末清初學風轉變的潮流。《田間詩學》選取的是經學中的《詩經》學，在明末清初眾多的傑出著作中它也許顯得有點普通，但它同樣鮮明而全面地反映出明末清初學術轉型的風格。

第二章　錢澄之《田間詩學》的　注釋體例、原則和方法

第一節　《田間詩學》的注釋體例

　　子曰：「述而不作，信而好古」。對於經典的闡釋，在古代，是以一種最為樸素而含蓄的方式來體現的。個人的觀點總是隱藏在每一代人都在似乎重複使用的訓詁、注釋這樣的形式之中。在形式的表面，我們看不到創新的張揚，但在注釋的內裏，卻隱藏著、流淌著不安的血液，在跳躍，在前進。中華文明和學術的傳承正是在這種以繼承為主的基調中舒緩從容地向前邁進。所以，在很大程度上，其本質是「以述代作」。朱熹注釋《論語》時，非常清楚地表明了這一點。

　　　　述，傳舊而已。作，則創始也。故作非聖人不能，而述則賢者可及。……孔子刪《詩》、《書》，定《禮》《樂》，贊《周易》，修《春秋》，皆傳先王之舊，而未嘗有所作也，故其自言如此。蓋不惟不敢當作者之聖，而亦不敢顯然自附於古之賢人，蓋其德愈盛而心愈下，不自知其辭之謙也。然而是時，作者略備，夫子集群聖之大成而折中之。其事雖述，而功則倍於作矣，此又不可不知。〔註1〕

　　「述」，傳舊也，《詩》《書》《禮》《樂》《易》《春秋》無一不是先王舊典，孔子對它們也只是傳述整理，「集群聖之大成而折中之」，並沒有另外「創作」，

〔註1〕 朱熹著，金良年今譯，四書章句集注〔M〕，上海：上海古籍出版社，2006年，第 118 頁。

但雖述「而功則倍於作矣」。實際上，孔子通過這種方式還是傳導出他的儒家思想主張，表達了他對周代禮樂文化的推崇，有崇古復古的色彩。後代學者在面臨學術的變革和重建的時候，往往也一次次運用這種方式。以朱熹為例，他《四書章句集注》鎔鑄了漢唐訓詁音讀，博采宋儒義理講論，大部分篇幅乃在「述」，但正是在這種「述」中，朱子形成了特色的義理體系。《詩集傳》採用的依舊是傳統的「集傳」形式，可就在彙集前人成果的同時，它又開拓了《詩經》學史上的一個新時代。所以，注疏、注釋、訓詁這種傳統撰作的重要形態，表面上它流於瑣碎，大部分內容是傳承前人成果的「述」，但進行深入研究，它同樣可以彰顯最富作者個人特色和時代特色的「作」。

對於訓詁、注釋〔註2〕的理論研究，到了近代也開始受到人們的關注。靳極蒼先生高倡「注釋學」，汪耀楠先生寫成《注釋學綱要》，使人瞭解古來注疏之傳統。而訓詁學作為一個學科體系，更是得到了很大的發展。早在 20 年代初，黃侃在高等學校執教時就開設訓詁學課程，使訓詁開始擺脫經籍的附庸，以一門獨立學科的資格出現。與此同時的沈兼士，關於訓詁學習的講論，也受到人們的關注。後來陸續出版了胡樸安《中國訓詁學史》、齊佩瑢《訓詁學概論》、陸宗達《訓詁淺說》，開始奠定訓詁學的學科體系和理論體系。1981年 5 月，中國訓詁研究學會成立。最近十多年來，隨著對訓詁學概念認識的發展，又相繼出現了一批訓詁學著作，如周大璞《訓詁學要略》、吳孟復《訓詁通論》、鄭振鐸《訓詁學綱要》、馮浩菲《中國訓詁學》、《中國古籍整理體式研究》等等，特別是馮浩菲的《毛詩訓詁研究》，對歷代《詩經》的訓詁情況進行了全面、科學、系統的研究，是訓詁研究的典範之作。

特別是隨著西方接受美學和闡釋學的一度盛行，以這些理論成果為基礎，更為訓詁學的發展提供了更為廣闊的理論平臺。

對錢澄之《田間詩學》文本的研究，正是在這些理論成果的基礎上展開的，因為它採用的正是傳統的詩經注疏的形式。下文將以「注釋」為中心，概括它的體例、要點和特色。希望能在剖析普通的「述」的形式之中挖掘到「作」的閃光點。

〔註2〕 （從本質上說，訓詁與注釋並沒有什麼不同，都是概指各種有關的注解工作。正如馮浩菲先生所言：「作為訓詁體式名稱而合用的『訓詁』一語，意思跟現在我們常說的『注釋』，『注解』相同。因此『訓詁學』也可以稱作『注釋學』或『注解學』。」參考馮浩菲著：《中國訓詁學》，濟南：山東大學出版社，1995年，第 2 頁。

一、訓詁體式 ——「學體」

　　歷朝歷代注釋《詩經》的著述，可謂不絕如縷，而越是到後來，越是紛繁複雜，豐富多樣。雖然他們關於《詩經》的著作，大體上總是以注釋、訓詁、傳疏等傳統的所謂「述而不作」的形式出現，但在具體的文獻體式上還是存在差異的。這裡的文獻體式，是指注釋《詩經》時所採用的體裁和方式。

　　不同體式的訓詁著作，其內容與形式均有差異，會產生不同的效果。因此，一種訓詁體式的確定，也間接地標明了作者的寫作目的、角度和風格。所以對訓詁體式的研究應該是我們首先要注意的內容之一。馮浩菲先生在《中國訓詁學》一書中，把我國的訓詁體式分為八大類五十八小類。其八大類分別為：隨文注釋體、文獻正文體、考證體、總論體、翻譯體、釋例體、圖解體和訓詁工具書體。錢澄之《田間詩學》是隨《詩經》原文進行注釋的，應屬於第一個大類，即隨文注釋體，也即章太炎《國故論衡·明解故》中所說的「駙經」類，它是訓詁體式中的正宗，又可分為眾多的小類。根據馮先生的分類，具體說來，錢澄之《田間詩學》屬於其下的「傳注單用體〔註3〕」中的「學體」。這個體式可以向上追溯到漢末何休的《春秋公羊經傳解詁》，署為「何休學」。「學」乃標明學於師，有所得，但又不敢擅自稱為己說，所以謙稱為「學」。後世之人為了表達自己的謙虛謹慎，故延用這種「學」體，但已「不必都是謙遜於師說，大概斟酌前人舊解，有所發揮，又欲謙稱其說，都可以標名為『學』。如宋代李燾《春秋學》，明代沈一貫《易學》。

　　錢澄之在此書《詩學凡例》中明確說明：

　　　　是編毛、鄭、孔三家之書錄者十之二，《集傳》錄者十之三，諸家各本錄者十之四。……間有出於己所創見者，不過十之一二耳〔註4〕。

前人舊解的內容份量幾乎佔據全書的十分之九，大量參考這些典籍的基礎上，他有所核正發揮，「其說或於三家與朱注之旨互有異同者，為之正之。或諸家引證有未核，言有未暢者，為之核之、暢之。有言之醇疵各半者，則去其疵而存其醇。〔註5〕」這些個人創見他謙虛的認為也就「十之一二耳」。所

〔註 3〕它是單獨使用的一種傳注性訓詁體式。參考馮浩菲著《中國訓詁學》，濟南：山東大學出版社，1995 年，第 76 頁。

〔註 4〕錢澄之著，朱一清校點，田間詩學〔M〕，合肥：黃山書社，2005：7。

〔註 5〕錢澄之著，朱一清校點，田間詩學〔M〕，合肥：黃山書社，2005：7。

以，他以學命名，採用了「學體」。此「學」強調的是「斟酌前人舊解，有所發揮，謙稱其說」。同樣採用「學體」的他的另一部很重要的著作《田間易學》，則應該主要強調「謙遜於師說」。（錢澄之易學主要是師承於其父親以及黃道周先生。）由此，也就奠定了《田間詩學》一書的基調，平和而不張揚，謙遜而又廣博，兼采諸說，不偏於極端，而達於「至當」。正所謂「無所主，故無所攻矣；無所攻，無所主，而後可以有所攻、有所主也。其斯為飲光先生之詩學也」〔註6〕，能「旁搜賾討，折衷先儒，歸於至當。〔註7〕」

值得一提地是，《田間詩學》在具體構成上，有兩個重要的部分。一是開端的徐、張的序言。屬於訓詁著作的「他人序」〔註8〕。兩序雖有虛美的成分，但對《田間詩學》一書的特色和要義還是做出了恰當的評價，為我們瞭解當時的時代風氣和學術氛圍提供了線索。二是在《詩經》具體經文訓詁之前錢澄之還使用了「單書總論體」這種形式〔註9〕，對《詩經》的一些具體問題提出了他的看法，包括：《詩總論》、《二南論》、《十五國風論》、《二雅論》、《三頌論》、《古序考》六篇，這些總論文字，比較集中地體現了他的詩學理論和觀點，雖然屬於附載性質，卻是十分重要。在詩總論之前二序之後還包括詩學凡例、引用先儒姓氏表、總論之後就是逐篇的《詩經》訓詁，這就是《田間詩學》一書的整體框架。

二、「按」、「愚按」的形式

《田間詩學》採用博采諸家、斟酌舊解，有所發揮的「學體」，在個人發揮、識斷的部分他採用了「按」、「愚按」的形式。據朱一清先生的統計，全書共用了154個「按」和152個〔按〕，而「愚按」更為普遍，全書305篇，只有《衛風・河廣》、《王風・葛藟》、《采葛》、《鄭風・狡童》、《齊風・還》、《陳風・東門之楊》以及《小雅》之《白華》、《由庚》、《崇丘》、《由儀》、《谷風》等十一篇沒有〔愚按〕，其餘各篇都有〔愚按〕，有的一篇有好幾個〔愚按〕，全書共有341個〔愚按〕。〔註10〕

「按」、「愚按」兩者存在內在的差別，並不十分一樣。

〔註6〕錢澄之著，朱一清校點，田間詩學〔M〕，合肥：黃山書社，2005：2。
〔註7〕錢澄之著，朱一清校點，田間詩學〔M〕，合肥：黃山書社，2005：3。
〔註8〕馮浩菲，中國訓詁學〔M〕，濟南：山東大學出版社，1995：197。
〔註9〕馮浩菲，中國古籍整理體式研究〔M〕，北京：高等教育出版社，2003：180。
〔註10〕錢澄之著，朱一清校點，田間詩學〔M〕，合肥：黃山書社，2005：2～3。

（一）「按」

　　朱一清先生認爲乃在於竭力釋補，增加新意。認爲錢氏對諸家說詩感到不足的地方，用〔按〕或按的手法，盡力進行補充。而在錢澄之《田間詩學・詩學凡例》他自己對「按」的解釋是「編中有云按者，多係考據典文，圈以別之。」根據《田間詩學》「按」（或〔按〕）的實際使用，確實最主要的用法就是他們所提到的三種：1.引據論證；2.解釋說明；3.補充論述。但還有一些其它的用例，包括：4.標示章旨脈絡；5.考證文字、名物；6.地點說解；7.直接闡發以及發表個人觀點等。下面將用文例具體說明這些用法。

1. 引據論證

　　即錢澄之自己所說的，「考據典文，圈以別之」，主要是引用各種歷史典籍或歷史事實作爲根據進行論證。如《鄘風・柏舟》鄭云：「共伯，僖侯之世子。」錢氏按：共伯娶齊武公之女。《史記》載：齊武公立二十六年，以宣王三年卒。僖侯立四十而年，以宣王十五年卒。公伯死於僖侯之卒後，則齊武公之卒久矣。故詩中惟稱「母只」也。《柏舟》據序是共伯之妻共姜自誓之詞，錢澄之引用《史記》，把他們之間的關係闡述明白，並且根據死亡時間，論證文中屢次出現的「母也天只」的原因。又如《大雅・靈臺》一篇中，前面引用了多人關於「靈臺」的注疏後，錢氏〔按〕：《地理志》：「濟陰郡成陽有堯靈臺。」後漢《章帝紀》云：「祠唐堯於成陽靈臺」，則是靈臺之名，堯已有之。又《左傳》：「秦伯獲晉侯以歸，乃舍諸靈臺。」杜預注：「其地在京兆鄠縣，恐即周之故臺也。若哀公二十五年，衛侯爲靈臺於藉圃，則僭名之耳。」〔註11〕引用《地理志》、《後漢書》、《左傳》等諸多典籍來論述「靈臺」的源起和使用。

2. 解釋說明

　　由於時代的變遷，知識水平的差異，一些在古人看來淺顯易懂的東西，可能對於後代的人而言則不是太清楚，錢澄之在這些地方一般也用「按」的形式進行通俗的解釋說明。如《鄭風・溱洧》，《後漢書》薛君注云：「鄭國之俗，三月上巳，桃花水下之時，於溱洧兩水之上，招魂續魄，秉蘭草被除不祥。」錢氏加〔按〕，「此即後所謂修禊事也。但彼乃士女同遊，故相於淫耳」〔註12〕。對於鄭國這個風俗，他解釋爲人們所熟悉瞭解的「修禊」，頓時明瞭

〔註11〕錢澄之著，朱一清校點，田間詩學〔M〕，合肥：黃山書社，2005：709。
〔註12〕錢澄之著，朱一清校點，田間詩學〔M〕，合肥：黃山書社，2005：222。

許多，又指出兩者的差異，讓人更好地瞭解詩意。又如《商頌·長發》篇中針對「禘」，錢氏〔按〕：禘之名義有三：一曰時禘。……一曰吉禘……一曰大禘〔註 13〕，列出了「禘」的類型和用法進行解釋說明，不但讓我來瞭解了詩義，更擴大了我們的知識面。

3. 補充論述

錢澄之對於諸家說詩感到不足不對的地方，或者為了補充其他人的一些看法，也會用加「按」語的手法進行增補。《閟宮》篇末錢氏〔按〕：三百五篇之中，以一百二十句成篇者，僅見於此。彰顯詩的特色，於篇末補充說明。又如在《吉日》篇末，錢氏有〔按〕：「毛傳以《南有嘉魚》至《吉日》十篇為《南有嘉魚》之什。」〔註14〕補充說明毛詩的體例。《周頌·時邁》中「時邁其邦」一句，「邁，行也，謂巡狩也。」錢氏加「按」，進行補充論述：武王革命之始，凱歌方終，天下初定。遂有方岳之行，告以革命之事，以此時而往巡狩，所謂應天時行，非周十二年巡狩之常制也。補充說明其不對之處，提出自己的看法。

4. 標示章旨脈絡

有九例，此處略舉三例。《周南·關雎》最後一章「參差荇菜，左右芼之。窈窕淑女，鐘鼓樂之。」錢氏有〔按〕：琴瑟友之，所以寫其親愛，自始得時言。「鐘鼓樂之」，所以鳴其和豫，自既得後言〔註15〕。《周南·樛木》錢氏有〔按〕：「三章一節深一節。累，繫也。荒則奄之也。縈旋，則奄之周也。綏者，安也。將者，助之不已也。成者，福於是大成也」〔註16〕。《魯頌·閟宮》篇：〔按〕「黍稷穜稑」二句，是后稷自己稼穡，即「誕后稷之穡」一章也。「俾民稼穡」以下，是教民稼穡。即「誕降嘉種」之一章也。「奄有下國」，指其所受之國；「奄有下土」，指其所教之地〔註17〕。聯繫《大雅·生民》一篇解釋分析他的章旨脈絡。

5. 考證文字、名物

主要是對於一些字、詞和名物、制度進行論述，提出一些個人的看法和

〔註13〕錢澄之著，朱一清校點，田間詩學〔M〕，合肥：黃山書社，2005：984。
〔註14〕錢澄之著，朱一清校點，田間詩學〔M〕，合肥：黃山書社，2005：961。
〔註15〕錢澄之著，朱一清校點，田間詩學〔M〕，合肥：黃山書社，2005：5。
〔註16〕錢澄之著，朱一清校點，田間詩學〔M〕，合肥：黃山書社，2005：14。
〔註17〕錢澄之著，朱一清校點，田間詩學〔M〕，合肥：黃山書社，2005：950。

觀點。《小雅・采芑》「方叔率止，約軝錯衡」，毛云：「軝，長轂之軝也。」
按：輪內有輻，輻內有轂，轂內有軸。轂者，輻所湊也。三分其轂長，除一
分在輻內不可見者，其二分在輻外可見者，名之爲軝。即轂端是也。約軝必
以革，而上加以朱漆爲飾〔註18〕。《小雅・我行其野》「我行其野，言采其蕫」
陸氏云：「幽州人謂之燕蕫，其根正白，可溫啖之。饑歲蒸以禦饑。」按：此
即俗名老鴉蒜〔註19〕。《周南・葛覃》：「葛之覃兮，施于中谷，惟葉莫莫」
「按」：莫，本故「暮」字，曰莫莫者，取稠密陰暗之義〔註20〕。

6. 地點說解

有八例。如《邶風・泉水》詩序後就是錢氏〔按〕「詩有『思須與漕』之
語，考須城在楚丘東南。漕，通作『曹』，漢白馬縣。皆在今滑縣也。」〔註
21〕《檜譜略》〔按〕語對芣、驪進行了考證，認爲是在密縣，批判了朱子「鄭
州」的觀點〔註22〕。

7. 直接闡發，串釋文句或發表個人觀點

《魯頌・閟宮》〔按〕是饗是宜，魯人因成王賜以天子之禮樂，行之既久，
顧以享帝爲宜。亦詩人之微詞也。〔註23〕《秦風・蒹葭》序曰：「刺襄公也。
未能用周禮，將無以固其國焉。」〔按〕秦至襄公子文公，始有岐豐之地，此
詩當屬之文公。〔註24〕

總之，《田間詩學》「按」的用法比較駁雜，既有錢澄之本人所說的「考
據典文」，朱一清先生所歸納的「竭力釋補，增加新意」，更有用於個人考證、
論述、闡發的用例，並不是完全對上文進行解釋、說明、考證，而是直接表
明個人觀點。當然，這些用法並非截然分開，有時是融和在一起的。

（二）「愚按」

朱一清先生認爲「愚按」的形式用於「積極創新，提出己見」，「融注了
錢氏一生研究《詩經》的心得體會」。在《田間詩學・詩學凡例》中，錢澄之
本人則言：「愚按云云，則某之私說也，又另起以別之。其說或於三家與朱注

〔註18〕錢澄之著，朱一清校點，田間詩學〔M〕，合肥：黃山書社，2005：455。
〔註19〕錢澄之著，朱一清校點，田間詩學〔M〕，合肥：黃山書社，2005：484。
〔註20〕錢澄之著，朱一清校點，田間詩學〔M〕，合肥：黃山書社，2005：8。
〔註21〕錢澄之著，朱一清校點，田間詩學〔M〕，合肥：黃山書社，2005：99。
〔註22〕錢澄之著，朱一清校點，田間詩學〔M〕，合肥：黃山書社，2005：335。
〔註23〕錢澄之著，朱一清校點，田間詩學〔M〕，合肥：黃山書社，2005：952。
〔註24〕錢澄之著，朱一清校點，田間詩學〔M〕，合肥：黃山書社，2005：304。

之旨互有異同者，爲之正之。或諸家引證有未核，言有未暢者，爲之核之，暢之。有言之醇疵各半者，則去其疵而存其醇。間有出於己所創見者，不過十之一二耳。」看來，使用「愚按」之處，有四種情況。

1. 「愚按」的位置

從詩篇訓詁正文來看，「愚按」一般出現於兩個位置：一是各章節訓詁之後。二是置於篇末。這主要是因爲「愚按」屬於錢澄之個人看法，不論是「爲之正之」、「爲之核之，暢之」、「去其疵而存其醇」還是「出於己所創見者」，這都是錢澄之個人的「私說」，而古人訓詁十分注重把前人之已有成果與一己之說分開，所以一般是在闡述完別人的解釋之後另起一行而論之。

如《鄘風‧蝃蝀》有四個「愚按」，本篇共有三章，每章引述完他人的解釋後，就另起一段加於「愚按」，最後，又用一個「愚按」對詩篇的題旨進行總結〔註25〕。

2.「愚按」用法，按照錢氏自己的分類，可以分爲以下四種。

第一、正說類。對於《詩經》各篇的題旨，往往存在多種不同的看法，錢澄之一般會用「愚按」的形式闡述他認爲正確的說法。由於三家之說與朱注是比較典型，且影響也比較大的說法，所以錢澄之最爲關注的也是辨析他們的異同而正之。

如《王風‧君子于役》有兩個「愚按」。序曰：「刺平王也。君子行役無期廢，大夫思其危難以風焉。」朱注謂：「大夫久役於外，其室家思之而作。」錢氏加「愚按」：「篇中感物興思，皆牛羊雞棲，爲尋常耕牧之家所見，似非大夫妻也」〔註26〕。根據詩篇內容推測作者身份而批駁朱說。

《周南‧卷耳》篇朱子認爲是「后妃以君子不在而思念之，故作是詩。」毛氏則以爲「此詩爲后妃思君子，敷求哲人，布滿在位也。」錢澄之則認爲作爲后妃不可能執筐於路，也不可能登山飲酒，否定了朱子的觀點。又認爲后妃主內事，不可能如毛氏所說，干預政事。在「愚按」中，錢澄之提出了他的看法。「《卷耳》，以備酒漿，宮中尙枲之職，必有司是事者，借《卷耳》盈筐之難，以興爲政之不可以寡助」〔註27〕。

錢澄之《田間詩學》尊小序，當三家之說與朱注存在差異時，像第一個

〔註25〕錢澄之著，朱一清校點，田間詩學〔M〕，合肥：黃山書社，2005：126。
〔註26〕錢澄之著，朱一清校點，田間詩學〔M〕，合肥：黃山書社，2005：166。
〔註27〕錢澄之著，朱一清校點，田間詩學〔M〕，合肥：黃山書社，2005：12～13。

例子一樣，大部分「愚按」顯現出尊序駁朱的傾向。但也有駁序駁朱，提出自己看法的例子，如例二。另外，也有少數採納了朱子的意見。如《唐風‧蟋蟀》、《山有樞》、《楚茨》。這在下一節論「間附己見」中會有更爲詳細的論述。

第二、核暢類。

「暢」如上例《王風‧君子于役》篇末第二個「愚按」：「是時王室新造，平王不撫恤其民，而使遠戍於申。申雖王舅，而父仇也。于役之民，心已不服，而況久無還期，使役者怨於外，外者思於家。以強秦方盛之世，戍卒發難，天下瓦解，況新造之弱周乎？大夫於時而思其危難，亦深思遠慮者也」〔註28〕。暢敘小序之說。又如《召南‧摽有梅》篇末「愚按」「……《周禮‧媒氏》『以仲春之月，會男女之無夫家者，相奔不禁。』奔非淫詩，謂不親迎也，以事迫而禮簡耳。故女十三而笄，將以適人，而父母之心急矣。此詩急欲得婿，然必曰『求我庶士』，不肯適非類也。曰『迨其謂之』，必待媒妁通言也。慎重如此，雖於情已急，而於禮不欲苟且遷就。序謂『被文王之化』者，此也。」〔註29〕也是暢敘序說的。

有時，錢澄之不僅暢論序說，同時還暢快表達了其個人的強烈情感。如《召南‧羔羊》篇，「愚按」曰：「羔羊之臣，儉於己，而恪於位，出入有常，不見有宵衣旰食之勞，想見太平之治，官無廢事，亦不好事，循分自盡而已。晚近功名之士，目此輩爲穿衣吃飯漢耳。豈知此爲世道之極治哉！」〔註30〕

「核」則多出現於各章節中對前人一些字詞的解釋不盡如人意的地方，引證未核之處，錢澄之核查典籍以正之。如《大雅‧文王》釋「薿」，「《爾雅》云：『進也。』周鄭之間，薿曰子，解餘也。子與薿同義。謂之薿者，土之特出而僅有者也。」〔註31〕也用於地點核查，幾乎每篇《詩譜》中都有錢氏對地名的仔細核查。如《王譜略‧王一之六》〔愚按〕「王城謂之東都，今河南府，或曰新安縣是也。成周謂之下都，即洛陽。而洛陽故城在今府城東，洛水之北。《地道記》云：『王城去洛城四十里，東漢、西晉、後魏所都，非今附郭之洛陽縣也。遺址可考而知。』」〔註32〕對王城的地理位置做出仔細的核查。

〔註28〕錢澄之著，朱一清校點，田間詩學〔M〕，合肥：黃山書社，2005：167。
〔註29〕錢澄之著，朱一清校點，田間詩學〔M〕，合肥：黃山書社，2005：49。
〔註30〕錢澄之著，朱一清校點，田間詩學〔M〕，合肥：黃山書社，2005：45。
〔註31〕錢澄之著，朱一清校點，田間詩學〔M〕，合肥：黃山書社，2005：670。
〔註32〕錢澄之著，朱一清校點，田間詩學〔M〕，合肥：黃山書社，2005：162。

第三、去疵存醇類。

對於精劣雜糅的說法，錢氏一般用「愚按」的形式去其粗而取其精。

如《召南‧采蘩》序曰：「夫人不失職也。夫人可以奉祭祀，則不失職矣。」錢澄之贊同其為「夫人不失職」之說，卻又摒棄了其「奉祭祀」之論。他說：《豳風》曰：「蠶月條桑」，又曰：「八月載績」，周之先世以農起家，其婦人以蠶績為事。《關雎》即次以《葛覃》，績事也。《雀巢》即次以《采蘩》，蠶事也。后妃夫人始至其國，首先舉行者惟此二事，足以見周室之所重矣。及周之將亡，其詩曰：「休其蠶績」，是棄其家法也。序以為夫人奉祭祀之詩。考《周禮》後六服，有三翟，為祭祀之服，而首飾有副、編、次三等，後服、祭服、首服皆副，則不用編可知，況次乎？此詩所稱之被，即次也，被非祭服，固知非祭祀之事〔註33〕。從周的歷史及其詩篇入手，探討詩意，又根據《周禮》考察出其並非祭祀之事，做到了去疵存醇。

第四、個人創見類。

如《唐風‧綢繆》篇一反序說，提出了自己全新的看法。他說：「《序》云：『國亂婚姻失時。』此於初婚之時，旁人為之慶喜之辭。薪與芻與楚之束，猶男與女之婚，合異以為同也。非綢繆則束之不固，比之同牢合」〔註34〕。

同樣，這四類也並非截然分開，上面所舉之《君子于役》就是一篇之中兩個「愚按」兩種情況。

除了這四類，還有一種情況錢氏也用「愚按」標明，那就是對詩篇次序編排的個人理解和概括。如《衛風》十篇結束之後，錢澄之有〔愚按〕：衛自康叔受封，至武公有功王室，命為公，入相於周，稱極盛矣。及懿公時，滅於狄，而衛以亡。賴齊桓存亡之力，文公復興於楚丘，是亡而復興者，齊之力也。故錄《衛風》者，以《淇奧》始，以《木瓜》終。結合歷史記載對《衛風》的內容編排作出闡釋。〔註35〕又如《鄭風》結束之後，有「愚按」：王室東遷，鄭為至親，又有大功於周，蓋從周以東者也，故次於《王風》之後。今《春秋》列國次序，周後亦次以鄭。這是在對《鄭風》在《國風》的位置作出闡釋。〔註36〕

〔註33〕錢澄之著，朱一清校點，田間詩學〔M〕，合肥：黃山書社，2005：34。
〔註34〕錢澄之著，朱一清校點，田間詩學〔M〕，合肥：黃山書社，2005：279。
〔註35〕錢澄之著，朱一清校點，田間詩學〔M〕，合肥：黃山書社，2005：161。
〔註36〕錢澄之著，朱一清校點，田間詩學〔M〕，合肥：黃山書社，2005：184。

第二節　《田間詩學》的注釋原則和要點

一、《田間詩學》創作宗旨和注釋原則

　　上一節主要論述了《田間詩學》外部體例，這一節開始深入《田間詩學》文本內部，探討《田間詩學》注釋的原則和要點。

　　要弄清楚一部著作的創作宗旨和原則其實並不容易，因為這涉及作者主觀的想法，我們雖然可以從凡例、序言或者概括綜合文本體現出來的特點和傾向來作出判斷，但這些終究是讀者的一種推斷，作者本人究竟是如何思考的，只有找到這種相關的材料才有說服力。《田間詩學》創作歷程是很艱苦的，從康熙乙卯（1675）至康熙己巳（1689）七易其稿而成，錢澄之自己對這本書也是非常看重，屢次在與朋友的書信中提到它，與《田間易學》一起被認為是他幾十年心血的代表之作。所以，晚年的錢澄之為它們的印刻出版會一直四處奔波求助，因為這是他坎坷一生最後能留下的一點「功績」，雖然不是在政治仕途，而是在經學學問。正是在他寫給友人的眾多求助幫忙印刻的書信中，也同時保留了一些錢澄之自己對《田間詩學》創作歷程和宗旨的描述和評價。其中，《與張敦復學士書》中有一段非常完整而概括，現移錄如下：

> 　　弟於《詩》特宗《小序》，以《小序》去古未遠，其世次本末雖難盡據，然大要不甚謬也。至於注疏傳注，諸儒之說未嘗專循一家。朱子《集傳》凡從鄭夾漈說者概不敢遵。若毛氏之傳會，鄭氏之穿鑿，皆力闢其謬，亦各從其是而已。《詩》與《尚書》、《春秋》相表裏，然必考之三《禮》以禪其製作，征諸三傳以審其本末，稽之五雅以覈其名物，博之《竹書紀年》及《皇王大紀》以辨其時代之異同與情事之疑信，而且列國之封域、山川之形勢變遷不一，即今之《輿志》以考古之《圖經》而參以平生所親歷，則鄭譜言之不詳而《圖經》所載亦未確也。若夫義理文句之奧，諸儒多以臆解，朱子置之未詳。細繹經旨，本自分明，循理據實，絕無牽強，於是感發先儒之所未發，或先儒見及之而說未能暢者，則極言以暢之。自乙卯冬以來迄今凡七易稿矣。二雅異音，三頌各體，周之典禮，殷之宗祀，魯之郊禘，其源流度數具載於詩，莫不為之考詳辨正，

自謂於經學有微功焉。〔註37〕

這段話雖然有對自己著作的溢美之詞，但卻也對《田間詩學》進行了精當的概括，明白地表達了錢澄之的詩學觀點和創作意圖、方法，可以看作錢澄之《田間詩學》的創作宗旨。徐元文和張英的《田間詩學》序文正是就其中一點進行強調而已，後來《四庫提要》的評價也無出其右。

二、《田間詩學》注釋要點

《田間詩學》在大的體例體式方面，採用了「學體」，而在具體的注釋內容中，錢澄之正是從地點說解、說解語義、名物訓詁、間附己見、標示章旨脈絡等不同層面來詮釋經文大義，有其自己的側重點，形成他的特色。當然，對這些方面的關注也是深受時代環境和其個人的學術理論的影響的。

（一）名物訓詁

對於文字意義的解釋和對名物制度的說明，是進行詩篇串釋的基本內容和要素，錢澄之《田間詩學》在這兩方面都做的非常到位，取證廣泛，文字簡明，現結合文例，撮舉其要。

1. 字義訓詁

①援用舊注者。如《小雅·瓠葉》中對「有兔斯首，炮之燔之」之「炮」「燔」二字的解釋，就直接援引毛說曰：「炮，加火曰燔。」〔註38〕；又如《魯頌·有駜》篇對「夙夜在公，在公明明。振振鷺，鷺于下」兩句中重要字詞的解釋就直接採用朱子之說：朱注：「明明，辨治也。振振，群飛貌。鷺，鷺羽，舞者所持，或坐或伏，如鷺之下也。」〔註39〕

②補前注未及者。如《召南·殷其雷》對「莫敢遑息」的「息」字，毛氏解曰：「息，止也。」錢澄之加「按」語進行補充：「人一呼一吸為息，故謂息為止。」其實是補充性的解釋說明〔註40〕。又如《魏風·陟岵》篇對「上」字的解釋：上，以下供上役也。嚴氏曰：「上，猶赴也。」謂赴役也。如赴官，曰上官；赴工，曰上工。《七月》詩「上入執宮功」，以由田野入都邑為上。

〔註37〕錢澄之著，彭君華校點，何慶善審訂，田間文集〔M〕，合肥：黃山書社，1998：86。

〔註38〕錢澄之著，朱一清校點，田間詩學〔M〕，合肥：黃山書社，2005：657。

〔註39〕錢澄之著，朱一清校點，田間詩學〔M〕，合肥：黃山書社，2005：939。

〔註40〕錢澄之著，朱一清校點，田間詩學〔M〕，合肥：黃山書社，2005：47。

此以由家居赴道途爲上，猶俗諺云「上路也」〔註41〕。這裡首先補充了嚴粲的解釋，然後又用文例對嚴氏所言進行補充，包括運用俗諺和《詩經》其它篇章的例子，從而補前注之未及，對這個字作出更加合理的解釋。

③與它注參照者。如《齊風·甫田》之「丱」字，曰：丱，兩角貌。嚴氏曰：「言兩角如丱字之形。」〔註42〕這裡其實是用嚴粲的說法進行參照補充的。

④另作解讀者。如《邶風·北風》「虛邪」一語，先列出它的一般的解釋：虛邪，通作「舒徐」，謂寬緩也。言國事孔急，其去不宜緩矣。但緊接著錢澄之在「愚按」中作出了另外的解讀。他說：《孟子》曰：「不信仁賢，則國空虛。」邪者，正之反。人身氣虛，則邪乘虛而入，國事亦然。言正人失位，在位皆邪人也。時勢之危，熟急於此。〔註43〕他的解釋其實與解釋爲「舒緩」正相反，凸顯情勢的危急。又如《商頌·那》篇之「那」字，毛氏解釋爲：「那，多也。」錢澄之以「按」的形式做出了另外的解讀。曰：「那、儺，同行又節也。當是未祭之先，陳設鐘鼓之時，美其執事之人也」〔註44〕。

⑤直接解釋者。如《大雅·板》篇，對「我言維服，勿以爲笑」一句，錢澄之直接以「愚按」的形式做出了解釋：「服，習也。車前兩馬曰服，取其閒習之義。維服者，自謂習於事，故可以比老馬之知也。笑，謂輕侮其言，猶云用以資笑柄也」〔註45〕。

⑥詩篇互通者。如《大雅·既醉》「孝子不匱，永錫爾類」的「類」字，錢澄之解釋說，「類，謂子孫類其父祖。《皇矣》篇稱王季曰『克類』是也」〔註46〕。這裡運用的就是通過別的詩篇同一個字的解釋進行互釋的。

⑦通過考證文字入手訓詁者。這主要是先對文字本身進行辨析考證，然後再解釋。如《小雅·漸漸之石》的「漸漸」，錢澄之是這樣解釋的：漸漸，《釋文》作「嶄嶄。」嶄，通作「斬」。言石之森立，狀如斬截然也。劉彝云：「漸漸之石，維其高矣，謂所歷之路，石皆廉利，傷人之足，割馬之蹄，不

〔註41〕錢澄之著，朱一清校點，田間詩學〔M〕，合肥：黃山書社，2005：258。
〔註42〕錢澄之著，朱一清校點，田間詩學〔M〕，合肥：黃山書社，2005：240。
〔註43〕錢澄之著，朱一清校點，田間詩學〔M〕，合肥：黃山書社，2005：104。
〔註44〕錢澄之著，朱一清校點，田間詩學〔M〕，合肥：黃山書社，2005：965。
〔註45〕錢澄之著，朱一清校點，田間詩學〔M〕，合肥：黃山書社，2005：769。
〔註46〕錢澄之著，朱一清校點，田間詩學〔M〕，合肥：黃山書社，2005：739。

可以踐履也。不獨漸漸而已，其高峻峭拔，非攀援則不可以登也。」〔註47〕這裡對「漸漸」的解釋，其實是根據它的異文「嶄嶄」而來的，對文字本身先進行了考證辨析。又如《大雅・文王》「陳賜哉周」之「哉」，他說：《國語》《左傳》引詩「哉」作「載」。芮良夫曰：「夫王人者，將導利而布之上下者也。《大雅》曰：『陳賜載周。』是不布利而懼難乎，故能載周，以至於今。」陳桓子請老於莒，凡公子公孫之無祿者，私分之邑；國之貧約孤寡者，私與之粟。曰《詩》云：「陳賜載周」，能施也。〔註48〕同樣先對「哉」作出考證，根據引文原本作「載」，再根據「載」而解釋的。

⑧旁引曲證，通過歷史典籍、今人俗語、文學作品等綜合解釋者。如《小雅・彤弓》「鐘鼓既設，一朝右之」之「右」，錢澄之解釋曰：右，與宥通。皆助也。莊十八年《左傳》：「王饗禮，命之宥。」注謂以幣物助歡也。僖二十五年、二十八年皆云：「饗禮命宥。」《詩話》云：「古者宴饗有賜，以章其志，謂之右。」〔註49〕通過《左傳》歷史典籍的記載並與《詩話》這種文學類作品參照，進行解釋。至於用俗語解釋的，上面所舉《魏風・陟岵》篇「上」字的解釋就是一例。由此可以看出，這裡的分類只是爲了說明的方便，細分幾類，其實在文本實際闡釋的過程中，是綜合運用的。

2. 名物考證

經文中的名物典制，古今有別，乃是閱讀必須克服的障礙，這也是注家必須留意之處，錢澄之《田間詩學》也進行了大量的名物考證。

①天文：《七月》詩中「七月流火」的解釋歷來眾說紛紜，現在比較通行的還是把「火」看成星宿名，錢澄之也是從天文方面進行解釋的。他的「按」語曰：火，心星也。《左傳》：「張躍曰：『火星中而寒暑退。』」孔云：「季冬十二月平旦，正中在南方，大寒；季夏六月黃昏，火星中，大暑退，是火爲寒暑之侯事也。知此兩月昏旦火星中者」，由昏而知旦也。《左傳》哀十二年：「冬十二月，螽，季孫問諸仲尼。仲尼曰：『丘聞之，火伏而後蟄者畢。今火猶西流，司曆過也。』周十二月，夏十月也。火猶西流者，以此火未盡沒，尚是九月，歷官失一閏故也。是可見火六月昏中之後，下而過西，皆稱流也。」劉瑾云：「《堯典》：『日永，星火，以正仲夏。』蓋堯時仲夏日在鶉火，故昏而大火

〔註47〕 錢澄之著，朱一清校點，田間詩學〔M〕，合肥：黃山書社，2005：659。
〔註48〕 錢澄之著，朱一清校點，田間詩學〔M〕，合肥：黃山書社，2005：667。
〔註49〕 錢澄之著，朱一清校點，田間詩學〔M〕，合肥：黃山書社，2005：443。

中。及周公攝政，凡一千二百四十餘年，歲差當退十六七度，故六月而後，日在鶉火，大火昏，七月，則日在鶉首。而昏時大火西流於朱方。此詩上述邠俗，乃當夏商之時，而言七月流火者，據周公時所見而言耳。」〔註50〕這裡用大量篇幅引用了《左傳》記載和劉瑾之言，正是在闡釋火星這個星象與天氣寒暑變化之間的關聯，並且這個問題又與夏周曆法的不同又關聯，所以，如果不對這些天文曆法的規律進行闡釋，是沒辦法清楚說明這個問題的。

　　②輿地：錢澄之在《田間詩學》一書中對地名的考證辨析用力甚勤，能知曉詩篇創作和指向的準確地點，當然能讓讀者更好地瞭解詩意和創作目的。粗略統計達 31 例。

　　錢澄之對地理論證的重視其實與晚明地理學興盛的風氣相呼應。明朝的滅亡，促發了廣大士大夫對山川地理等實用之學的重視，它以一種比較隱蔽的方式滿足了明人對曾經大好河山的懷念，以及重生昔日的榮譽感，撫平改朝換代的巨大心理創傷。而明末文人也好交遊，他們的「遊」已從唐代的「以客襯主」式變爲「以主入客」式，《徐霞客遊記》的「遊」已從不得已、感傷的狀態，轉變爲對新世界的探索和發現。顧炎武《天下郡國利病書》卷一就是《輿地山川總論》；《肇域志》記載了兩京十三省的地理現象，在各省的結尾部分，還抄錄了《廣志繹》各相關省份的內容；謝肇淛《滇略》、陳第《五嶽遊草》、《東番記》等都是晚明地理學著作〔註51〕。

　　錢澄之一生的蹤迹南至廣西、廣東，北到京城，幾乎遊遍了大半個中國，當然，爲了到達南明行朝一路奔波，非常坎坷，爲了避難、謀食四處游蕩，十分心酸。但從客觀上說，這份人生經歷讓他體會到了各地不同的風土人情和地理風貌，促進了他對地理山川的研究和論證。晚明興盛的地理之學又進一步激發和幫助他在這方面做出一些成績。所以，他說：「列國之封域山川之形勢變遷不一，即今之輿志與考古之圖經而參以平生之所親歷，則鄭譜言之不詳而圖經所載亦未確也。」〔註 52〕，對於這些不確切的地理問題自有考證一番之必要。但無可否認，有時他考證的過於細密，有過於細碎之嫌。如《靈臺》篇。

〔註50〕 錢澄之著，朱一清校點，田間詩學〔M〕，合肥：黃山書社，2005：357。
〔註51〕 參考龔鵬程：《晚明思潮》，北京：商務印書館，2005 年，第 384、401 頁
〔註52〕 錢澄之著，彭君華校點，何慶善審訂，田間文集〔M〕，合肥：黃山書社，1998：
　　　　86。

③名物：如《小雅・緜蠻》一篇中對「後車」的說明：鄭云：「後車，倅車也」，即副車。古諸侯貢士，以己之副車與之乘之，敬愛之至也。《漢書》高帝下詔求賢，令「御史中執法下郡守，其有意稱明德者，必身勸爲之駕。」是後車載士之風，漢世猶存〔註53〕。根據歷史記載對「後車」這個名稱、物體作出解釋說明。又如《鳲鳩》篇對「鳲鳩」、「騏』，《何彼穠矣》篇對「唐棣之華」的解釋都是屬於名物闡釋一類。只有對事物的名稱、功能、屬性等有了深刻的認識，才能更好的理解詩篇內容。

④典制：主要是針對《頌》篇涉及的祭祀典禮的名稱、制度、含義進行解釋。如《周頌・豐年》篇對蠟祭有詳細的說明，前面引用了鄭氏、郝氏（指郝敬）、何氏（指何楷）等各家說法，對蠟祭作出解釋說明，最後，錢澄之又加上「按」語：「八蠟，以祀四方。四方年不順成，八蠟不通，以謹民財也。順成之方，其蠟乃通，以移民也。則蠟祭惟豐年有之，非若他祭，不問豐凶，其禮不廢。此詩特以年豐降福，故知是報賽八祭也」〔註54〕。通過他的解釋，我們又明白蠟祭與豐年之間存在的緊密關係，也更加明白詩篇與蠟祭的關聯。

（二）標示層次脈絡

錢澄之注解文義之餘，對於詩篇層次脈絡也是非常關注，他標示層次脈絡有兩大特點：一是整體觀照的眼光，於每章末分開標明；二是結合字詞、語義、章旨來揭示其間的層次脈絡。下面分成五類略作說明。

引用他人成說者。如《周南・兔罝》陸氏云：「椓之丁丁，以有所聞；施於中逵，以有所見；施於中林，則無所聞，無所見，於是焉耳則好德之至也！」〔註55〕又如《齊風・盧令》陸氏云：「一章曰令令，二章曰重環，三章曰重鋂。言田事彌飾而彌以有制，所以刺荒也。」〔註56〕都是直接引用他人關於篇章層次關係的成說。

明確指明脈絡者。是指錢澄之自己明確指明詩篇的脈絡層次。如《周南・樛木》【按】三章一節深一節。累，繫也。荒則奄之也。縈旋，則奄之周也。綏者，安也。將者，助之不已也。成者，福於是大成也〔註57〕。又如《周南・

〔註53〕錢澄之著，朱一清校點，田間詩學〔M〕，合肥：黃山書社，2005：655。
〔註54〕錢澄之著，朱一清校點，田間詩學〔M〕，合肥：黃山書社，2005：890。
〔註55〕錢澄之著，朱一清校點，田間詩學〔M〕，合肥：黃山書社，2005：20。
〔註56〕錢澄之著，朱一清校點，田間詩學〔M〕，合肥：黃山書社，2005：242。
〔註57〕錢澄之著，朱一清校點，田間詩學〔M〕，合肥：黃山書社，2005：14。

麟之趾》三章皆詠麟德。趾，則膝以下也，故曰公子；定，則視我居上矣；角，則益上矣。故別以公姓、公族，非以趾屬子。定屬姓，角屬族，總贊麟耳〔註58〕。把詩篇意義上的脈絡層次分析的非常清楚。

　　通過抓關鍵字詞的語義解釋來說明脈絡者。這一類與上面兩類的差別在於，它直接對詞語進行解釋，沒有明確表明闡釋層次脈絡的詞語，但從它對詞語的解釋中，其實就道出了詩篇各章之間的聯繫變化，道出了其中的層次脈絡。如《周南·螽斯》：詵詵，自未飛之時言也；薨薨，自方飛之時言也；揖揖，自飛而下集之時言也。振振，但言其奮起而已；繩繩，則有繼續未艾之意；蟄蟄，又見其安靜以處，式相好無相猶也〔註59〕。看起來，沒有任何明顯的章節解釋，其實正是通過每章的關鍵字詞在說明章與章之間的脈絡。再舉一例，如《鄘風·牆有茨》曰：道、詳、讀，有次第，先導之使言，而後知其詳，既知其詳，從而誦言之也。〔註60〕

　　結合章旨來說明脈絡者。如《相鼠》「愚按」曰：「鼠晝伏夜行，不欲人見。人而無禮、無儀，亦不可以見人也。雖晐同然人形，猶鼠之有皮、有齒、有體耳。其所以為人者亡久矣，故詛之以死。」這段話既解釋了詩篇的主旨，又顯明了詩篇的層次〔註61〕。又如《豳風·東山》「愚按」曰：「《序》以此章『樂男女之及時』。玩前三章，皆為有家室者曲敘其情，此則為無家室者預道其喜。所以慰勉從征之士，無不至也。古者，男子三十而娶。從征之士大半未有室家，於凱歸之時，自應及時婚娶耳。末二句，因其樂而戲之，並及舊有家室者之樂也。言新婚者，洵足樂矣」〔註62〕。緊扣小序所言「樂男女及時」之論，詳細分析詩篇各章之間的層次脈絡。

　　如果是比較長的複雜的詩篇，有的通過上下幾章文意的對照呼應顯現其脈絡。如《大雅·抑》第一章末有「按」語曰：「幽王之時，上下沉湎，無復威儀。猶狂國之人，反以不狂者為狂，哲人傚之，亦自同於愚人，以祈免禍。故曰：『靡哲不愚』。第三章所云：『興迷亂於政，顛覆厥德，荒躭於酒』是也。」第二章又說：二章專說前王之敬慎。「無競」四句，言前王之德。「訏謨」二句，言前王之功。功德如此，而必以敬慎威儀為本。以為民則，文武

〔註58〕錢澄之著，朱一清校點，田間詩學〔M〕，合肥：黃山書社，2005：29。
〔註59〕錢澄之著，朱一清校點，田間詩學〔M〕，合肥：黃山書社，2005：16。
〔註60〕錢澄之著，朱一清校點，田間詩學〔M〕，合肥：黃山書社，2005：114。
〔註61〕錢澄之著，朱一清校點，田間詩學〔M〕，合肥：黃山書社，2005：129。
〔註62〕錢澄之著，朱一清校點，田間詩學〔M〕，合肥：黃山書社，2005：377。

相承，何至於今不然也？故下文緊接以「其在於今」。第三章又說，「弗念厥紹」三句，即上章所言先王之德，而今弗念也。到第四章，又指明：此章承上「迷亂於政」一句，戒而勉之。第五章，曰：自此以下，承上「顛覆厥德」而戒以勉之〔註63〕。如此，每章進行說明，使上下章串連起來，瞭解詩篇的層次脈絡。有時錢澄之也會總而論之。如《豳風·七月》第一章之末，就說道：此首章以衣食發端，先衣而後食。自二章至五章，所以終前六句之意；自六章至八章，所以終後五句之意〔註64〕。這樣，一開始，我們就對全篇的意義脈絡有了清晰的認識。有時放在中間進行說明。如《小雅·四牡》全詩五章，在第四章以「愚按」的形式說明：上兩章爲奉使初發之辭，此兩章以翩雕起興，又爲久役未返之辭〔註65〕。

總之，錢澄之標示層次脈絡，著重點在於更好理解詩篇的意義、題旨，並非爲了說明脈絡而說明脈絡，或者希望藉此於文法結構上給予後人指導。所以，他在這方面做的並不詳細與突出，只是對一部分詩篇做出了層次脈絡的說明。

（三）間附己見

錢澄之大量引述別人說法之餘，如果興發感慨，間附己見，則以「愚按」以示區隔，或是提醒奧義，或是解說疑義，呈現個人的體會與評斷。依其情形，略舉如下：

1. 有對字意、句意提出自己見解的。如《召南·殷其雷》「何斯違斯」之「斯」字，錢澄之解釋說，何斯之斯，斯，此人，謂君子也。違斯之斯，斯，此所，謂室家也〔註66〕。又如《大雅·皇矣》「上帝耆之，憎其式廓。乃眷西顧，此維與宅」一句，錢澄之「愚按」曰：「耆，訓老。猶云久也。今人稱蓄意久者，亦曰老謀。此言上帝究度已久，意已屬周。而未遽屬者，是時周尚居豳，帝以豳土規模僻小，憎其不足以開王業也。乃眷西顧，予以岐山之地。西顧者，顧岐也」〔註67〕。

〔註63〕錢澄之著，朱一清校點，田間詩學〔M〕，合肥：黃山書社，2005：781～793。

〔註64〕錢澄之著，朱一清校點，田間詩學〔M〕，合肥：黃山書社，2005：358～361。

〔註65〕錢澄之著，朱一清校點，田間詩學〔M〕，合肥：黃山書社，2005：395。

〔註66〕錢澄之著，朱一清校點，田間詩學〔M〕，合肥：黃山書社，2005：46。

〔註67〕錢澄之著，朱一清校點，田間詩學〔M〕，合肥：黃山書社，2005：698。

2. 有對詩篇創作的時間、針對的對象，作品的性質、作者提出自己看法的。對詩篇創作時間懷疑的，如《召南‧甘棠》最後有一段按語：《譜》謂：「文王作邑於豐，分周召之地，爲二公采邑，分施政教於六州，而采其詩爲《風》。」愚謂：「文王身爲西伯，召公安得於此時稱伯？必武王克商以後，使周召分陝，而始命爲二伯，而後有召伯之稱。」何氏謂：「二公於文王時未嘗用事，故《書‧君奭》乃周召對語之詞，其歷舉文王之臣，惟虢叔、閎夭、散宜生、泰顚、南宮适。及武王時，虢叔先死，則曰：「武王惟茲四人，尚迪有祿」而已。周召分陝而治，在武王得天下之後，而《甘棠》頌召伯之詩，又當在康王之時。考《竹書》：『召公以康王二十四年薨。』則是召公歿後始作是詩也。玩詩辭意，自是觀遺迹而興思，應作於康王之世。後人編入《召南》耳。」〔註68〕這裡錢澄之表示自己的懷疑之後，其實是引用了何氏（何楷）之說提出另一種更加合理的說法。當然也有錢澄之提出自己的見解的，如《邶風‧泉水》篇末「愚按」：「詩辭但思歸而已，絕無遑迫請救之情。始而思淇，終而思須與漕，有相去益遠之思，當在戴公歸曹之日所作」〔註69〕。

對詩篇所針對的對象。如《齊風‧甫田》，《序》曰：「大夫刺襄公也」，朱子則認爲是「戒時人厭小而務大，忽近而圖遠，將徒勞而無功也。」認爲是針對時人而發。錢澄之堅持《序》論，舉《春秋傳》的記載：「襄公即位之四年，師於首丘，殺鄭子亹，輨高渠彌。五年遷紀，八年滅紀。九年伐衛，納惠公。十二年降酅，是年冬即遇弒。此其求大功與求諸侯之據也。」〔註70〕主要還是依據歷史記載來否定朱子，認同小序。

對詩篇性質提出自己的見解的。如《周頌‧烈文》針對歐陽修的「君臣交相敕戒」之論，認爲，「若然，則當入《大雅》，不爲《頌》矣。即《大雅》有贈答之詩，亦各自成篇者。共爲一篇者，除《江漢》之外，不再見也。吾以此爲勞勉助祭之詩。然稱頌祖德居多，故爲廟中之樂歌。」結合《雅》、《頌》的體例特點，認爲並非贈答之詩，而是助祭之廟中樂歌。這其實還是回到小序。《序》曰：「成王即政，諸侯助祭也。」〔註71〕

對詩篇的作者提出自己的見解。如《邶風‧綠衣》「愚按」曰：「若夫人

〔註68〕錢澄之著，朱一清校點，田間詩學〔M〕，合肥：黃山書社，2005：40～41。
〔註69〕錢澄之著，朱一清校點，田間詩學〔M〕，合肥：黃山書社，2005：101。
〔註70〕錢澄之著，朱一清校點，田間詩學〔M〕，合肥：黃山書社，2005：239～241。
〔註71〕錢澄之著，朱一清校點，田間詩學〔M〕，合肥：黃山書社，2005：867。

自作，何以不列於《衛》而列於《邶》？且莊姜詩多入《邶風》，意宮中女史之徒，有邶女焉，能紀其詩，故傳諸邶耶！否則，為此詩者係邶之士大夫，傷姜之失位，而惡嬖之上僭，猶《衛風》之詠《碩人》也」〔註72〕。主要是認為如果是夫人自作，該入《衛風》而不是入《邶風》，但其實邶鄘衛當時距離相差不遠，並且如果他認為女史之徒所作傳入邶，那麼夫人所作的自然也可以傳入邶，至於認為是士大夫所作，也是猜測之辭。總之，這裡的辨析過於拘泥，僅備一說吧。

3. 大部分是於題旨方面，錢澄之做出了自己的判斷，具體說來，其實就是小序和朱子觀點的取捨問題，有少部分一時無法確定而存疑，或者錢澄之對《小序》、《詩集傳》都予以否定，提出自己的新論。

存疑者，如《魯頌·閟宮》郝氏以為僖公之廟，何氏認為是頌僖公始郊之詩，但錢澄之認為「魯公亦豈有膺戎狄，懲荊舒之功乎？」所以他比較同意朱子存疑式的觀點，「以為僖公修廟，詩人歌詠其事，以為頌禱之詞。」這樣雖然無所發明，卻也不致訛誤。〔註73〕

贊同序說者，如《邶風·燕燕》錢澄之「愚按」曰：「姜述嬀臨時分手之語，勉姜以先君為念，勿記其平昔之無禮而坐視其國家破亡也。其同仇報國之意，隱然言外矣。」〔註74〕前面是申述序說，最後一句顯然為錢澄之自己的引申發揮。

反對《小序》者，如《召南·采蘩》，《序》曰：「夫人不失職也。夫人可以奉祭祀，則不失職矣。」而錢澄之認為，「考《周禮》後六服，有三翟，為祭祀之服，而首飾有副、編、次三等，後服、祭服、首服皆副，則不用編可知，況次乎？此詩所稱之被，即次也，被非祭服，固知非祭祀之事。」〔註75〕

反對朱子之說，維護《小序》者。如《鄭風·將仲子》篇末「按」曰：《左傳》襄二十六年：「鄭伯為衛侯如晉，晉侯言衛侯之罪，使叔向告鄭伯，子展賦將仲子兮。」賦詩之旨，豈非欲護惜兄弟耶？則此詩之作，正如《序》說。朱子目為「淫奔之詩」，浹傺鄭氏誤之也。〔註76〕錢澄之對於朱子所論的淫詩，大部分都予以了否定，否定的方法如此例，主要還是根據歷史記載

〔註72〕錢澄之著，朱一清校點，田間詩學〔M〕，合肥：黃山書社，2005：68。
〔註73〕錢澄之著，朱一清校點，田間詩學〔M〕，合肥：黃山書社，2005：962。
〔註74〕錢澄之著，朱一清校點，田間詩學〔M〕，合肥：黃山書社，2005：70。
〔註75〕錢澄之著，朱一清校點，田間詩學〔M〕，合肥：黃山書社，2005：34。
〔註76〕錢澄之著，朱一清校點，田間詩學〔M〕，合肥：黃山書社，2005：188。

找到所謂的「本事」。

　　也有既反對朱子之說，也反對《小序》之說的。如《周頌・振鷺》，《序》
及朱子皆以為「二王之後來助祭之詩。」但錢澄之先加「按」語曰：《左傳》：
「皇武子曰：『宋，先代之後也，於周為客。天子有事，膰焉；有喪，拜焉。』
女叔侯曰：『杞，夏餘也。』子太叔曰：『夏肆是屏。』雖以其後世即東夷故，
然周之尊杞不及其尊宋明矣。」緊接著「愚按」曰：「周代商有天下，諸侯助
祭於太廟。周之人不以夏裔為重，而重商之孫子之侯服者，明矣。且以振鷺
起興，又足見殷尚之色，其非兼杞可知。」〔註77〕主要是以為周之重商而不
重夏，然後結合詩篇，認為並非二王之後來助祭，而是商裔來助祭也。

　　對朱子的觀點有贊同又有批評者。如《鄭風・狡童》，《序》以狡童指忽，
朱子辟之，謂：「昭公之為人柔懦竦闊，不可謂狡；即位之時年已壯大，不可
謂童。」其論正確。而以為「淫女見絕而思其人」，誤矣。對朱子歷史事實的
辨析，錢澄之一般比較贊同，但他對《小序》大的題旨內容的改變卻是錢澄
之無法接受的，所以只是有限度的接受朱子的觀點。至於「狡童」究竟該指
誰，錢澄之引用了何氏的觀點，認為是指蔡仲〔註78〕。

　　也有反對《小序》，贊同朱子之說者。如《商頌・烈祖》篇《序》謂「祀
中宗也。」朱子謂「未見其為祀中宗也」。錢澄之「愚按」曰：篇中有「申賜」
之語，似是祭之明日又祭，所謂「繹者」是也，則以為高宗之肜祭有據，但
未定其祀成湯與祀中宗耳。其實是肯定了朱子所論，認為不一定是祀中宗之
詩。〔註79〕這樣的例子不是很多，類似的還有《月出》、《斯干》。

　　有些篇目朱子和《小序》達成了一致，錢澄之也表示贊同和肯定者。如
《周頌・有客》，《序》及朱子皆以為「微子來見祖廟之詩」。錢澄之「愚按」
曰：「武庚未誅，微子初封於宋，於周為臣，不為客。迨命為殷後，以主湯祀，
而後始用商先王之禮樂，從其所尚。周始以客禮待之矣。此詩因微子助祭，
周人美其來，作詩頌之。歌於廟中，以寵微子也」〔註80〕。主要是再通過歷
史記載進一步進行證實。

　　對《小序》也並非全部贊同，在吸收中也有批評揚棄。如《召南・采蘩》

〔註77〕錢澄之著，朱一清校點，田間詩學〔M〕，合肥：黃山書社，2005：888～
　　　　889。
〔註78〕錢澄之著，朱一清校點，田間詩學〔M〕，合肥：黃山書社，2005：208。
〔註79〕錢澄之著，朱一清校點，田間詩學〔M〕，合肥：黃山書社，2005：971。
〔註80〕錢澄之著，朱一清校點，田間詩學〔M〕，合肥：黃山書社，2005：904。

篇,《序》曰:「夫人不失職也。夫人可以奉祭祀,則不失職矣。」錢澄之認為周以農事起家,其婦人以蠶績為事。所以對於《采蘩》之「夫人不失職」之說,他是認同的。但至於「夫人奉祭祀」之說,錢澄之「考《周禮》後六服,有三翟,為祭祀之服,而首飾有副、編、次三等,後服、祭服、首服皆副,則不用編可知,況次乎?此詩所稱之被,即次也,被非祭服,固知非祭祀之事。」〔註81〕主要是依據《禮》,再結合詩篇進行辯駁的。

(四)說解語義

說解文句,務求妥帖,從字詞而及於章句旨趣的闡發,疏通文義,以利瞭解,但又不拘於形式,以更為自由的說解方式,興發個人閱讀心得,撮舉其要:

直接說明文意者。如《大雅・思齊》第一章「思齊大任,文王之母。思媚周姜,京室之婦。大姒嗣徽音,則百斯男。」錢澄之在「愚按」中直接進行文意的串聯解釋:「此章總稱大任之德,以見文王之聖有自來。思齊,存心於莊敬也。文王之肅雝臨保,皆稟德於此。大姜素以莊敬為心。太任以是承姑之歡,而稱周室之孝婦。大姒惟能繼其姑之美譽,是以不妒忌,而子孫眾多。」〔註82〕

闡明一章之中的比興意義。如《邶風・凱風》第二聯「爰有寒泉,在濬之下。有子七人,母氏勞苦。」錢澄之「愚按」曰:「七子仰乳哺於母,猶濬人仰汲飲於寒泉也。寒泉以一勺給通邑而不倦,猶母氏以一身養七子而忘勞,蓋至有子七人,而母益重其勞苦矣」〔註83〕。揭示了詩句的比興意義。

概括上下幾章的意義或一章的中心意義。前者如《檜風・隰有萇楚》錢澄之「愚按」曰:「此詩困於賦役,借萇楚以起興……萇楚之夭而沃,喻人幼時不識不知,無家無室。雖有虐政,漫不關心。壯大以來,始有憂慮,始有家室種種苦事。回思少時不知有困於賦役之事,誠足樂耳。無知、無室、無家,恰似為萇楚之夭者而言情辭甚幻。」在揭示詩句的比興意義的基礎上,對全詩的內容意義都有一個生動的說明闡述。〔註84〕後者如《鄘風・君子偕老》第二章,錢澄之「愚按」曰:「稱碩人之美,曲盡其如此,以『揚』之一

〔註81〕錢澄之著,朱一清校點,田間詩學〔M〕,合肥:黃山書社,2005:34。
〔註82〕錢澄之著,朱一清校點,田間詩學〔M〕,合肥:黃山書社,2005:694～695。
〔註83〕錢澄之著,朱一清校點,田間詩學〔M〕,合肥:黃山書社,2005:80。
〔註84〕錢澄之著,朱一清校點,田間詩學〔M〕,合肥:黃山書社,2005:340。

字盡之。想其動人處，全在此矣。此章極稱夫人之服盛而容美，國人仰之如天，尊之若帝，以其爲君夫人也。不則，胡爲其然也？問之令其自省。」〔註85〕抓住了這一章的中心意義在於表達碩人之美，並且以其中的關鍵字眼「揚」概括之。

深致感歎者。如面對《小雅·無羊》第三章「牛羊馴擾，牧人收放」的太平畜牧圖，錢澄之說：「史稱漢武初年，國家無事，財用富足，因之窮兵黷武，萬里蕭然。盛極而衰，固其勢也。宣王晚年，勤兵不息，至於千畝之敗，王業遂衰。讀《無羊》，知爲盛之終，衰之始矣。」〔註86〕歷史興亡的感歎之情深蘊其中。

引申發揮者。如《鄘風·載馳》第三聯「愚按」中，錢澄之對「眾稺且狂」引申發揮曰：「從來國事本易挽回，以少年喜事者爭之過激，遂成不可回之勢，皆狂稺爲之害也。」〔註87〕政治議論，與詩義已沒有太大關聯。

闡發其中旨趣者。如《齊風·南山》第二聯「葛屨五兩，冠緌雙止。魯道有蕩，齊子庸止。既曰庸止，曷又從止。」錢澄之「愚按」對詩句的旨趣進行了明晰的闡發。前兩句「屨卑而偶，陰數也；冠尊而奇，陽數也。「失陰陽之序，反夫婦之常，譏桓之不能制姜而惟姜是從也。」後四句，「庸，常也。言魯道往來其常也。禮，父母在，歲一歸寧。文姜以桓四年歸於魯，至桓十四年，齊僖公始卒，計姜之歸寧往來鮮道者屢矣。父母既歿，似可以已矣。乃桓復從之以來，何哉？此章專刺桓公。」〔註88〕通過他的闡發，我們才眞正明白詩句其中的眞意。

綜整旨趣者。如《大雅·文王有聲》最後一章錢澄之「愚按」曰：「國以人才爲本。聖人於子孫計久遠，莫大於貽以人才。所謂『敷求哲人，俾輔於爾後嗣』也。豐水有芑，興鎬京之多才，在夜皆髦士也。蓋自辟廱育才，故才盛而用之不盡。猶豐水澤物，故芑盛而採之不盡。今茲濟濟者，在武王時，豈不令仕近乎！」〔註89〕第一句──「國以人才爲本」，已經道出了這一章文意的關鍵，但這句話其實是經過了錢澄之的整和及引申的。

〔註85〕錢澄之著，朱一清校點，田間詩學〔M〕，合肥：黃山書社，2005：116～117。

〔註86〕錢澄之著，朱一清校點，田間詩學〔M〕，合肥：黃山書社，2005：493。

〔註87〕錢澄之著，朱一清校點，田間詩學〔M〕，合肥：黃山書社，2005：133。

〔註88〕錢澄之著，朱一清校點，田間詩學〔M〕，合肥：黃山書社，2005：237。

〔註89〕錢澄之著，朱一清校點，田間詩學〔M〕，合肥：黃山書社，2005：720。

比較闡發者。如《檜風‧匪風》最後一章末，錢澄之說：「此與《大東》詩皆一時事。檜人行役於周，皆所謂東國大夫也。《大東》詩曰：『周道如砥』，懷古也。此云：『顧瞻周道』，傷今也。」〔註90〕通過有聯繫的詩篇的比較闡發突出詩作的章旨文意。

補充他人說法者。如《魏風‧園有桃》篇對「彼人是哉，子曰何其？心之憂矣，其誰知之？其誰知之？蓋亦勿思！」錢澄之以「愚按」的形式疏解文意曰：「彼人，指荀息之輩。何其者，猶云何遽至是也。再言心之憂矣，因不我知者之言而益重其憂也。其誰知之，重嗟歎者，嗟舉國無人之亂之將作也。」後面緊接著補充了其侄驚祥的說法：「史蘇憂晉亡，郭偃謂於晉何害？士薦曰：『夫子戒也！』抑二大夫之言，其皆有焉。子曰何其？其郭偃之流乎？」〔註91〕

解釋說明者。如《小雅‧小弁》釋「無逝我梁，無發我笱。我躬不閱，遑恤我後。」錢澄之「愚按」曰：「《竹書》：宜臼奔申，在幽王五年至八年，始立褒姒之子為太子。計奔申之時，宜臼尚未見發，史伯所謂王欲殺太子，以成伯服，必求之申是也。此詩猶惓惓屬望，無以廢嫡立庶之意。輕泄於左右，則羽翼伯服者愈多，而媒孽宜臼者益甚，勢不至廢立不止矣。『逝梁』、『發笱』，指竊據儲位而言，己今身且不容，遑恤其位？」〔註92〕這段話是通過《竹書紀年》的歷史記載來解釋說明文中的「逝梁」、「發笱」，從而疏通文意。

第三節　《田間詩學》的注釋方法

一、歷史參照

過去對《詩經》的讀法有三種：經學的、歷史的、文學的〔註93〕。其中，用歷史的眼光讀《詩經》，把《詩經》的篇章逐一排列形成一條歷史的線索，並且挖掘出《詩經》每一篇章與歷史上事件的關聯，這種傳統其實淵源有自，

〔註90〕錢澄之著，朱一清校點，田間詩學〔M〕，合肥：黃山書社，2005：342。
〔註91〕錢澄之著，朱一清校點，田間詩學〔M〕，合肥：黃山書社，2005：256～257。
〔註92〕錢澄之著，朱一清校點，田間詩學〔M〕，合肥：黃山書社，2005：536。
〔註93〕夏傳才，詩經研究史概要〔M〕，北京：清華大學出版社，2007：5。

自《毛詩》、《鄭箋》就有鮮明的這種傾向。直到朱熹《詩集傳》才開始放棄把《詩經》的篇章與歷史事實逐一對應的想法，嘗試從詩篇本身揣摩其含義，以一種我們現在更爲認同的「文學的」方式讀《詩經》。但我們並不能因此就完全否認以「歷史的」方式讀《詩經》。首先，《詩經》許多篇章其實極具史學價值，這一點，明、清人已有明確的認識。他們肯定了古代經典的史學價值，王陽明提出「五經皆史」，章學誠更是認爲「六經皆史」。其次，從「知人論世」的角度考慮，《詩經》產生於特定的歷史時代，對於歷史事實和環境的把握其實還是理解《詩經》的關鍵。所以，正確運用歷史素材理解《詩經》本身並沒有什麼不對，重要的是不能完全一一對應，因爲作爲讀者，我們永遠無法得知當時作者創作的動機、意圖。所以，過度地追求對應難免會流於比附，牽強附會，阻礙我們正確地理解《詩經》。所以，錢澄之《田間詩學》過於迷信小序，過於強調歷史參照，總是試圖找到詩篇與歷史的切合點，意欲確定詩作發生的具體歷史背景，成爲《田間詩學》一大弱點和不足。

但如果把這種不足放在明末清初的社會大背景下，歷史本身的局限也凸顯出來。因爲錢氏關注《詩經》與歷史的切合，與明清時期對經典史學價值的關注密切相關，與明末遺民治史的社會學術氛圍息息相關。

明朝的滅亡，給當時士大夫留下了一個最爲巨大而重要的一個課題——爲什麼？想要追溯原因，明瞭自己的歷史當然是前提，只有梳理清楚自己的歷史，所作所爲，才能真正發掘出自己被別人所取代（清代明）的真正原因。「明亡追究」，是其時史述的重大主題。他們重視理清南明史的脈絡，「存國史」當然是爲了「存明」。錢澄之本人就有記載明末歷史的《所知錄》，但更是爲了尋找追究自身內在的原因。「其關於有明一代典章制度興廢、事件始末的清理，尤其其中教訓的抽繹，意義的歸結，乃有明士人於明亡前後一個長時期的批判性思考。」﹝註94﹞而「在經典史論的『國運』追究中，士大夫更在追究著自身命運」﹝註95﹞並且，「以史論爲政論，本是士人議政的慣用策略」﹝註96﹞。所以，錢澄之《田間詩學》對歷史參照的強調，其實也有其深刻的歷史原因，因爲他作爲一個遺民，他有自覺的遺民意識，他也試圖希望在歷史的脈絡中「追究」出明亡的原因，這種蘊含「興亡之感」的詩學使他必須沈

﹝註94﹞趙園，明清之際士大夫研究〔M〕，北京：北京大學出版社，1999：441。
﹝註95﹞趙園，明清之際士大夫研究〔M〕，北京：北京大學出版社，1999：443。
﹝註96﹞趙園，明清之際士大夫研究〔M〕，北京：北京大學出版社，1999：443。

墜到歷史的泥淖之中掙扎，這種強調歷史的歷史局限性成爲他《田間詩學》必然的命運。這一點，徐元文有明確的認識：「明季干戈擾攘，有志之士，往往自放棄於廣川長谷之中，以著書自娛。入國朝以來，爲逸民遺老，無所復顧徇於舉場之業，乃得肆志於經傳，以究觀前人之說之得失而辨之也，彌精且詳。」，「夫有先生之《詩學》，而後能爲先生之詩，惜乎其放棄而不復返，其言無所施之於清廟名堂，爲光華碩大之辭，而茇倣厥體於變風、變雅，以瀉其憂思牢愁也。」〔註97〕

《田間詩學》尊小序，好以史證詩，強調詩篇與歷史的切合，在注釋《詩經》的時候講究歷史的參照。

1. 《田間詩學》徵引了大量歷史典籍和著作：《皇王大紀》、《周書》、《史記》、《尚書》、《左傳》、《漢書》、《春秋》、《宋記》、《路史》、《竹書紀年》、《國語》、《公羊傳》、《穀梁傳》、《周語》、《晉語》、《魯語》、《汲冢周書》、《鄭語》、《史贊》、《虞書》、《楚語》、《晏子春秋》、《逸書》、《後漢書》、《遺周書》等等，多達二三十種，可見其運用史料之豐富和強烈的歷史傾向性。

2. 著力於論證詩篇的歷史背景和創作時間、緣起、目的和作者等等，與史籍相映照。

史實例證型。徵引歷史故事或典故作爲例子來補充、說明其觀點，解釋《詩經》文義，深化讀者的認識，使文義形象化、淺白化。如《召南·甘棠》援引了齊景公之例，曰：「齊景公愛其槐，嚴刑以禁之，置吏以守之，人望而不敢指目，而人傷之，威不足以庇其所愛也。召伯之棠，人自愛之，惟其德也。威與德之不相及若此。」〔註98〕對比論述齊景公之「威」與召伯之「德」兩種截然不同的表現，凸顯了召伯在人們心目中受尊敬的程度，深化《甘棠》之題旨。又如《小雅·十月之交》爲了解釋「噂沓背憎」，錢澄之就舉出史例來說明，「如唐高宗欲立武昭儀爲後，長孫無忌、褚遂良、韓瑗皆力爭不可，許敬宗反詆正論爲異議，以成唐室之亂。」〔註99〕又如《大雅·雲漢》以唐太宗吞蝗的例子來解釋「寧丁我躬」〔註100〕，使讀者聯想到歷史事實來理解詩意，非常生動直觀。

〔註97〕錢澄之著，朱一清校點，田間詩學〔M〕，合肥：黃山書社，2005：1～2。
〔註98〕錢澄之著，朱一清校點，田間詩學〔M〕，合肥：黃山書社，2005：40。
〔註99〕錢澄之著，朱一清校點，田間詩學〔M〕，合肥：黃山書社，2005：515。
〔註100〕錢澄之著，朱一清校點，田間詩學〔M〕，合肥：黃山書社，2005：806。

　　歷史參照型。以歷史記載作爲參考資料，論證詩作的緣起、內容和作者等。如《周南‧關雎》中之淑女究竟指后妃還是宮女，錢澄之就參照了大量歷史記載來進行論證。首先他引用了《皇王大紀》「稱昌爲世子，娶於有莘，曰太姒。謂太姒至時，王季故在，文王無宮人審矣。」但後有根據《大明》之篇，認爲《太紀》所載不足據。接著又引《周書‧無逸》篇，「文王受命惟中身，厥享國五十年。」又引《史記》所載文王年九十七，而云享國五十年，當以四十七即位。而如果太姒爲及笄之年，文王且五十。又根據《大明》詩曰：「纘女維莘」。纘，繼也。從而，錢澄之作出他最後的推論：「太姒乃文王之繼妃。而《大紀》所稱昌爲世子，娶於有莘者，非太姒也。意必前有莘女，不祿無子，文王中年艱於嗣胤，續娶於莘，而得太姒。有不妒之德，因有則百斯男之慶」〔註101〕。由此，《關雎》爲文王宮女所作就足據了。今天看來，錢澄之所作的這一切推理論證都是有點牽強附會的，因爲他執著於《關雎》與后妃的關係，太過於相信《小序》，一定要把《關雎》與文王相聯繫，這裡且不討論他的論證的科學性，從他論證的過程方法上，我們就可以看出錢澄之使用的正是傳統的歷史參照的方法，他徵引了《大紀》、《周書》、《史記》等一批歷史文獻，希望把詩作與歷史一一對應起來。這樣的例子有很多，再分類略舉幾例如下：

　　以歷史記載來說明詩旨的，如《鄭風‧將仲子》錢澄之根據《左傳》襄二十六年：「鄭伯爲衛侯如晉，晉侯言衛侯之罪，使叔向告鄭伯，子展賦『將仲子兮。』」〔註102〕認爲詩篇正是《小序》所言的護惜兄弟之意，否定了朱子所謂「淫奔」之詩的說法。

　　以歷史記載說明詩作針對的對象的，如《秦風‧馴鐵》，因爲史載秦文公東獵至於汧渭，所以認爲此詩乃爲吟詠文公田狩之事〔註103〕。其實從詩作本身的內容來看，是沒有充分的證據證明是文公狩獵之事。

　　說明詩篇創作時間的，如《曹風‧候人》篇，朱子認爲與《左傳》晉文公入曹事合，但錢澄之根據《晉語》：「重耳如楚，子玉請止狐偃。王曰：『不可』。曹詩曰『彼其之子，不遂其媾』，尤之也。夫尤而傚之，尤又甚焉。」

〔註101〕錢澄之著，朱一清校點，田間詩學〔M〕，合肥：黃山書社，2005：5～7。
〔註102〕錢澄之著，朱一清校點，田間詩學〔M〕，合肥：黃山書社，2005：188。
〔註103〕錢澄之著，朱一清校點，田間詩學〔M〕，合肥：黃山書社，2005：298。

〔註 104〕則《曹風》此詩傳於文公未返國之前久矣。正是根據歷史記載更爲精確的推斷詩篇的創作時間，可備一說。

對詩句本身進行訓釋，也往往要用到歷史記載說明論證之。如《魯頌·閟宮》「新廟奕奕」之「新廟」究竟指毛公所說的閔公廟，還是鄭氏所說的姜嫄廟，還是何楷所云的莊公廟，就是根據《左傳》閔二年夏五月乙酉「吉禘於莊公」的記載，還有杜預的注釋：「三年喪畢，致新死者之主於廟，廟之遠主當遷入祧，因是大祭，以審昭穆，謂之禘。莊公喪制未闋，時別立廟，廟成而吉祭，又不於太廟，故詳書以示譏。」〔註 105〕由此，判斷莊公之有新廟。成公三年，「新宮災」，進一步證明了莊公之新廟。所以，整個闡述都是以歷史記載爲基礎的。

有的時候，錢澄之《田間詩學》也渲染出一種強烈的歷史氛圍，興亡之感悟滲透其中，呈現一種歷史興替的滄桑感和政治反思情調。如《大雅·雲漢》在訓詁詩句之前，已經發出「甚矣！中興之難也！」的感歎〔註 106〕，爲全詩的訓釋首先鋪墊了一種歷史基調。又如《大雅·文王》解釋「厥作裸將，常服黼冔」一句，面對周代商卻襲用其衣冠、紀年，錢澄之作出自己的評論：「其視後世，亡人之國，則絕人之祀，毀其先代之衣冠禮樂，相去遠矣。」〔註 107〕充滿了歷史興替的悲慨之情。

二、說解語義、引據印證

錢澄之說解文字，疏通文句，喜歡引據其它材料相互印證發揮，主要包括以下四種情況：

第一種，以「用詩」說詩。對《詩經》的篇章題旨和文句意義的理解，錢澄之往往引用歷史上「用詩」「賦詩」的情況，作爲旁證，進行闡釋。

以「用詩」（對用詩要下定義）說明詩旨。如上文已經提到的《鄭風·將仲子》，重點是根據史籍記載的用詩之例來說明題旨的。（《左傳》襄二十六年：「鄭伯爲衛侯如晉，晉侯言衛侯之罪，使叔向告鄭伯，子展賦『將仲

〔註 104〕錢澄之著，朱一清校點，田間詩學〔M〕，合肥：黃山書社，2005：348。
〔註 105〕錢澄之著，朱一清校點，田間詩學〔M〕，合肥：黃山書社，2005：961。
〔註 106〕錢澄之著，朱一清校點，田間詩學〔M〕，合肥：黃山書社，2005：804。
〔註 107〕錢澄之著，朱一清校點，田間詩學〔M〕，合肥：黃山書社，2005：670。

子兮。』」認爲詩篇正是《小序》所言的護惜兄弟之意〔註108〕。最爲典型的一個例子是《鄭風・子衿》篇，「朱子謂『此詩僩薄，不可施之學校』。亦以爲『淫奔之詩』。錢澄之〔愚按〕朱子《白鹿洞賦》有云：廣青衿之疑問，則仍以此詩爲學校而作矣。」以子之矛攻子之盾，錢澄之這裡選用的矛正是朱子用詩之例。通過朱子用青衿代指學校進一步證明此篇的詩旨仍與學校有關，反過來駁斥朱熹。

以「用詩」解釋字句。《泉水》「好有行，遠父母兄弟。問我諸姑，遂及伯姊」《左傳》引此詩以爲知禮，謂其姊親而先姑也。〔註109〕以《左傳》引詩的情況說明詩句先姑後姊的原因，是爲了表明其知禮也。又如《殷武》以用詩來說明詩義：「不僭不濫」二句，高宗自表其待諸侯之法。《左傳》：「蔡聲子引此詩曰：『善爲國者，賞不僭而刑不濫。賞僭，則懼及淫人；刑濫，則懼及善人。』」〔註110〕又如引詩進行字詞訓詁，如《周頌・維天之命》「假以溢我，我其收之。」《左傳》引此詩曰：「何以恤我？我其收之。」朱子云：「何之爲假，音之轉也。恤之爲溢，字之訛也」〔註111〕。有時，乾脆用「用詩」的例子來串釋詩句。如《小雅・賓之初筵》曰：晏子飲景公酒，日暮，公呼具火，晏子辭曰：「詩云：『側弁之俄』，言失德也。『屢舞傞傞，』言失容也。『既醉以酒，既飽以德，既醉而出，並受其福』，賓主之禮也。『醉而不出，是謂伐德』，賓之罪也。嬰卜其日，惟卜其夜。」〔註112〕其實晏子所言，已經觸及了詩義，所以用「用詩」的例子同時說明了詩義。

以用詩說明章句。如《大雅・緜》最後一章，申培削去。謂周報太王，周公述其事，以訓嗣王之詩。季氏謂：「末章與上文不相屬，疑是錯簡。」〔註113〕錢澄之根據《左傳》昭公二年季武子賦《緜》之卒章之事，以及杜預的注釋「以晉侯比文王，以韓子比四輔」，來證明《緜》卒章的淵源有自。又如《巧言》根據《左傳》衛獻公使太師歌《巧言》卒章之事，論證其爲六章，而非鄭氏（忠）所言的五章。〔註114〕

〔註108〕錢澄之著，朱一清校點，田間詩學〔M〕，合肥：黃山書社，2005：188。
〔註109〕錢澄之著，朱一清校點，田間詩學〔M〕，合肥：黃山書社，2005：100。
〔註110〕錢澄之著，朱一清校點，田間詩學〔M〕，合肥：黃山書社，2005：990。
〔註111〕錢澄之著，朱一清校點，田間詩學〔M〕，合肥：黃山書社，2005：862。
〔註112〕錢澄之著，朱一清校點，田間詩學〔M〕，合肥：黃山書社，2005：623。
〔註113〕錢澄之著，朱一清校點，田間詩學〔M〕，合肥：黃山書社，2005：687。
〔註114〕錢澄之著，朱一清校點，田間詩學〔M〕，合肥：黃山書社，2005：542。

　　「用詩」之例除了來自普通的《左傳》《國語》等歷史典籍，還包括皇帝
詔書，如《小雅・伐木》：「失德，猶言失禮也。漢宣帝詔曰：『夫酒食之會，
所以行禮樂也。今郡國或擅爲苛禁，禁民不得具酒食相賀召。由是非鄉黨之
禮，令民無所樂，非所以導民也。《詩》不云乎：『民之失德，乾餱以愆。』」
〔註 115〕包括大臣奏疏，如《民勞》引用了後漢陳忠奏疏上的引詩例子〔註 116〕。
包括三家詩，如《小雅・巧言》引用的是《韓詩外傳》〔註 117〕。包括諸子文
集，如《大雅・文王》則引用的是孔子論詩之語句〔註 118〕。

　　以用詩說詩，實際上是通過人們對《詩經》詩句的實際使用來確定其含
義，這種方法考慮了讀者對《詩經》的接受和運用，在闡釋詩意的時候，拉
近了詩作與現實的距離，使我們更容易明白詩句要表達的意義。但我們也無
法迴避一個問題，那就是賦詩引詩這種方式本身可能也就違背了詩的原意，
因爲在用詩的過程中，人們往往截取其中少數句子，又受特定場合環境的影
響，他們所用的眞實很有可能並非詩句原意。也就是說，用詩大多是採用斷
章取義的方法，即採用一首詩中一章或一句兩句的形象和意義，按照賦者和
引者要表達的意思來運用它們。那麼錢澄之以用詩解詩這本身其實並不十分
科學。在《田間詩學》中，錢澄之自己也使用了一個用詩的反面的例子，認
爲毛鄭以《周南・卷耳》爲文王求賢審官乃誤用左氏引詩的例子，他說：「左
氏斷章取義，引經以傅會其說，豈可據彼說以解經乎？」〔註 119〕但實際上，
如上所說，錢澄之自己也是一再使用引詩用詩的例子來注解《詩經》的，所
以他也很難逃出附會之弊端。

　　第二種，引用易學和詩文作品（《莊子》、《楚辭》）

　　錢澄之好引用易學和後代文學作品來闡釋詩義，前者多用於語義的說
解，多見於對單個字詞的解釋，後者則往往是運用這些文學作品說解《詩經》
章句所描繪反映的一種境況、意境以及文義。

　　經粗略統計，《田間詩學》用《易》三十二例。

　　錢澄之對於經學，尤重《周易》和《詩經》。致力於研究《周易》的《田

〔註 115〕錢澄之著，朱一清校點，田間詩學〔M〕，合肥：黃山書社，2005：407。
〔註 116〕錢澄之著，朱一清校點，田間詩學〔M〕，合肥：黃山書社，2005：763。
〔註 117〕錢澄之著，朱一清校點，田間詩學〔M〕，合肥：黃山書社，2005：540。
〔註 118〕錢澄之著，朱一清校點，田間詩學〔M〕，合肥：黃山書社，2005：670。
〔註 119〕錢澄之著，朱一清校點，田間詩學〔M〕，合肥：黃山書社，2005：12。

間易學》與《田間詩學》相比，對於他而言，處於同樣重要甚至更爲重要的地位，自謂：「年底一病，幾成長往，所不能去懷者，惟《易學》、《詩學》兩書。三十年心血所聚」〔註120〕錢澄之治《易》，其實是秉承其家世代治《易》的傳統，「吾家自融堂先生以來，家世學《易》。先君子究心五十餘年，臨沒之年，乃有所得，口授意旨，命不孝爲之詮次，錄諸簡端。」〔註121〕融堂爲錢澄之先世祖，至融堂以來，錢氏治《易》不絕。錢澄之父親錢志立，曾關館聚徒講《易》，門人稱敬修先生。並且，《田間易學》又吸取其兄伯玉（名秉鉉）、湘之（名秉錡），幼安（名秉鐔），子法祖（字孝則，亡於戊申即康熙七年，公元 1668 年）的治《易》成果，錢澄之在《易學凡例》中明確說明「是書未脫稿，即付兒子法祖，藏諸筒中，初不意其能讀也，戊申冬，兒隕於盜，藏書塵封，不忍檢視。久之，啓其苟，則業已診次成集，而又得其《問易堂私識》一編。問易堂者，法祖讀書處也。間有可採，聊存十數則於集中，不忍沒其苦心也。（問易載有了兄伯玉、湘之、幼女所說數條，今並存之）」〔註122〕。所以，易學是其家族學術的結晶。

治易對於一度處於顚沛流離之中的錢澄之，更有實用的意義。因爲躲避東林黨禍，錢澄之逃至江南，「混迹於吳市。遇黃石齋先生舟過閶門，望見識之，招入舟，與談東漢君子之過，因言『錢牧齋畢竟比爾多讀幾年書，學問不同。』府君笑曰：『如此讀書，不如不讀。』先生正色責之，且勸學《易》以遠害全身，授以所著《象正》」〔註123〕。黃氏勸其學《易》本是爲了讓他能遠害全身。但黃道周治《易》以精微見稱，以《易》來抨擊時政，譏刺姦臣溫體仁，史稱「因言：『《易》數，皇上御極之元，當師卦上九，開國承家，小人勿用』，以諷首輔溫體仁，削籍爲民」〔註124〕。所以，治《易》並非單純闡發易理，其實它關聯的是現實社會。而在遺民經學中，《易》學作爲顯學「在『動蕩』的年代接通士人的生存經驗與《易》的世界，胸有鬱勃感憤，借《易》致其扶陽抑陰之意，亦處於憂患。」〔註125〕所以，他們常常會「以《易》解《詩》，亦以《詩》說《易》，又藉《詩》《易》論史、論人物——你在王夫之

〔註120〕錢澄之著，湯華泉校點，藏山閣集〔M〕，合肥：黃山書社，2004：512。
〔註121〕錢澄之著，吳懷祺校點，田間易學〔M〕，合肥：黃山書社，1998：2。
〔註122〕錢澄之著，吳懷祺校點，田間易學〔M〕，合肥：黃山書社，1998：2。
〔註123〕《錢澄之年譜》，見諸偉奇等輯校：《所知錄》，合肥：黃山書社，2000：185。
〔註124〕黃宗羲，明儒學案〔M〕，杭州：浙江古籍出版社，2005：674。
〔註125〕趙園，明清之際士大夫研究〔M〕，北京：北京大學出版社，1999：431～436。

處，也如在屈大均處，見到的是無所不在的《易》〔註126〕」錢澄之引《易》說事，自然源於他治易，對易的熟稔，讓他可以任意聯想，隨手拈來，但其實更是明末這種「《易》的世界觀」的顯現。

不過，錢澄之引《易》解詩，一般局限於字詞文義，並沒有在義理上大加闡發，很多時候，還顯的生硬冗餘。如《周南・樛木》有「福履綏之」一句，錢澄之引《易》稱「視履考祥」〔註127〕，言行與吉會也，故不曰祿，曰履。又如《小雅・魚麗》引《易》「《離》，麗也。《小過》，飛鳥離之」〔註128〕，即此麗也。可見多是用《易》說明解釋字詞。而像王夫之運用易理來進行展開闡發的例子則很少，有一些也還是比較簡單。如《齊風・南山》運用了陰陽之理論來解釋「葛屨五兩，冠緌雙止」。又如《曹風・侯人》曰：「《易》於君臣之相遇，比之婚媾，媾遇之厚也。言此輩無功受祿，大負君之厚遇之意。」〔註129〕短短一兩句話而已。當然，這種不同與《田間詩學》的體例、體裁也大有關係，這種傳統的注疏體，不可能發長篇大論，而王夫之的「廣傳」體裁則自由的多。這一點在後文有詳細論述。

錢澄之於諸子學，則尤重視屈子、莊子。在他看來，《莊》本於《易》，「自莊子以自莊子以《詩》、《書》、《禮》、《樂》及《易》、《春秋》列為道術，後遂有『六經之稱。而其稱《易》也，曰『易以道陰陽』，則一語已抉其奧矣。吾觀其書，其言內聖外王之道，則一本於《易》。夫《易》之道，惟其時而已。莊子以自然為宗，而詆仁義，斥禮樂，訾毀先王之法者，此矯枉過正之言也。彼蓋以遵其迹者，未能得其意；泥於古者，不適於今。名為治之，適以亂之。因其自然，惟變所適，而《易》之道在是矣。」〔註130〕錢氏認為，易道之核心在「時」，莊子「因其自然、惟變所適」的主張恰恰就是重「時」的表現，所以歸根結底，莊子之學只不過是易理的進一步發揮而已〔註131〕。易道之核心在「時」，莊子「因其自然、惟變所適」的主張正是重「時」的表現，所以歸根結底，莊子之學只不過是易理的進一步發揮而已。並且，他有明確的「以

〔註126〕趙園，明清之際士大夫研究〔M〕，北京：北京大學出版社，1999：433。
〔註127〕錢澄之著，朱一清校點，田間詩學〔M〕，合肥：黃山書社，2005：14。
〔註128〕錢澄之著，朱一清校點，田間詩學〔M〕，合肥：黃山書社，2005：427。
〔註129〕錢澄之著，朱一清校點，田間詩學〔M〕，合肥：黃山書社，2005：347。
〔註130〕錢澄之撰，殷呈祥點校，莊子精釋・屈賦精釋〔M〕，合肥：黃山書社，1995：279。
〔註131〕張永義，以莊繼易：錢澄之的莊學觀〔J〕，《中山大學學報》（社會科學版），2006：5。

莊繼易、以屈繼詩」的主張,「吾謂易因乎時,詩本乎性情。凡莊子、屈子之所爲,一處其潛,一處其亢,皆時爲之也。莊子之性情,於君父之間,非不深至,特無所感發耳。詩也者,感之爲也,若屈子則感之至極者矣。合詁之,使學者知莊屈二道,則益知吾之易學、詩學無二義也。」〔註132〕所以對莊子、屈子錢澄之也深有研究。同樣,莊學、楚辭學也是興盛於明清之際的諸子學,因爲《莊子》使遺民得以寄託隱遁或解脫之志,王夫之有《莊子解》、《莊子通》,方以智有《藥地炮莊》,釋淨挺有《漆園指通》,而《楚辭》更是讓他們曾經的經世之志化爲滿腹的牢騷和悲憤一瀉而下,找到了知音和情感發泄的出口。

　　正是在這種社會背景和學術氛圍之中,錢澄之打通了《易》、《莊》、《屈》,「以莊繼易,以屈繼詩」。所以,因爲對它們的熟悉,在他的《田間詩學》中引用了莊子、楚辭中的大量句子,與別的詩文作品一起,增加了《田間詩學》的文學色彩。如《鄘風‧鶉之奔奔》釋「鶉」,引《莊子》曰:「聖人鶉居。」鵲性不淫,傅枝受卵,故亦曰乾鵲。《莊子》曰:「烏鵲孺以少欲」也〔註133〕。這是引《莊子》解釋名物的。又如《小雅‧常棣》:「【愚按】兄弟之情,於死喪時始見。《莊子》云:『以利合者,迫窮禍患害相棄也;以天合者,迫窮禍患害相收也。』」〔註134〕這是以《莊子》之文幫助理解詩文,用來解釋詩義的。

　　引用《楚辭》的如《周頌‧小毖》訓釋「蓼」時引曰:「蓼蟲不知徙乎葵菜」,言蓼、辛葵、甘蟲,各安其故,不知遷也〔註135〕。這是引《楚辭》解釋名物的。又如《陳風‧月出》解釋「月出皎兮,佼人懰兮。舒憂受兮,勞心慅兮!」一聯,錢澄之曰:「懰,劉同。劉,殺也,謂心如刀刺也。憂,愁也。《楚辭》云:『傷餘心之憂憂。』受,謂受諸憂愁向誰吐也。慅,動也。」〔註136〕這是以《楚辭》之文幫助理解詩文,用來解釋詩義的。又如《衛風‧碩人》釋「朅」,錢澄之曰:「《說文》云:『去也。』《楚詞》:『車既駕兮朅而歸。』庶士送姜來衛,既畢事,則去衛而歸。」〔註137〕這是引《楚辭》解釋字詞的。

〔註132〕錢澄之著,殷呈祥點校,莊子精釋‧屈賦精釋〔M〕,合肥:黃山書社,1995:279。
〔註133〕錢澄之著,朱一清校點,田間詩學〔M〕,合肥:黃山書社,2005:121。
〔註134〕錢澄之著,朱一清校點,田間詩學〔M〕,合肥:黃山書社,2005:401。
〔註135〕錢澄之著,朱一清校點,田間詩學〔M〕,合肥:黃山書社,2005:913。
〔註136〕錢澄之著,朱一清校點,田間詩學〔M〕,合肥:黃山書社,2005:330。
〔註137〕錢澄之著,朱一清校點,田間詩學〔M〕,合肥:黃山書社,2005:143。

可以看出，《田間詩學》引《莊》、《騷》主要還是爲了訓釋詩篇，表面上並沒有流露出太多的遺民感情色彩，這與王夫之《詩廣傳》是非常不一樣的，錢澄之用的比較簡單，很多時候，就像信手拈來，並無太多深意。

在引用詩文作品方面，主要是通過詩文作品進行例證。有的是爲了解釋字詞，如第一篇《周南・關雎》解釋「窈窕淑女」之「窈窕」，就引用了唐詩：「窈窕九重闈」，又引用了《魯靈光殿賦》「旋室便娟以窈窕」〔註138〕；有的則是爲了通過後代作品使讀者能更好地體會詩篇蘊含的情感，如《邶風・綠衣》引用班婕妤《怨歌行》云「常思秋節至，涼飇奪炎熱。」錢澄之接著評論說：「怨己諒人，絕無爭寵之意，殆將近之。」〔註139〕主要是爲了說明夫人傷己之違時，而無爭寵之意。《終風》篇曰「莊姜如後世長門之怨」〔註140〕來讓讀者體會莊姜當時的情感。又如《豳風・東山》解釋「不可畏也，伊可懷也」，錢澄之說，唐人詩「近家心轉急，不敢問來人」，畏也。乃轉念之而釋然以喜，即淒涼處正自可懷。曲盡久客回家，將到家門之情景矣。就巧妙地運用後代詩篇深入淺出地向讀者說明詩句包含的感情。本詩下一章解釋「婦歎於室」，也同樣用的此法，引用的是白居易「想得家中夜，深坐還應說」之詩句〔註141〕。

第三種，引用俗語、俚語、諺語甚至童謠。

在名物訓詁和說解語義的時候，錢澄之喜歡引用大眾俗語、諺語來進行生動說明，使意義更爲直白顯露。俗言如《大雅・抑》解釋「未知臧否」，錢澄之說：「猶俗言不識好醜。指其年幼未有知識之時。」〔註142〕非常貼切生動；俚語如《周南・葛覃》注黃鳥曰：「黃鳥，搏黍也。或謂之黃栗留。當甚熟時來在桑間，故里語曰：『黃栗留，看我麥甚熟否？』亦應節趨時之鳥也。」〔註143〕諺語如《衛風・淇奧》釋「較」，曰：「古謂『較』爲『車耳』，諺云：『仕宦不止車生耳。』吳童謠云：『黃金車，班蘭耳。闉闇門，見天子。』」〔註144〕

〔註138〕錢澄之著，朱一清校點，田間詩學〔M〕，合肥：黃山書社，2005：3。
〔註139〕錢澄之著，朱一清校點，田間詩學〔M〕，合肥：黃山書社，2005：68。
〔註140〕錢澄之著，朱一清校點，田間詩學〔M〕，合肥：黃山書社，2005：75。
〔註141〕錢澄之著，朱一清校點，田間詩學〔M〕，合肥：黃山書社，2005：376。
〔註142〕錢澄之著，朱一清校點，田間詩學〔M〕，合肥：黃山書社，2005：789。
〔註143〕錢澄之著，朱一清校點，田間詩學〔M〕，合肥：黃山書社，2005：8。
〔註144〕錢澄之著，朱一清校點，田間詩學〔M〕，合肥：黃山書社，2005：138。

有的時候，則以「今稱」、「後世言」、「今人謂」等別的形式來標明。這種一般是用於解釋字詞。如《大雅·公劉》篇釋「舟」，曰：「舟，帶也。【按】今稱周旋作舟旋，取其環轉之義，與帶義通。」〔註145〕又如《小雅·蓼蕭》錢澄之【愚按】曰：「『爲龍爲光』，即後世稱其人主『有龍鳳之章，天日之表』是也。」〔註146〕

第四種，引用各家之說，包括前人之注、時賢之見以及後輩意見。

錢澄之《田間詩學》博采眾說，吸收了自漢至清眾多學者的研究成果，一般而言，他會加以采擇整合，不會照搬原文，簡單羅列，但有時也會就一個共同的問題，列舉各家之言。如《商頌·那》篇的「湯孫奏假，綏我思成」之「思成」，歷來眾說紛紜，錢澄之在引用《禮記》進行解釋之後，又列出了一些其他人的看法：「蘇氏云：『其所見聞本非有也，而生於其思，故謂之思成。』陳式曰：『綏有固結義。思之既成，常恐恍惚不定，故期有以固結之也。』陳際泰云：『商人尊鬼而尚聲。聲召風，風召氣，氣召神。然神懼其雜而集焉。則有湯孫之思矣。思者，氣之精者也。鬼神非其類也不至，必有精氣而借聲以召之，神無不格。而格者，惟我烈祖，斯湯孫之心安矣。故曰：『綏我思成。』」引用了蘇氏、陳式、陳際泰不同的說法，可謂引用各家之說〔註147〕。

這是就一個問題而言，如果把範圍擴大一點，我們更可以清楚地看到他徵引諸家時間跨度之大。如《周頌·有客》一篇，就包括：毛云、鄭云、孔云、朱注、何氏謂、彭士望云等等，這裡涉及的就有毛《傳》、鄭《箋》、孔氏《正義》、朱子《集傳》及其它諸儒各家，自漢之明清，其中彭士望爲錢澄之同僚，乃時賢之見。

值得一提的是，在《田間詩學》中，除了同儕之見，錢澄之更存錄了他的老師黃道周的許多看法，如《魯頌·泮水》解釋「既飲旨酒，永賜難老。順彼長道，屈此群醜」就用了他的解說，云，漳浦黃氏曰：「養老之道廢，則子弟易其父兄，庶姓慢其長上，驕奢漸出，而叛亂滋起。故夫養老者，所以教子弟而崇齒讓也。群醜之屈，即本於此。」〔註148〕

〔註145〕錢澄之著，朱一清校點，田間詩學〔M〕，合肥：黃山書社，2005：750。
〔註146〕錢澄之著，朱一清校點，田間詩學〔M〕，合肥：黃山書社，2005：436。
〔註147〕錢澄之著，朱一清校點，田間詩學〔M〕，合肥：黃山書社，2005：966。
〔註148〕錢澄之著，朱一清校點，田間詩學〔M〕，合肥：黃山書社，2005：943。

另外，與《田間易學》注意存錄其兄其父其子的易學見解，呈現其家學風貌一樣，錢澄之在《田間詩學》中也非常注意存錄其家族其他人的一些詩學看法。並且，尤爲難得的是，因爲《詩經》並非其家學，並沒有長輩的意見。所以，在《田間詩學》中都是其子侄輩的意見，吸收後輩成果，錢澄之同樣積極，沒有任何偏見。如《魏風·園有桃》解釋「彼人是哉，子曰何其？」就引用了兄子驚祥的說法；《鄘風·干旄》篇有從子光夔的說法；《大雅·雲漢》篇有兄子廉的意見，等等。

三、禮學色彩

在遺民經學中，《禮》學與《易》學並稱爲「顯學」，反映到錢澄之《田間詩學》上，就是「好以古之禮制的特定規則釋詩」〔註149〕。

1. 以禮釋字。如《周頌·武》「耆定爾功」之「耆」，乃據《曲禮》：「六十曰耆。」後又據《史記》「武王告叔旦曰：『惟天之不享於殷，發之未生至於今六十年』」，可知武王於耆年伐殷。〔註150〕

2. 對一些專有名稱用禮解釋。如《周南·葛覃》「言告師氏」之「師」，毛氏解爲「女師」，錢澄之根據《昏禮》注對「女師」的來歷進行了注解，「婦人五十無子，出不復嫁，能以婦道教人者爲女師。女出嫁，教於宗室。」〔註151〕《鄘風·君子偕老》「其之翟也」〔註152〕「副笄六珈」〔註153〕又如《小雅·采菽》用《聘禮》釋「筥」，用《周禮》釋「路車」，曰：「車直名路，五路，惟玉路不以錫，金路以封同姓，象路以封異姓，革路以封四衛，木路以封藩國。」〔註154〕

3. 以禮解題。如《召南·采蘋》篇，《序》曰：「大夫妻能循法度也。能循法度，則可以承先祖，共祭祀矣。」而朱子則認爲是「大夫妻能奉祭祀，而其家人敘其事以美之也。」錢澄之根據《禮記·婚儀》云：「古者，婦人先嫁三月，祖廟未毀，教於公宮；祖廟既毀，教於宗室。教以婦德、婦言、婦

〔註149〕王政，由《田間詩學》二南邶鄘衛風看錢澄之說詩〔J〕，淮北煤炭師範學院學報（哲學社會科學版），2006：6。
〔註150〕錢澄之著，朱一清校點，田間詩學〔M〕，合肥：黃山書社，2005：906。
〔註151〕錢澄之著，朱一清校點，田間詩學〔M〕，合肥：黃山書社，2005：9。
〔註152〕錢澄之著，朱一清校點，田間詩學〔M〕，合肥：黃山書社，2005：116。
〔註153〕錢澄之著，朱一清校點，田間詩學〔M〕，合肥：黃山書社，2005：115。
〔註154〕錢澄之著，朱一清校點，田間詩學〔M〕，合肥：黃山書社，2005：628。

容、婦功。教成，祭之，牲用魚，笔之以蘋藻，所以成婦順也。」又孔云：「三月以來，教之以法度，故爲此祭，所以教成其婦禮，使季女自設其羹」，則尸祭皆法度之教也。錢澄之「愚按」又據《射儀》：「卿大夫以《采蘋》爲節，樂循法也。」從而否定了朱子之說，贊同《序》說〔註155〕。

4. 以禮釋義，不僅通過禮闡釋了詩意，還擴大了讀者的知識面。如解釋《商頌・那》「綏我思成」一句之「思成」，錢澄之就據《禮記》解釋之，曰：「齋之日，思其居處，思其笑語，思其志意，思其所嗜，思其所樂。齋三日，乃見其所爲齋者。祭之日，入室，優然必有見乎其位；周旋出戶，肅然必有聞乎其容聲；出戶而聽，愾然必有聞乎其歎息之聲。」此之謂思成。〔註156〕又如《商頌・長發》篇，《序》曰：「大禘也」。錢澄之釋「禘」，分爲時禘、吉禘、大禘三類，〔註157〕以及《小雅・賓之初筵》用《射儀》、《大射儀》解釋筵禮，都不僅解釋了詩義，還增加了我們的知識面，瞭解了古代的禮儀制度。

〔註155〕錢澄之著，朱一清校點，田間詩學〔M〕，合肥：黃山書社，2005：37。
〔註156〕錢澄之著，朱一清校點，田間詩學〔M〕，合肥：黃山書社，2005：966。
〔註157〕錢澄之著，朱一清校點，田間詩學〔M〕，合肥：黃山書社，2005：984。

第三章　錢澄之《田間詩學》
詩學理論和風格

第一節　《田間詩學》的詩學理論

在《田間詩學》卷首，錢澄之集中論述了有關《詩經》的幾個重要理論問題，闡明了他的觀點和看法，主要包括 6 個部分：《詩總論》、《二南論》、《十五國風論》、《二雅論》、《三頌論》、《古序考》，用總論加分論的形式，涉及《詩經》所有有機組成部分。如果把這 6 篇論述進行總結歸納，則可以歸結為以下幾個問題：

一、詩樂關係論

《詩經》全為樂歌，在唐代以前是沒有疑義的，到了宋代，在疑古辨偽風氣的影響下，程大昌提出「詩有入樂不入樂之分」（《詩論》），認為《二南》、《雅》、《頌》皆可入樂，而自《邶》至《豳》十三國風則為不入樂的徒詩。後來朱熹又把入樂、不入樂與《詩》之正變相結合，認為「不登大雅之堂」的「變風」「變雅」不配入樂，到清初，顧炎武繼承了這種觀點，對入樂、不入樂之詩還作了具體的論定。

針對這種「詩有入樂不入樂之分」的觀點，從宋代開始，就有大批的學者予以批判，還是主張「詩全入樂」，到清代許多著名學者也都比較同意此說，

以馬瑞辰《毛詩傳箋通釋‧卷一‧詩入樂》和皮錫瑞《論詩無不入樂史漢與左氏傳可證》爲代表，而與顧炎武同時期的錢澄之也是主張「詩全入樂」的。〔註1〕

他從以下幾個層面對詩樂關係進行了深入的探討：

首先，他明確「萬世言詩之始，明詩之即以爲樂也」〔註2〕，早在《虞書》中就記載「詩言志，歌永言，聲依永，律和聲。」詩與樂合爲一體。《周禮》「大師教六詩：曰風，曰賦，曰比，曰興，曰雅，曰頌。以六德爲之本，以六律爲之音」，錢澄之認爲從這裡就可以看出，「詩之爲詩，不於辭句而於音律明矣。」另外，《序》曰：「動天地，感鬼神，莫近於詩。」錢澄之認爲只有聲音才能達到如此效果，所以，「古之詩音爲主，而辭以叶之」，「孔子絃歌三百五篇，以和於雅頌，是篇之可弦而歌也。秦火以後，詩獨存諸諷誦，亦以音存也。」〔註3〕可見，他認爲詩在古代與樂是密不可分的，也正因爲它的這種音樂性質，詩才能「動天地，感鬼神」，「不獨可歌，亦備乎弦舞之音節矣」〔註4〕。

其次，他辨析了聲與音的區別，闡明了聲與詩的關係，著重論述了「鄭聲淫」的眞正含義。情發於聲，聲成文謂之音。《樂記》云：「聲相應，故生變，變成方，謂之音。」又曰：「雜比曰音，單出曰聲」，「審聲以知音，審音以知樂」，所以「聲變乃成音，音和乃成樂。」〔註5〕這有一個「聲→音→樂」的過程，而詩其實是與最末端的「樂」相結合，並非最初的聲，錢澄之分析它們之間的關係，「初作樂者，準詩而爲聲，聲既成形，須依聲而作詩。故後之作詩者，皆主應於樂文也。故曰：『主文而譎諫』，所謂『主文』者，謂合於宮、商相應之文，而依違譎諫，不直言君之過失。」〔註6〕詩其實是應之於樂文，合於宮商，所以詩與最初的聲是存在差異的。由此自然可以推出所謂「鄭聲淫」並非「鄭詩淫」的結論，不能「以聲罪詩」。

除了從「聲」、「音」、「文」概念內在細微的差異對「鄭聲淫」進行申辯，錢澄之也看到了「鄭聲」本身這種音樂曲調的獨特特色。「然後知孔子所謂惡

〔註1〕洪湛侯，詩經學史〔M〕，北京：中華書局，2002：36～42。
〔註2〕錢澄之著，朱一清校點，田間詩學〔M〕，合肥：黃山書社，2005：11。
〔註3〕錢澄之著，朱一清校點，田間詩學〔M〕，合肥：黃山書社，2005：11。
〔註4〕錢澄之著，朱一清校點，田間詩學〔M〕，合肥：黃山書社，2005：12。
〔註5〕錢澄之著，朱一清校點，田間詩學〔M〕，合肥：黃山書社，2005：12。
〔註6〕錢澄之著，朱一清校點，田間詩學〔M〕，合肥：黃山書社，2005：12。

鄭聲，恐其亂雅樂者，非鄭詩也。鄭聲即梁惠王所爲世俗爲樂，猶云新聲也。凡聲之足以悅耳而惑人心志者，皆鄭聲也。唐時不能習俗樂者，乃習雅樂。杜夔之不能與柴玉、左延年爭寵，而萬寶常不爲時人所好，則雅音不如鄭音之悅耳，審矣。」〔註7〕在他看來，「鄭聲淫」指斥的是「悅耳而惑人心志」，與「雅音」相對應的一種音樂曲調，並不是指應該「主文而譎諫」的鄭詩。總之，「鄭聲淫」≠「鄭詩淫」。以這個結論爲基礎，在具體詩篇的分析上，錢澄之著力批判了朱子的許多觀點，回到小序。

　　另外，在把音的差異作爲《風》、《雅》、《頌》分類標準觀點的基礎上，錢澄之又認爲「詩以聲爲用，而非用以說義也。」詩歌的具體應用正是以所用場合所需要的音樂曲調和類型來決定的，而不是詩歌本身所闡發的義理。他引用馬氏之言：「詩之被於絃歌也，以爲燕享賓客祭祀鬼神之詩。……然考其歌詩和樂之意，蓋有不可曉者：夫《關雎》、《鵲巢》，閨門之事，后妃夫人之詩也，何預於鄉宴？而《鄉飲酒》、《燕禮》歌之；《采蘋》、《采蘩》，夫人、大夫妻能主祭之詩也，何預於射？而射禮用之；《肆夏》、《繁》、《遏》、《渠》，宗廟配天之詩也，何預於宴飲？而天子享元侯用之；《文王》、《明》、《緜》，文王與周之詩也，何與於交鄰？而兩君相見歌之〔註8〕」。古代的用詩一般「斷章取義」，詩歌本身的義理意義在用詩之人看來，並不重要，所以，錢澄之也認爲上面列舉的數詩，「必其音節之節奏，有協於諸所行之禮文，而不論其辭義也。〔註9〕」

　　古代的詩歌應用有一個發展變化的過程。到後來，它應用的功能和範圍一度非常廣泛而深入，應用於日常生活的各種場合，大致看來，可以分爲三種類型：作詩應用、言語引詩、外交賦詩〔註10〕。作詩應用應該是比較早期的形式，爲了祭祀、宴饗、祝頌等實際用途而創作詩歌或者利用詩歌進行合樂、配樂演奏，這時，詩以聲爲用是合理的，恰當的。但言語引詩和外交賦詩，「往往是斷章取義，一般只用詩篇中部分詩句的比喻義，加以援引，取其一點，不計其餘」〔註11〕。這種「詩之用」其實根據的是他援引、賦誦的特定詩句的意義，這種意義與詩句本身意義也不盡相同，可以根據具體場合進

〔註7〕錢澄之著，朱一清校點，田間詩學〔M〕，合肥：黃山書社，2005：23。
〔註8〕錢澄之著，朱一清校點，田間詩學〔M〕，合肥：黃山書社，2005：13。
〔註9〕錢澄之著，朱一清校點，田間詩學〔M〕，合肥：黃山書社，2005：14。
〔註10〕洪湛侯，詩經學史〔M〕，北京：中華書局，2002：49～61。
〔註11〕洪湛侯，詩經學史〔M〕，北京：中華書局，2002：52。

行理解。另外，這兩種形式或引用詩句文字來印證或發揮自己的文意，或用背文誦念的形式代替外交辭令，其實與音樂脫離了關係，所以，它們不可能再是「以聲爲用」。

總體而言，在詩與音樂的關繫上，錢澄之主張詩全入樂，沒有接受朱熹、顧炎武等人所持的「變風」、「變雅」不入樂的觀點。這在《二南論》、《十五國風論》、《二雅論》、《三頌論》中有具體的闡述：《二南論》中分析爲何以「南」冠名，錢澄之先後否定了以詩創作的時代和意圖、詩歌應用的方式和目的來解釋的觀點，認爲「南之爲樂古矣」；而在《十五國風論》中，又駁斥程大昌「南、雅、頌爲樂詩，而諸國之爲徒詩也」的觀點，根據曹魏時保留的漢雅樂的篇目以及季札觀樂的內容，還有孔子以《三百篇》合於雅頌之音等大量記載，明確說「謂十三國之詩不可入樂，謬矣」；《二雅論》中，針對大雅、小雅之辨，他羅列眾家，辯證分析，最後仍著眼於「音」的差別作出結論；《三頌論》也明確了頌乃祭祀之樂，並辨明三頌之差異。在現在看來，顯然錢澄之對於詩樂關係的觀點是非常正確的。他注重對古代概念的辨析，闡明了聲－音－樂及其詩和它們的關係，對「鄭聲淫」作出了合理的解釋。在詩之用方面，「以聲爲用」顯然是有局限性，但如果從早期詩歌的音樂應用這一點看來，還是不乏啓示性的。

二、論《周南》、《召南》之「南」

《周南》、《召南》爲何以「南」命名，錢澄之認爲「南之爲樂古矣，未必即《二南》也。而《二南》之詩，其音節必協於古之《南籥》，故因以南名耶！〔註 12〕」把「南」理解爲一種特殊的古樂，他依據的主要是以下三條材料：

①《鼓鐘》之詩曰：「鼓瑟鼓琴，笙磬同音。以雅以南，以籥不僭。」謂以籥奏《二雅》《二南》也。

②《文王世子》有所謂「胥鼓南」。

③季札觀樂有「舞《象箾》《南籥》者。」

第一條材料似乎最可以直接證明「南」爲一種音樂名稱，這種古樂是以鼓伴奏，這裡先置而不論。先看他的另外兩條材料，第一條材料來自《詩經》

〔註12〕錢澄之著，朱一清校點，田間詩學〔M〕，合肥：黃山書社，2005：17。

中的《小雅・鼓鐘》中的一句，他解釋爲以籥奏《二雅》、《二南》，實際上把「南」解釋爲《二南》，並非一種音樂形式，而第三條材料明確說明《南籥》應爲舞蹈之名。

回到第二條材料，它來自《禮記》第八篇《文王世子》，比較完整的論述應該是：

> 凡學世子及學士，必時：春夏學干戈，秋冬學羽籥，皆於東序。
> 小樂正學干。大胥贊之，籥師學戈，籥師丞贊之。胥鼓《南》。春誦
> 夏弦，大師詔之；瞽宗秋學《禮》，執《禮》者詔之；冬讀《書》，
> 典《書》者詔之。《禮》在瞽宗，《書》在上庠。〔註13〕

這裡的「南」有三種解釋。1.吳幼清曰：「《詩》云：『以雅以南』，謂詩之二雅、二南也。胥鼓，亦謂大胥以鼓，而節《二南》之樂歌爾」，把「南」釋爲詩之《二南》〔註14〕。2.南夷之樂（南方之樂）。朱彬《禮記訓纂》〔註15〕、潛苗金《禮記譯注》〔註16〕都作如此解。3.即「南籥」。陳用之曰：「南，所謂象籥、南籥。」孫希旦《禮記集解》認爲「『胥鼓南』，申上『學羽、籥』之事也。《南》即羽、籥之舞也。文王之舞名《南籥》，蓋歌二南之詩以奏之。大胥於國子舞羽、籥之時，則擊鼓以爲之節。〔註17〕」

可以看出，即使把「南」解釋爲「南籥」，它也爲文王之舞名，並沒有一種稱爲「南籥」的古樂。鄭樵一定要把「南籥」拆開解釋爲「籥之奏《南》」，這其實與「箾之舞象」並不一致。因爲「舞《象箾》《南籥》者」，象箾、南籥爲並列結構，前者解爲舞蹈，後面卻忽然釋爲音樂，顯然是唐突不准的。錢澄之採用這種解釋，又與《小雅・鼓鐘》詩句進行比附，把「南籥」理解爲古樂，顯然是錯誤的，況且，他自己還把詩句中的「南」釋爲《二南》，充滿了模棱兩可的不確定性。

那麼，這裡的「南」究竟應該怎樣解釋較爲合理？《文王世子》一篇論禮，是以篇首事名篇，含有爲後王垂鑒之意。這段話整體看來，表達的正是要世子及學士一定要依時學習之意。孫希旦聯繫「胥鼓南」上文，把「南」釋爲「南籥」，但其實，前面兩句話，讓世子及學士春夏學干戈，秋冬學羽籥，

〔註13〕潛苗金譯注，禮記譯注〔M〕，杭州：浙江古籍出版社，2007：250。
〔註14〕（清）朱彬撰，禮記訓纂〔M〕，北京：中華書局，1996：315。
〔註15〕（清）朱彬撰，禮記訓纂〔M〕，北京：中華書局，1996：315。
〔註16〕潛苗金譯注，禮記譯注〔M〕，杭州：浙江古籍出版社，2007：253。
〔註17〕孫希旦，禮記集解〔M〕，北京：中華書局，1989：556。

意思表達已非常充分，並且干戈、羽籥指的就是武舞和文舞兩種類型的舞蹈，也並沒有提及《南籥》這一具體的舞蹈名稱。應該說，「胥鼓南」，是一個過渡，開啓下文，聯繫下句「春誦夏弦」，它應指《詩》之《二南》更爲恰當。孔子曰：「興於詩，立於禮，成於樂」，詩與禮樂密不可分。所以，《詩》肯定是必學的內容，鼓（擊鼓）、誦（吟誦）、弦（演奏）所配合或針對的對象應正是古代極爲重視的《詩經》。

但古代詩樂一體，《二南》自有相對應的特殊的音樂曲調，並不能把《二南》之詩與《二南》之樂截然分開，所以上面所列的一、二種解釋並不矛盾。《呂氏春秋・音初篇》：

> 禹行功，見塗山氏之女，禹未之遇，而巡省南土。塗山氏之女，乃命其妾侯禹於塗山之陽。女乃作歌，歌曰：「侯人兮猗！」實始作南音。周公及召公取風焉，以爲《周南》、《召南》〔註18〕。

可以見出，《周南》、《召南》之《二南》其實其音樂曲調之藍本正是「南音」，可以說是「南方國風之音」，其實正是「南國之音」「南夷之樂」，王質《詩總聞》說：「舜作五弦之琴，以歌南風。夔始作樂，以賓南侯。」這裡的「南風」，正是周公、召公把「南音」取爲風后，所集結的《周南》《召南》。王質生硬地把它們解釋爲「『南』即《詩》之『南』也，『風』即《詩》之『風』也」，有妄斷之嫌。

總之，「南」爲南方之樂，在《國風》中，它與另外十三國的音樂曲調一樣，富有地方特色，卻並不是錢澄之所謂的特殊的古樂。

三、關於十五國風的次序

十五國風之次序，《左傳》記載的季札觀樂的次序，《毛傳》所列次序以及鄭玄《詩譜》所列次序都不盡相同。《左傳・襄公二十九年》季札觀樂的次序爲：周南、召南、邶、鄘、衛、王、鄭、齊、豳、秦、魏、唐、陳、鄶、曹；《毛傳》所列次序爲：周南、召南、邶、鄘、衛、王、鄭、齊、魏、唐、秦、陳、鄶、曹、豳；鄭玄《詩譜》所列次序爲：周南、召南、邶、鄘、衛、鄶、鄭、齊、魏、唐、秦、陳、曹、豳、王。對十五國風次序的研究爲數不多，主要以孔穎達和馬瑞辰的觀點爲代表。孔穎達從三個方面：時代先後、

〔註18〕王利器，呂氏春秋注疏〔M〕，成都：巴蜀書社，2002：620。

國地大小或採得詩歌的時間來論述，認爲十五國風的次序安排都是缺乏確切根據的。清代《詩經》研究大家馬瑞辰根據歐陽修《詩譜補亡後序》確定鄭玄《詩譜》十五國風的次序，認爲《國風》的次序應以鄭玄《詩譜》爲準，但是又指出「王」排在「豳」之後是不正確的。

　　錢澄之則認爲，「周樂次第，在孔子未刪詩之前，鄭玄《詩譜》特以己意次其先後，先儒相傳一依《毛傳》爲正。」所以他採用的正是《毛詩》的次序：周南、召南、邶、鄘、衛、王、鄭、齊、魏、唐、秦、陳、檜、曹、豳。這與他推崇小序，尊奉《毛詩》的傾向是一致的。

　　關於十五國風次序的排列標準，他引用孔穎達的觀點，認爲無論根據時代早遲、國地大小或採得先後作爲排列次序的標準，都缺乏可信的依據。他存錄了他父親的觀點，「認爲國風之次第，可以觀周室之世變焉。」〔註19〕

　　二南，王業之始基也。而次以邶、鄘、衛。衛，紂都也。方文王化行南國，聲教獨阻於紂都。故風俗之淫亂，至妹邦而極。雖以康叔、武公之德教，而不能變。次諸《二南》之後，使其《風》相形而益著也。以見被文王之化者，其《風》如彼；不被文王之化者，其《風》有如此。《衛風》之後，即次以《王》。《王》猶《衛》之續乎！幽王以褒姒亡周，紂以妲己滅殷，妹土驪山，千古一轍。《黍離》之詩，何以異於《麥秀》之歌哉？蓋周之東遷，去亡無幾矣。隨平王以東遷者，鄭也。且以屬宣之親，諸國莫親於鄭，故次以《鄭》。自東遷以後，天下不知有周久矣。賴齊桓、晉文主盟中國，諸侯知尊王室，奉爲共主者數百年。王者不作，天下何可無霸主哉！故次《齊》、次《晉》。《魏》之先於《唐》，猶《邶》《鄘》之先於《衛》。序諸先者，明其爲所併也。秦雖不能爭盟上國，然其君實足以霸。且晉之有晉，秦之功也，故次以《秦》。至於陳靈公不道，見殺於夏徵舒，中國無討之者，使楚子入問其罪，卒以縣陳。問鼎之心，自此啓矣。錄《陳風》者，不僅傷人倫之道絕，抑以傷中國之無霸主也。季子聽歌時，自《檜》以下無譏焉，微之也。然而《檜》之卒章有「顧瞻周道」之悲；《曹》之卒章有「念彼周京」之歎，錄詩者蓋惓惓不忘乎西京也。且以平王東遷於王城，敬王又東遷於成周。成周者，狄泉，即《曹》詩所謂下泉也。周自此益東，王氣盡矣。於是復溯王業之始，而終以《豳風》。《豳風》者，周公述后稷、公劉之化，以戒成王。

〔註19〕錢澄之著，朱一清校點，田間詩學〔M〕，合肥：黃山書社，2005：18。

後人又取周公所作與凡爲周公而作之詩，皆係之《豳》，以爲周之太平，由公致之也。殆不勝今昔之感矣！〔註20〕

　　把詩之次序與朝代之盛衰，周朝的歷史結合起來，並且貫之以正變的觀念，認爲「先王盛時，凡列國之風，諸侯採之以貢於天子，天子受之，列於樂官，而於其中施賞罰焉。自東遷以後，巡狩述職之典不行，諸侯不貢詩，太史不陳詩久矣。然吾觀變風之作，大抵皆春秋時事。周太師類能歌之，意必桓文主盟，率諸侯共尊周室，修復故事。惟時天子雖不巡狩采風，諸侯猶時貢其風謠，以存述職之遺意」〔註21〕東遷以後，變風大作，詩不再能發揮「施賞罰」之事，「凡周公時詩，皆爲正也。」〔註22〕「今所謂變風、變雅，其詩皆周公未及見者」〔註23〕把盛世之詩列爲正風，而衰亂之世則爲「變風」「變雅」，用一種歷史、時代的眼光比附詩歌，聯繫歷史進行考證說明，再次凸顯《田間詩學》「歷史參照」的特色，但過多地比附歷史，也會流於穿鑿附會、過於牽強。這十幾個國家，有大有小，有先有後，有時並列，有時吞併，完全從周室的盛衰進行比附，解釋它們次序排列的原因，說服力不強。

四、大雅、小雅之別

　　大雅、小雅之分，眾說紛紜，錢澄之羅列眾家，辯證分析，得出結論。

　　首先，以政治的觀點來分。最爲典型的是《詩序》：「政有小大，故有《小雅》焉，有《大雅》焉。」錢澄之駁斥說「不知《常武》之興師，何以大於《六月》？《卷阿》之求賢，何以大於《鹿鳴》乎？」首先否定了這種觀點。

　　其次，以辭體分。嚴粲云：「雅之小大，特以體之不同耳。蓋優柔委曲，意在言外，風之體也。明白正大，直言其事，雅之體也。純乎雅之體者，爲雅之大；雜乎風之體者，爲雅之小。」以辭體內容風格來分，其實還是存在界定的不明朗之處，因爲體式內容的界定並沒有嚴格的標準。錢澄之舉例反駁，「則《小雅》之《天保》、《六月》、《車攻》、《吉日》等詩，非純乎《雅》者耶？《大雅》之《棫樸》、《旱麓》、《靈臺》、《鳧鷖》等詩，非雜乎《風》者耶？」鮮明地指出這種劃分標準內在的含糊。

〔註20〕錢澄之著，朱一清校點，田間詩學〔M〕，合肥：黃山書社，2005：18～19。
〔註21〕錢澄之著，朱一清校點，田間詩學〔M〕，合肥：黃山書社，2005：19。
〔註22〕錢澄之著，朱一清校點，田間詩學〔M〕，合肥：黃山書社，2005：20。
〔註23〕錢澄之著，朱一清校點，田間詩學〔M〕，合肥：黃山書社，2005：20。

第三，以作者分。蘇軾認爲「大雅之變，作於大臣召穆公、衛武公之類是也。《小雅》之變，作於群臣，家父、孟子之類是也。」其實，這也有出例。錢澄之說：「然《大雅·雲漢》之詩作於仍叔，非周大夫乎？《小雅·何人斯》之詩作於蘇公，非周卿士乎？」列出反例，否定了這種觀點。

第四，以音樂分。程大昌云：「南、雅、頌，樂名也。若今樂曲之在某共者也。均之爲雅，音類既同，又自別爲大小，則聲度必有豐殺廉肉，亦如十二律然，既有大呂，又有小呂也。」〔註24〕以大呂、小呂爲喻，以音樂的差異進行區分。陸深也認爲：「《詩》之篇名，各以聲音爲類，而所被之器亦有不同也。」錢澄之主張詩全入樂，詩樂一體，明確「《雅》之爲音」〔註25〕，所以，他還是比較贊同以音樂進行區分，認爲《二雅》固有一定之音體，「吾意《小雅》者，雅音而微通乎俗，聞之者猶足以感動，故曰近乎風也。《大雅》則其音益淡，其體益莊，時俗皆不足以聽之，故曰近乎頌。」「故《小雅》以用之《燕禮》《鄉飲酒禮》所以通人情而合歡也。《大雅》則直用之饗祀，以致敬也。」這其實吸納了朱熹的觀點——「小雅，宴饗之樂也；大雅，朝會之樂也」〔註26〕。後來傅斯年在《詩經講義稿》中認爲大、小雅的區分主要在音樂和功用，而這兩者又可以統一到樂。

現代大多數學者認爲，大雅、小雅之分，是由於它們音樂的不同和產生時代的遠近。

大、小雅的分類，首先還是要弄清「雅」的性質。章炳麟先生認爲雅爲樂器，用這種樂器伴奏的樂歌就叫做《雅》。但是這一學說又缺乏可靠的證據，他後來提出雅爲秦聲說。張西堂在所著的《詩經六論》中認爲雅就是由樂器演變成聲調名稱的，陳俊英等也贊同此說。「雅」爲樂器的名稱，那麼它的性質一定與音樂相關，那麼以音樂性質的差別來區分大小雅，還是可以成立的。

五、三頌論

對於「頌」的解釋，錢澄之不但堅持它爲音樂，並且對三頌也進行了區別。他認爲《毛詩序》提出的「頌者，美盛德之形容，以其成功告於神明。」僅僅是指《周頌》。認爲商、魯之祭祀，並非如此。他說：「《商頌》雖是祭祀

〔註24〕錢澄之著，朱一清校點，田間詩學〔M〕，合肥：黃山書社，2005：23。
〔註25〕錢澄之著，朱一清校點，田間詩學〔M〕，合肥：黃山書社，2005：23。
〔註26〕錢澄之著，朱一清校點，田間詩學〔M〕，合肥：黃山書社，2005：24。

之歌，祭其先王之廟，述其生時之功，正是死後頌德，非以成功告神，其體異《周頌》也。《魯頌》主詠僖公功德，才如變風之美者耳。又與《商頌》異也。」〔註 27〕雖同爲祭祀之歌，卻抓住了它們歌詠對象的不同而進行區分，還是比較細緻而在理的。

總之，錢澄之對風雅頌的論述中，對《詩經》的一些重要理論問題發表了他的看法，雖然有一些較爲牽強，如以盛衰論十五國風之次序，但總體上，他承認它們音樂的性質，與《詩總論》中「詩全入樂」的觀點連爲一體，成爲一個系統，還是比較正確而全面的。

第二節 《田間詩學》的詩學特點和風格

一、漢宋兼採

皮錫瑞說清代「經學凡三變。國初，漢學方萌芽，皆以宋學爲根柢，不分門戶，各取所長，是爲漢、宋兼採之。」〔註 28〕《田間詩學》風格和取向上正呈現出典型的漢宋兼採的特色。

但據《田間詩學》的《凡例》，《田間詩學》「以小序爲斷」〔註 29〕，他「特宗小序」〔註 30〕。如此看來，應尊漢學，爲什麼卻認爲《田間詩學》是「漢宋兼採」之學？首先，錢澄之對小序的強調是針對當時許多尺步繩趨，引申朱子《集傳》的作品而言，爲了矯正南宋以來這種棄《序》言詩的風氣，宗經復古，對《小序》予以重新強調和突出。其實，就《田間詩學》的文本來看，他雖然宗序駁朱，卻並沒有完全捨棄朱子之說，對於毛傳、鄭箋和朱子《集傳》的利弊得失他有清楚的認識，「大抵鄭信讖緯，故多異說，未若毛傳之醇正，朱子《集傳》明白易簡，而亦有過於拘泥者，吾之從朱，猶之從毛鄭二家，取其是者而已矣。」〔註 31〕雖然他對毛鄭二家有所偏向，但真正的取捨標準卻非門派，還是回到了詩本身，「取其是者而已矣」。所以，他說「若

〔註 27〕錢澄之著，朱一清校點，田間詩學〔M〕，合肥：黃山書社，2005：24。
〔註 28〕皮希瑞，經學歷史〔M〕，北京：中華書局，2004：249。
〔註 29〕錢澄之著，朱一清校點，田間詩學〔M〕，合肥：黃山書社，2005：5。
〔註 30〕錢澄之撰，彭君華校點，何慶善審訂，田間文集〔M〕，合肥：黃山書社，1998：86。
〔註 31〕錢澄之著，朱一清校點，田間詩學〔M〕，合肥：黃山書社，2005：1。

毛氏之傅會、鄭氏之穿鑿，皆力關其謬，亦各從其是者而已。」〔註 32〕這就說明他並非完全摒棄朱子之說，而純採毛鄭之言。實際上，《田間詩學》對於朱子《集傳》只是在一些朱子認爲是「淫詩」的篇目上予以批判和捨棄，在其餘大部分篇目中他其實吸收了朱子的成果和意見，所以，最後才會出現《凡例》中這樣的數據「比例，毛、鄭、孔三家之書錄者十之二，《集傳》錄者十之三」，前者三家之書所佔比例還沒有朱子《詩集傳》一書所佔比例高。所以，錢澄之並不是完全否定朱子，雖然在《田間詩學》一書中許多地方可以看到他對朱熹的批評，似乎處處針對朱熹，但實際上，朱子的《詩集傳》正是《田間詩學》重要的來源和參考。這即是上述皮錫瑞之言的第一個層次——「國初，漢學方萌芽，皆以宋學爲根柢」。清初學術承晚明經學極衰之後，又經歷痛苦的亡國反思，推崇實學，以矯空疏，而朱子在宋代諸儒之中，學問篤實，能從古義，並且，清初統治者高舉朱子的旗幟，極力推崇程朱之學，詩經方面，他的《詩集傳》自是倍受重視，一般說來，無法輕易越過。

　　如果擴大一點，《田間詩學》其實除了朱子《集傳》，對於宋元明三朝的《詩經》研究成果也是多有吸收借鑒。錢澄之說：「宋、元、明三朝，其書至多，擇其議論精當，能發昔人所未發者，具錄之。」〔註 33〕它們「諸家各本錄者十之四」，在《田間詩學》中也佔有極大的比重。所以，《田間詩學》是博采諸家之言，再一次說明它並沒有明顯的門派取向。劉師培就認爲「錢澄之《田間詩學》咸無家法」〔註 34〕其實正是針對他這種駁雜而言，但換言之，即爲上述皮錫瑞所言的第二個層次——「不分門戶，各取所長」。據統計，《田間詩學》引書達數百種〔註 35〕，又「不主一人，既不隨意漫測，也不主觀臆解」〔註 36〕，徐元文評價他「無所主，故無所攻；無所攻，無所主，而後可以有所攻，有所主也。其斯爲飲光先生之詩學也。」〔註 37〕所以，錢澄之《田間詩學》眞的是做到了不分門戶，各取所長，達到「至是至當」。上面，

〔註 32〕錢澄之著，朱一清校點，田間詩學〔M〕，合肥：黃山書社，2005：1。
〔註 33〕錢澄之著，朱一清校點，田間詩學〔M〕，合肥：黃山書社，2005：1。
〔註 34〕劉師培著，陳居淵注，經學教科書〔M〕，上海：上海古籍出版社，2006：126。
〔註 35〕錢澄之著，朱一清校點，田間詩學〔M〕，合肥：黃山書社，2005：6。
〔註 36〕錢澄之撰，彭君華校點，何慶善審訂，田間文集〔M〕，合肥：黃山書社，1998：86。
〔註 37〕錢澄之著，朱一清校點，田間詩學〔M〕，合肥：黃山書社，2005：2。

我們從《田間詩學》的文本實際入手，從兩個方面分析了它「漢宋兼採」的風格，但籠統歸納爲「漢宋兼採」，並沒有揭示出各人「兼採」在路徑上的不同。把宋《詩》和漢《詩》兼收並蓄，而無所甄擇，這是一種「兼採」；或者簡單地以某種觀點，選錄適合要求的材料，而不分漢宋《詩》之分別，這是一種「折衷」，同樣是「兼採」；在討論前人《詩》學成就的基礎上，吸收和揚棄並重，表現出學有宗旨而不主門戶，不搞黨同伐異，這又是一種「兼採」。〔註38〕從上面論述可知，錢澄之《田間詩學》對毛傳、鄭箋，朱子《集傳》「各從其是」，摒棄它們的不足，吸收它們的優長，又廣泛徵引宋、元、明三朝議論精當之言，自是「吸收和揚棄並重」，爲「彙錄諸儒的集大成之作」。另外，他又強調小序，追求「至是至當」，積極創新，以「按」「愚按」的形式出己創見（也占到全書十之一、二）。說到這，應該說《田間詩學》屬於哪一種形式的的「兼採」已不言而明，這種學有淵源，又兼納諸家的路數其實與明中期以來至明末清初一批學者，如顧炎武、黃宗羲、黃宗炎、胡渭等一致，在兼採之中，抒一家之言，闡發學術宗旨。所以，與《田間易學》一樣，《田間詩學》也做到了一種匯通，反映出有明以來學術發展的趨向。

二、繁複與創新

（一）「至是至當」，博採諸說

錢澄之《田間詩學》以小序首句爲主，所採諸儒論說，除毛傳、鄭箋、孔氏正義、朱子《集傳》之外，又博採二程、張載、歐陽修、蘇轍、王安石、楊時、范祖禹、呂大謙、陸佃、羅願、謝枋得、嚴粲、輔廣、眞德秀、鄒忠、季本、郝敬、黃道周、何楷凡二十家，引書達數百種，採擇的面寬廣，風格繁複。

但在具體的運用行文過程當中，錢澄之並沒有把它們一一羅列，成爲資料纂集式的簡單壓縮，而是以一種簡潔明瞭的方式信手拈來，融合到具體的注釋說解之中。它們充斥於《田間詩學》的所有篇章，字裏行間，但卻並非雜亂無章、堆砌瑣碎，它們是《田間詩學》的有機組成部分，錢澄之使它們有機融合在一起。首先，錢澄之有明確的創作宗旨和詩學觀念。他特宗小序，認爲：「小序去古未遠，其世次本末雖未可全據，要不大謬也。」〔註39〕而對

〔註38〕錢澄之撰，吳懷祺校點，田間易學〔M〕，合肥：黃山書社，1998：3。
〔註39〕錢澄之著，朱一清校點，田間詩學〔M〕，合肥：黃山書社，2005：5。

於朱子《集傳》，「半遵毛鄭，間出己意，明白易簡，迴出於毛傳、鄭箋之外，確不可易矣。而亦有過於拘泥者，理學之談，未可概爲風人語也。至於變風諸作，大半目爲淫奔，此皆由鄭夾漈誤之，吾不敢從」〔註40〕，所以對於眾多的先儒緒論，錢澄之對於它們的比例安排是「毛、鄭、孔三家之書錄者十之二，《集傳》錄者十之三，諸家各本錄者十之四。」〔註41〕有詳有略，有所側重，呈現出他的詩學主張。其次，在具體引用的過程中，錢澄之盡量做到「至是至當」，徐元文序稱：「非有意於攻《集傳》也，凡以求其至是至當而已。於漢、唐、宋以來之說者，亦不主一人也。」〔註42〕張英序則稱其「以小序爲職志，旁搜賾討，折衷先儒之說，勒成一書，歸於至當。」〔註43〕至是這種求「至是至當」之心，錢澄之對於先儒之說既有側重，又不流於偏頗，既引據繁多，卻置之恰當，多而不亂，做到了「學有宗旨而不主門戶」。

（二）「識高筆健」，努力創新

錢澄之不僅是經學家，他更以詩歌聞名，《頓減》：「多謝詞壇常齒及，可知折福是詩名」。70 歲《以所著詩學易學示魏青城》：「半世詩名應浪竊，一生經學且成編」。詩歌的才華自然具備了嫻熟運用語言的能力，他的文章也是氣衝雲霄，一氣呵成，身在南明行朝時，寫制藝文贏得了首輔的稱許，從他對皇帝的上疏中更是可見他的高遠準確的識斷力。

張英的序中稱：「其識高，其筆健。識高則不爲古人所欺，不爲小儒曲說所惑；筆健則辭足以達己意，辨是以袪人疑，無騎牆模稜之見，無囁嚅喉吻間格格不能吐之病。」〔註44〕更爲重要地是，錢澄之以他遺民深刻而細膩的敏感神經，發掘出詩篇一些別有的新意，而在旁徵博引的過程中，他能進行比較甄別，結合史料作出自己的判斷，再運用他矯健的文筆傳達出來。在《田間詩學》中，這種「發前人之未發」的創新之處，多以「按」「愚按」的方式標明出來，不僅在於題旨的辨析，也包括山川、地理、名物、訓詁等其它方面。

總之，錢澄之《田間詩學》在繁複斑駁的基色中，又有一抹屬於他個人，

〔註40〕錢澄之著，朱一清校點，田間詩學〔M〕，合肥：黃山書社，2005：6。
〔註41〕錢澄之著，朱一清校點，田間詩學〔M〕，合肥：黃山書社，2005：7。
〔註42〕錢澄之著，朱一清校點，田間詩學〔M〕，合肥：黃山書社，2005：2。
〔註43〕錢澄之著，朱一清校點，田間詩學〔M〕，合肥：黃山書社，2005：3。
〔註44〕錢澄之著，朱一清校點，田間詩學〔M〕，合肥：黃山書社，2005：4。

他時代的獨有的亮色在其中閃耀，這形成了《田間詩學》的基本風格。

三、遺民底色（講究名節、時局觀照）

「遺民底色」指的是錢澄之作爲明遺民所具有的特質。對現實時局的觀照和遺民的身份底色也是錢澄之《田間詩學》的一個重要特色。對《詩經》篇章詩義的說解和題旨的闡釋過程中，他往往會發出一些感歎，重視名節觀念，作出一些聯繫現實的評論。雖然常常只是一兩句話，卻給《田間詩學》打下了深刻的時代烙印。

有講究名節道義者，強調封建傳統道德觀念，如對於男女婚姻，講究明媒正娶，動之以禮，守之以節。《蝃蝀》「婚姻之事，定以百年，信之大者也。如此苟合，寧有信乎？」〔註45〕《南山》「夫婦始合不以正者，後必難制。既告於父母，六禮備，然後得娶，明非苟合者比，何爲不以禮防閒而聽之盈其欲也？」〔註46〕即使婚姻之禮與政治需要有衝突，也應維護婚姻之禮節。《有女同車》，很多人批判忽沒有迎娶齊女而導致國家失去大國的外援而陷入孤立，而錢澄之卻認爲忽辭齊女不娶是正確的，理由是他已有妻室。又把《叔于田》一篇與《將仲子》、《大叔于田》並列爲刺莊公之詩，不言段之爲害，而言莊公之失職，見出其孝悌觀念之深。

有進行時局觀照，發出政治感歎，闡發政治主張者。如《鹿鳴》〔愚按〕「周家以燕飮接其臣下，情深而文備。……後世君尊臣卑，分既懸絕，情益闊疏，抗節敢言者少矣。雖召對顧問，爲時無幾，天威不測，豈能盡其所言乎？」〔註47〕兩相對比，發出感慨，又《江漢》〔愚按〕「厲王之亂，宣王匿召公之家，公以子代王死，與周公行政，號曰『共和』。厲王死，乃共立宣王，是公於周有再造之功，於王有更生之德。爰立之勳，猶其後也，王立而不聞封賞以酬之。直至江漢之役，式辟四方，乃賜山土田，加之寵命。視後之因時擁戴輒徼封爵者何如耶？」〔註48〕南明政權常以分封賜爵爲籠絡的手段，並不論封爵者做出了何等功績。錢澄之正是針對這種政治腐敗而發出感歎。

有隱現遺民底色者。《羔裘》讀出的是晉人戀故主之意，亡國之哀在《正

〔註45〕錢澄之著，朱一清校點，田間詩學〔M〕，合肥：黃山書社，2005：127。
〔註46〕錢澄之著，朱一清校點，田間詩學〔M〕，合肥：黃山書社，2005：238。
〔註47〕錢澄之著，朱一清校點，田間詩學〔M〕，合肥：黃山書社，2005：392。
〔註48〕錢澄之著，朱一清校點，田間詩學〔M〕，合肥：黃山書社，2005：834。

月》注解中也是若隱若現，所謂「此痛國亡被虜，不知臣僕於誰民也」，「深恨小人，無可奈何，而望天之主張也。」〔註49〕《無羊》「愚按」「眾化爲魚，中國將有夷狄之禍，其犬戎之兆乎？牧人心不關乎治亂，而旂旐入夢，則兵象已早見矣。太卜之官，占爲豐年、溱溱者，諛辭也。」〔註50〕從吉兆中錢澄之看出的卻是兵象，卻是夷狄、犬戎之禍的徵兆，實爲現實的影子。

何宗美現實認爲「忠與奸、正與邪、君子與小人等是明末社會輿論、士人清議以及思想、文學最爲關注的問題。」〔註51〕錢澄之《田間詩學》對君子與小人這一組命題也十分關注，它出現在《小雅》的很多篇章，或單舉小人，如《無將大車》，或單列君子，如《鼓鐘》，或二者對舉，如《巧言》、《北山》等，小人進讒言，從邪議，貪權柄，結黨營私，唯利是圖，導致君主受蒙蔽，政昏權落，國之將亡，而被疏遠的君子只能無可奈何地看著國家的衰亡，發出無可奈何的感歎，這不正是明朝滅亡許多士大夫所目睹或親歷的情景嗎？

四、平民風格

平民風格是指貫穿在《田間詩學》中的一種面對平民的敘述和論述風格，它包括以下幾個方面：用語通俗（引俗語、諺語）、用例生動（以歷史事實、故事闡發例證）、闡發貼近個人生活（引用後輩意見）。對於我們理解有困難之處，極力解釋明白，又重視文意的疏通，脈絡的勾連，名物的考證，努力讓我們較爲順暢地理解詩文意義，並且語言簡潔明瞭，不進行堆砌和過度闡發。

錢澄之論詩講究「出於自然」〔註52〕，治詩文強調「務去陳言而顯己之本色」〔註53〕他的著作也是文從字順，以簡馭繁，不牽強附會。《莊屈合詁自序》「而謂之詁者，吾於莊不欲高談玄遠，以更增其謬悠；於屈不敢強事穿鑿，以曲求其悲憤。惟是依文釋文，使學者章句分明，以進窺其大旨之所在，」〔註54〕自然明瞭的平民風格是他治學作詩爲文的一貫風格。

〔註49〕錢澄之著，朱一清校點，田間詩學〔M〕，合肥：黃山書社，2005：503。
〔註50〕錢澄之著，朱一清校點，田間詩學〔M〕，合肥：黃山書社，2005：494。
〔註51〕何宗美，明末清初文人結社研究〔M〕，天津：南開大學出版社，2003：191。
〔註52〕劉聲木：《萇楚齋三筆·錢澄之論詩文》，轉引自諸偉奇等輯校：《所知錄》，合肥：黃山書社，2006年，第259～260頁
〔註53〕錢澄之撰，彭君華校點，何慶善審訂，田間文集〔M〕，合肥：黃山書社，1998：86。
〔註54〕錢澄之撰，殷呈祥點校，莊子精釋·屈賦精釋〔M〕，合肥：黃山書社，1995：28～279。

　　而他父親錢志立講學樅陽輔仁會館時，「從講者日眾，府君（指錢志立）言明白曉暢，旁及委巷俗語。以翼啓其聽悟，又好獎掖少年，攻舉業則與談舉業，治生即爲言治生，隨所趨向，多方開迪之，務歸於道，人人意豁然，以爲道可學也。」〔註55〕可以看出他的父親講學時講究因材施教、語言通俗生動、貼近普通民眾的生活。錢澄之這種平民風格無疑也是受到其父親的影響。

　　應該說，《詩經》最開始很可能來源於民間，這從《國風》、《小雅》的一些詩篇內容有比較清楚的反映，但當「詩三百」，脫離民間，來到上層禮樂貴族，又被立爲《經》後，它就開始脫離平民，成爲古代少數有接受教育權利的貴族的一種「奢侈品」，所以，對於《詩經》的注釋訓詁，從漢代開始，就比較艱深晦澀，與政治、歷史相聯繫。直到宋代朱熹的《詩集傳》，也只是把對《詩經》的文本解讀拖回到其產生的相對本眞的狀態，並沒有把對象設定到一般普通的民眾，所以，錢澄之這種平民風格是有其創新意義的，在《詩經》學史上有其特殊意義和重要地位。當然，這種平民風格是有其客觀局限性的，因爲受一般人的受教育程度的局限性，不可能完全面對所有社會大眾。

〔註55〕顧廷龍主編，《續修四庫全書》編纂委員會編，續修四庫全書·田間文集〔M〕，
　　　　上海：上海古籍出版社，2002：307。

第四章　錢澄之《田間詩學》
的遺民底色

　　本章是把錢澄之《田間詩學》置於比較的視野中，希望通過比較更加凸顯《田間詩學》的特色和不足，從而比較客觀準確地對其進行評價。

　　在比較對象的選擇上，選擇了兩個人物：一是同為遺民，有相似時代和情感經歷的王夫之，通過比較，會看到雖然身份相同，他們的詩學著作存在一些共同的特點，但在相同之中也還是存在個體的差異，而二者最後所取得的成就上也是不同的；第二個比較的對象選擇了貳臣孫承澤，試圖探討這種不同的身份對詩經學研究上造成的不同取向，從而更加凸顯遺民這個特殊身份對他們詩學研究造成的影響。筆者選擇個案的比較，更側重於對這三個具體人物的詩經學觀點進行比較。但反過來說，實際上，作者的特殊身份確實與他們的觀點存在一定的關聯，所以本章對象的選擇上其實還是盡量選擇了不同的身份的作者，從而剖析其中存在的差異和關聯，雖然這種關聯可能並不能絕對化。

第一節　錢澄之的遺民身份

　　明遺民著重在「出」與「處」的問題，是出任新朝，成為一臣，抑或堅守氣節，絕不出仕，堅決不做「貳臣」。明遺民在生死問題上選擇生存，但在忠君問題上絕不妥協。

　　明遺民具有強烈的民族意識，與元初遺民似，他們都是外族入侵中華，根深蒂固的華夷之辨觀念使得明遺民對新朝廷難以從心理上接受。再加上清

初嚴酷的民族壓迫政策，他們大多親身經歷剃髮、易服、圈地等民族歧視和民族壓迫，明遺民的反抗心理更爲強烈。

錢澄之具有非常典型的明遺民特徵。首先表現在他強烈的抗清意識。明崇禎十七年（1644）三月十八日，李自成率領的農民軍攻陷北京，十九日，崇禎帝朱由檢在煤山自縊，五月清軍打敗李自成，攻佔北京。其後南方建立福王、魯王、桂王等地方政權與清抗爭，但最後都以失敗告終。順治元年五月（1644）福王朱由崧在南京爲帝，南明弘光政權一年便迅速敗亡。弘光敗亡後，福建地區南明小王朝建立，唐王六月監國、閏六月在福州改元隆武；浙東魯王朱以海七月在紹興監國。但終究抵不住清軍，順治三年（1646）七月魯王政權瓦解，八月隆武政權亡。錢澄之先是投軍浙江魯王，後兵敗前往福建隆武朝。曾任隆武朝延平府推官。順治五年（1648）三月出閩，十月抵達肇慶。投靠永曆朝，任禮部精膳司主事、翰林院庶吉士，參與軍政大事。後桂林兵敗，於 1951 年返回家鄉桐城。他歷經南明小朝廷，致力於復明事業，但終失敗。在家鄉仍未斷絕復明思想，一直從事復明活動，直至 1662 年永曆帝和鄭成功去世才漸歇。

清初殘酷的階級壓迫與民族壓迫的事實，清兵對百姓任意鞭打，隨意殺害。對於滿洲八旗士兵的兇殘，澄之《縣門行》寫道：

> 縣門朝開官不出，昨夜大盜進官屋。健兒被傷公子死，街外知更銜裏哭。樅陽臨水萬餘家，公然船過彈琵琶。縣上差兵親認得，鳴鑼捉賊通街嘩。家家揭竿攔江口，船到江口誰能守？弓箭在手刀在腰，一夫上岸千夫走。差兵晝夜尾船行，獲之乃是轟下兵。可憐冤殺城中人，嚴刑至死無一聲。轟下兵來不敢鎖，當堂揖官對官坐。官免殺傷已有恩，明日同官赴轅門。移文調取軍前用，臨去傳言謝官送。

清兵攻下南京，重申剃髮令，爲了反抗清廷的民族壓迫，人民紛紛抗爭，友人錢棅毀家充餉，澄之也參與其中。兵敗之後，錢棅投水自殺，澄之妻方氏也攜幼子，抱弱女，沉江而死。澄之對抗清義師的失敗，對親友的壯烈犧牲，非常悲痛，作有《悲憤詩》：

> 南渡失國柄，二豎覆皇都；武昌興甲兵，傳檄誅奸徒。烽火照河北，四鎮還相圖；撤兵防上游，坐視揚州屠。所慮楚師下，寧憂胡馬驅！胡馬渡江來，姦臣棄主逋；可憐佳麗地，士女成炭塗！我

友報韓切，義旗倡三吳；磨盾草檄文，鬼神泣通衢。一戰不得當，
諸將人人殊；書生憤所激，攘臂願執殳。兵力雖不敵，志已無完軀；
遇難震澤濱，事敗志勿渝。我友赴深淵，我生聊須臾；宛轉嬌兒女，
枕藉江與湖。哀號浮水出，涕泣通市俱；撫屍哭一聲，痛絕還復蘇。
烈士死不悔，妻孥何罪辜！首禍者誰子？至今猶緩誅。椎心問蒼天，
蒼天安足呼！

澄之還為逃避清廷的搜捕，改名並曾祝髮為僧，號「西頑」。

　　1951 年後他返回桐城，過上隱逸的生活。康熙八年（1669）《北山樓記》
記載他此時的心境：「予少時慷慨有大志，頗欲為陶士行之所為。生非其時，
患難顛沛。乃竊慕君曾孫靖節先生栗里之隱，以詩酒終其餘生。」此後四十
年，錢澄之多半時間隱居家裏，躬耕讀書。他曾築廬於田野中以居住，因以
「田間」為號。他還多年親身參加田間勞動，有許多詩篇都描述了勞動的生
活。錢澄之回到家鄉桐城，賦詩《到家》，最能反映他的心境：「辛苦天涯願
已違，江村重返舊柴扉。十年事付遊仙夢，萬里塵侵學佛衣。門巷改來松桂
在，庭階認去弟兄稀。相逢莫訴滄桑恨，猶勝令威化鶴歸。」

　　從激切的抗清復明到平和的田間隱逸生活，在他的詩歌上都更直接表
現。面對明末清初殘酷的社會現實，他積極學習杜甫，學習杜甫反映社會現
實，同情民生疾苦。一反儒家傳統的溫柔敦厚的詩教。錢澄之在《葉井叔詩
序》（《田間文集》卷十四）中指出：「近之說詩者，謂詩以溫厚和平為教，激
烈者非也，本諸太史公：『《小雅》怨誹而不亂。』吾嘗取《小雅》誦之，亦
何嘗不激乎？訊尹氏者旁連姻婭，刺皇甫者上及豔妻，暴公直方之鬼域，巷
伯欲畀諸豺虎，正月繁霜之篇，辛卯日食之行，可謂極意詢屬，而猶曰其旨
和平，其詞怨而不怒，吾不信也！」從《詩經》中尋找師法的源頭。後錢澄
之隱逸後，詩風轉向沖淡平和，多學習白居易和陶淵明。

第二節　與遺民王夫之《詩經》學研究比較

　　王夫之（字船山）與錢澄之一樣選擇了為明盡忠，選擇了作為遺民，這
種共同的身份特徵讓他們有相似的情感體驗。所以，在王夫之相關《詩經》
學著作〔註1〕中，也跟錢澄之《田間詩學》一樣打上了遺民的情感烙印。這一

〔註 1〕包括《詩廣傳》、《詩經稗疏》、《詩譯》。

節主要從三個方面來敘述他們這種共同的遺民色彩，包括遺民思想觀念、《易》《莊》《屈》的世界以及經世復古的思想。但值得一提地是，雖然在這些方面兩者存在一致性，但在這種相似的背後還是存在一些細微的差異，在下面的論述中也會有所涉及。

一、錢澄之與王夫之共同的濃厚遺民色彩

（一）遺民思想和觀念

《詩廣傳》〔註2〕是王船山《詩經》學著作中遺民色彩最爲濃重的一筆，與錢澄之《田間詩學》形成鮮明呼應。

「《詩廣傳》是王船山讀《詩經》時寫下來的一些雜感性文字。他從個人的哲學、歷史、政治、倫理和文學的觀點出發，對《詩經》各篇加以引申發揮，所以叫做『廣傳』。」〔註3〕「廣傳」的特殊體例，內容涉及眾多方面，並不容易讀通透明白，一直以來，對《詩廣傳》的研究都比較少，近幾年來才開始受到人們的關注，有一些研究成果，他們對《詩廣傳》的注釋體例和詩學主張都做出了有益的探索和總結。本文在借鑒吸收這些成果的基礎上，希望能在王夫之遺民身份的特殊定位上對《詩廣傳》作出一些新的闡釋，其實，遺民身份的特殊性也是造成閱讀障礙的一個重要原因，如果能瞭解這種特殊身份和心理，自然能對《詩廣傳》有更深的理解和認識。

如果我們一定要深究他對《詩經》各篇引申發揮的內容和意圖，我們會發現他一直試圖努力傳達和表述的正是他的遺民思想和情結。王夫之遺民情結（情緒）是非常顯暢的，他對故國充滿了懷念和眷戀，對明朝的滅亡深感痛心和悲憤，他發出這樣的感歎：「嗚呼！國有將亡之機，君有失德之漸，忠臣諍士爭之若讎，有呼天顯鬼以將之者。一旦廟社傾，山陵無主，惻惻煢煢，如喪考妣，爲吾君者即吾堯舜也，而奚知其他哉？欲更與求前日之譏非、而固不可得矣，弗忍故也。」〔註4〕正是這種不忍，晚年的他還組織武裝，試圖反抗清廷。遺民情結蘊結於心，揮抹不去，可是，面對清朝的高壓統治，又有幾人還在堅守，王夫之有時也深深地感受到孤獨，《檜風》三論之二論《素冠》時可以看出：

〔註2〕王夫之，詩廣傳〔M〕，北京：中華書局，1981：1。
〔註3〕王夫之，詩廣傳〔M〕，北京：中華書局，1981：1。
〔註4〕王夫之，詩廣傳〔M〕，北京：中華書局，1981：18。

河北之割據也，百年之衣冠禮樂淪喪無餘，而後燕雲十六州戴契丹而不恥。故拂情蔑禮，人始見而驚之矣，繼而不得已而因之，因之既久而順以忘也。悲夫！吾懼日月之逾邁，而天下順之，漸漬既久，求中心之「蘊結」者，殆無其人與！「蘊結」者，天地之孤氣也。君子可生可死，而不可忘。慎守此也。〔註5〕

選擇了繼續堅守，就選擇了一種孤獨淒苦的生活方式。「羈士孤臣七尺之身，樂與草木同腐，而欲與刀鋸相親，彌年彌世而不釋君於懷者，其即此《蓼蕭》之情乎！非有所求而非有所畏也。」〔註6〕這種無求無畏的態度看出他已做好充分的心理準備，最後他選擇躲避在窮山僻野中自由抒發這樣的感情，著書立說，建立一個屬於自己的書齋中的理想世界。

　　王夫之無法接受從塞外突奔而來的清朝統治者，夷夏大防的觀念在他心中深深地紮根。對於胡虜政權他是充滿懷疑的，認為「羯胡主中國而政毀。浮屠流東土而教亂」〔註7〕他認可的只有漢、宋兩朝，「漢之小康，二諦而已。宋之小康，六十年而已。過此以往，二千年之間，一遊羿之彀中，聽其張馳，而又申以胡亥、石虎、高洋、宇文斌、楊廣、朱溫、女直、蒙古之饕噬，天地之生，幾無餘矣，不亦痛乎！」〔註8〕這裡雖沒有列出滿清，但對女直、蒙古的貶抑自可揣測出他的用意所在。清遺民對滿清政權的極度排斥，與中國一直以來盛行的夷夏之辨大有關聯，「中原」的盲目自信和自大，一直就瞧不起周邊的民族，歷史上楚國一度發出強大，但中原人還是鄙夷地稱之為「楚蠻」。與中原毗鄰的楚尚且有如此待遇，更何況有著相異生活習俗的邊疆民族。這種觀念又是與文明傳承的鏈條相關，在傳統士大夫看來，異族入主中原其實等於中原文明的毀滅淪喪，他們無法接受這種文化的消亡，所以，經學的復興、史學的興起，有一個重要原因在於中原士大夫對於保存文明，保留文化典籍，傳承古代文化，一貫文明的努力。當然，對異族的厭棄排斥，最為直接的因素是傳統士人受到的教育，「君君臣臣」的觀念，對君主無限忠誠的理念，讓一批士大夫在滿清入關時舍生取義，而幸存一命的，大多像王夫之、錢澄之一樣選擇退隱不仕。王夫之《詩廣傳》中，明確地表達了這種

〔註5〕王夫之，詩廣傳〔M〕，北京：中華書局，1981：62。
〔註6〕王夫之，詩廣傳〔M〕，北京：中華書局，1981：79。
〔註7〕王夫之，詩廣傳〔M〕，北京：中華書局，1981：79。
〔註8〕王夫之，詩廣傳〔M〕，北京：中華書局，1981：51。

忠君觀念：「嗚呼！六合一王，九州一主，當吾世而遇主，以榮身而施及其親，生之者此君也，成之者此君也，極吾福也，邁吾安也，凶矜吾義也，柳凋於林而就蔭於棘，非彼心之無不臻，而事君者之無所不至矣。」〔註9〕所以，王夫之把一切歸之於「命」：

> 嗚呼！……廢其憂者命也，求憂而不得者義也。安其命，不渝
> 其義，道一而已矣。廢其憂於必亡之日，抑不已其悲於已亡之後。
> 不已其悲於已亡之後者，固嘗廢其憂於將亡之日也。命也，如之何
> 哉！〔註10〕

成爲遺民，則是王夫之的無法逃脫的最大的「命」。

擔負著這種遺民之「命」，王夫之在《詩廣傳》中借由《詩經》之名傳達的卻是他的政治思想，以及治國平天下的原則和方法。所以，在他的政治主張中，他提出了一些重要理論和概念。這在下一節王夫之的理論色彩中會有專論，此處從略。

所以，王夫之《詩廣傳》有兩個方面的重要內容，一是遺民意識，二是遺民思想。前者主要是一些顯暢的遺民感慨和議論，後者則把這種遺民身份深入下去，探討了他在《詩廣傳》中表達的遺民政治思想，主要是用中心概念的形式予以勾勒。這種遺民感發和思想在錢澄之《田間詩學》當然也有體現，前面闡述《田間詩學》「遺民底色」一節有詳細論述，但如果把《詩廣傳》與《田間詩學》兩者相對比，兩者其實又不盡相同：《詩廣傳》的遺民感慨是非常顯暢明瞭，並且經常以段落的形式，文氣一瀉而下，那種悲哀感憤傳達地迴環蕩變，直入人心，而《田間詩學》則要含蓄的多，它總是在篇末總結式的〔愚按〕中隻言片語式地發出感歎，或者在訓釋詩句的中間附帶出一種亡國遺民的氣息和風格。所以，從遺民情感的表露上來看，前者曼衍舒暢，後者含蓄朦朧。

這種風格的差異當然有來自兩書體例的不同的因素，「廣傳」自可大加引申發揮，並不要過於考慮《詩經》本身的含義，借《詩經》之名，行一己感發之實，而錢澄之傳統的注疏體（「學體」，主要從命名上言。就實際內容而言，採用的依舊爲傳統的注疏體。）自不可脫離詩篇本身大加議論。最多只能在訓釋字詞、題旨時稍加發揮。這又與兩人的生活狀態有著直接的關聯。

〔註 9〕王夫之，詩廣傳〔M〕，北京：中華書局，1981：107。
〔註10〕王夫之，詩廣傳〔M〕，北京：中華書局，1981：99～100。

錢澄之晚年回到鄉里，雖然有一部分時間躲在樓閣之中，閉門不出，潛心著述，但大部分時間他是在爲謀食而出遊四方，爲了著述的刊刻付梓更是四處求人，《田間詩學》在錢澄之在世時就已公開傳佈刊印，在那個清廷高壓統治的年代，爲了自身安全的考慮，自然會把這種遺民思想感慨盡量隱避到一個相當的程度，當然，從實際情況看來，還是總是會有不經意的流露。而王夫之晚年避居鄉野，不與人交往，沒有急切地考慮把著述付梓刊印，只是堅貞自埋，筆耕不輟，自然可以把這種感情更爲流暢地表達出來，當然，也不能過於招搖反動，而《詩經》正是引申發揮的最佳文本，所以，他選擇「廣傳」這種體裁，正是選擇能更爲自由地抒發這種心緒和情感。

（二）《易》、《莊》、《屈》的世界

在前面的論述中，一再提到《易》經思想對明末清初遺民群體的意義，《易》學講究時、變，能夠給失志於時的遺民帶來心靈的慰藉，而具體一爻一卦內涵的底層則蘊含著中國歷來重視對天象地文的體察和思考，玄妙而神秘，遺民群體敏感而細緻的神經能夠比較容易與《易》理契合，理解《易》理，並從中得到啓發；反過來說，《易》自身的這種相對簡單玄妙抽象的特質，也給了遺民相對寬廣的闡釋空間，比較容易引申發揮。所以，黃道周在錢澄之逃難於江南之時，就勸錢澄之「學易以避難」，《易》學在那個特殊時代因而有了比較適合研究發微的土壤。而講究自然、無爲，沉浸於一己內在心靈世界的《莊子》，當然對撫慰遺民痛苦悲憤的破碎之心有療傷彌補之功效，對於屈原的認同自然是來自於他的遭際和磨難，同樣是懷揣遠大理想，同樣是現實政治的破碎，同樣是悲劇命運，屈子可以說是他們異代之知音。所以，在前面論述《田間詩學》「引據印證」一節中，專門把對易、莊、屈的引用這部分獨立出來作了專門具體的闡釋，這是因爲此三者與遺民的特殊身份定位是存在很大關聯的。如果把遺民進行的歷史、地理等相對經世色彩濃厚的研究看成他們研究的外在世界，那麼，對於易、莊、屈的認同、研究和運用則是一個相對內在的世界，它們更多地是與遺民心靈世界相聯繫。建構這個內在世界的三大方面在王夫之《詩廣傳》和錢澄之《田間詩學》中都有全面的反映，但兩者也存在許多差異。下面將逐一分析論述。

第一，對於《易》的引用。

王夫之對《詩經》的研究不僅僅停留於某個字詞意義的解釋說明，他更著力於運用《易》理，引出觀點或者成爲其闡釋觀點的論據。

　　錢澄之《田間詩學》對《易》的引用，前文有論述，這裡不再重複，現就《詩廣傳》引用《易》的情況進行統計、歸類和分析：

　　王夫之《詩廣傳》用《易》一共三十六條，從形式上看，他引《易》的方式有兩種：一乃籠統冠之以「《易》曰」：

　　1.《周南》二　故《易》曰「咸其輔頰舌」，感之未矣〔註11〕。

　　2.《周南》八　《易》曰：「視履考祥，其旋元吉」，考於旋而後信其祥，一旦而獵堅貞者之譽者，未之有也〔註12〕。

　　3.《召南》一　《易》曰：「家人嗃嗃，悔厲吉」，悔厲而吉，賢於嘻嘻之吝無機也。……文以飾情，而終不倚於法也〔註13〕。

　　4.《召南》五　《易》曰：「小貞吉，大貞凶。」凶，義也；吉非義也。小貞者，大貞之賊也。大貞之志，而小貞之恤，大貞之不毀者鮮矣；女子而訟獄，貞者之所忌也〔註14〕。

　　5.《召南》九　《易》曰：「括囊無咎無譽」，閉情自怙，矜其無咎，蓋有咎而不自知矣，譽惡從而至乎？〔註15〕

　　6.《齊風》一　故《易》曰：「觀其所感而天地萬物之情可見矣。」見情者，無匿情者也。是故情者，性之端也。循情而可以定性也。〔註16〕

　　7.《魏風》二　人心之大防，可不可而已，其後莫能防也。……《易》曰：「履霜堅冰，陰始凝也；馴致其道，至堅冰也。」臣弒其君，子弒其父，亦莫不有其焉。〔註17〕

　　8.《豳風》一　故曰：為人君者患不廣大，言其容也，非言其泰也；為人臣者患不節儉，言其不僭也，非言其細也。為人臣而細以親利，則忘乎忠；為人君而泰以廢事，則忘乎仁。仁覆天下，而為天下之父母者，其唯密乎！故《易》曰：「聖人以此洗心，退藏於密。」吉凶與民同患，去其矜高之志，洗心也。尊而謀卑，賢而謀不肖，密也。〔註18〕

　　9.《小雅》三　元化無悄急之施，君子無迮切之求，然而萬物之才盡、天

〔註11〕王夫之，詩廣傳〔M〕，北京：中華書局，1981：2。
〔註12〕王夫之，詩廣傳〔M〕，北京：中華書局，1981：6～7。
〔註13〕王夫之，詩廣傳〔M〕，北京：中華書局，1981：8。
〔註14〕王夫之，詩廣傳〔M〕，北京：中華書局，1981：11。
〔註15〕王夫之，詩廣傳〔M〕，北京：中華書局，1981：14。
〔註16〕王夫之，詩廣傳〔M〕，北京：中華書局，1981：43。
〔註17〕王夫之，詩廣傳〔M〕，北京：中華書局，1981：49。
〔註18〕王夫之，詩廣傳〔M〕，北京：中華書局，1981：67。

下之情輸焉，非知道者弗能與也。《易》曰：「雷雨之動滿盈，宜建侯而不寧。」
〔註19〕

10.《大雅》一　耳所不聞有聞者焉，目所不見有見者焉。聞之如耳聞之矣，見之如目見之矣，然後顯其藏、修其辭，直而不愬，達而不疑。《易》曰：「修辭立其誠」，唯其有誠、是以立也。卓然立乎前，若將執之也。〔註20〕

11.《大雅》七　故善勸民者不以道，不以功，而勸以即物之景、即事之情。《易》曰：「說以使民，民忘其勞」，此之謂也。〔註21〕

12.《大雅》十九　是知時者，日新而不失其素者也。故先時者乘時者也，後時者因時者也，然後其及時者安時者也。斯則以爲時之貞也。天且歆之，而況於人乎？《易》之時六十有四，時之變三百八十有四，變之時四千八十有六，皆以貞紀者也。故曰：「易簡而天下之理得矣。」〔註22〕

13.《大雅》二九　《易》曰：「修辭立其誠」，立誠以修辭，修辭而後誠可立也。〔註23〕

14.《大雅》三八　《易》曰：「顯諸仁，藏諸用」，互藏其宅、而隱顯無間，豈偏重於不顯哉？故君子之言《詩》，由不媿於屋漏，又加進焉，迨於不可射而後至矣，易簡而久大矣。〔註24〕

15.《大雅》四二　《易》曰：「中心疑者其辭枝」，無德而以僭作，未有不老以遊者也。〔註25〕

16.《周頌》九　故曰恩威合也。《易》曰：「大哉乾元，萬物資始，乃統天。」仁配天，則不怒而威矣，奚而不足以父天母地，爲天下王哉？〔註26〕

17.《周頌》十一　《易》曰：「黃帝堯舜垂衣裳而天下治」，食之氣靜，衣之用乃可以文。〔註27〕

18.《周頌》十三　其讓不忘，其勝不愬，嫌疑悉捐，而胥於一，帝王之通理也。《易》曰：「本乎天者親上，本乎地者親下」，形相距而猶親也，時相

〔註19〕王夫之，詩廣傳〔M〕，北京：中華書局，1981：72。
〔註20〕王夫之，詩廣傳〔M〕，北京：中華書局，1981：111。
〔註21〕王夫之，詩廣傳〔M〕，北京：中華書局，1981：115。
〔註22〕王夫之，詩廣傳〔M〕，北京：中華書局，1981：123。
〔註23〕王夫之，詩廣傳〔M〕，北京：中華書局，1981：129。
〔註24〕王夫之，詩廣傳〔M〕，北京：中華書局，1981：138。
〔註25〕王夫之，詩廣傳〔M〕，北京：中華書局，1981：140。
〔註26〕王夫之，詩廣傳〔M〕，北京：中華書局，1981：153。
〔註27〕王夫之，詩廣傳〔M〕，北京：中華書局，1981：155。

聞而猶親也，從其類而已矣。〔註28〕

　　一乃具體指出卦名，有《乾》、《坤》、《蒙》、《師》、《比》、《謙》、《豫》、《觀》、《坎》、《咸》、《恒》、《損》、《益》、《震》、《艮》、《渙》16 卦，範圍覆蓋了《周易》上下二經（前九卦來自《周易・上經》，後七卦出自《下經》）。

　　1.《周南》五　《樛木》，報上之情也。⋯⋯受者安，報者不倦，《咸》《恒》之理得，上下之情交。〔註29〕

　　2.《周南》七　靜而專，《坤》之德也。〔註30〕

　　3.《召南》七　故曰「《乾》稱父」，父即吾乾也；「《坤》稱母」，母即吾坤也。⋯⋯尊唯君、親唯父母，而後可以制命，非是者固不敢以乾坤之道授之矣。⋯⋯非所尊而君之，非吾父母而親之，奔命於乘權之匪類，不得而安之於命，無能自立而委之於命，是雞鶩之依於豢也，《乾》《坤》其毀矣。〔註31〕

　　4.《邶風》三　匪刻意以貞性，知其弗能貞也。刻意以貞性，猶懼其弗能貞也。孤臣孽婦，孤行也，而德不可孤，必有輔焉。輔者非人輔之，心之所函，有餘德焉，行之所立，有餘道焉，皆以輔其貞，而乃以光明而不疚。故曰：「《益》，德之裕也」〔註32〕

　　5.《邶風》六　君子以九卦之德，行乎憂患，《損》一而已矣，不恃《損》也。〔註33〕

　　6.《鄘風》一　《乾》亢有悔，君子不違其亢；《坤》疑而戰，君子不爲其疑；知其理數之或然，則諒之而已矣。〔註34〕

　　7.《鄘風》二　《觀》之象曰：「盥而不薦，有孚顒若。」陰長之世，佞福忠，淫蠱貞，君子孤行而無權，不能愛人，自愛而已矣；不能治人，自治而已矣。故曰「有孚顒若」，勿自褻以全己也。〔註35〕

　　8.《王風》四　嗚呼！弱而自強者興，弱而自靖者存，其亡也，弱而詐者也。天地之道剛主柔，天地之化柔屈剛。《坎》而有尚，「維心亨」者剛濟險

〔註28〕王夫之，詩廣傳〔M〕，北京：中華書局，1981：157。
〔註29〕王夫之，詩廣傳〔M〕，北京：中華書局，1981：4。
〔註30〕王夫之，詩廣傳〔M〕，北京：中華書局，1981：5。
〔註31〕王夫之，詩廣傳〔M〕，北京：中華書局，1981：12〜13。
〔註32〕王夫之，詩廣傳〔M〕，北京：中華書局，1981：17。
〔註33〕王夫之，詩廣傳〔M〕，北京：中華書局，1981：20。
〔註34〕王夫之，詩廣傳〔M〕，北京：中華書局，1981：25。
〔註35〕王夫之，詩廣傳〔M〕，北京：中華書局，1981：26。

也。《蒙》而有功,「初筮告」者柔信剛也。〔註36〕

9.《鄭風》三 與其專言靜也,無寧言動。何也?動靜無端者也,故專言靜,未有能靜者也。性之體靜而效動,苟不足以傚動,則靜無性矣。既無性,又奚所靜邪?性效於情,情效於才,情才之效,皆效以動也。……故《震》、《艮》相連,《咸》、《恆》相錯,不動不可止,不感不可久。〔註37〕

10.《齊風》五 震天下莫尚乎雷,撓天下者莫尚乎風。風行乎上,雷動於下,《恆》而已矣。故天下之至勤者,莫勤於恆也。〔註38〕

11.《秦風》一 情慾陰也,殺伐亦陰也。陰之域,血氣之所樂趨也,君子弗能絕,而況細人乎?善治民者,思其啟閉而消息之,弗能盡閉也,猶其弗能盡啟也。……《坤》之初曰:「履霜堅冰至!」言啟也;六四曰『括囊』,言閉也。〔註39〕

12.《曹風》二 故裒多益寡者《謙》也,「謙者德之柄也。」德之柄雖猶德與,其去術不遠矣。操柄以持天下,《謙》雖吉,君子以為憂患之卦也。〔註40〕

13.《曹風》三 力小而犯大,忘本而敗群,《比》之上曰「比之無首凶」,無首而比,比匪人而已。故曰:《曹》之卒章,傷天下之無霸,非無霸也,曹人之欲無之也。〔註41〕

14.《小雅》十三 豫,人道之大者也。……《豫》之四曰:「勿疑,朋盍簪」。盍其簪而天下不相叛,人親其類而禽心息矣。嗚呼!父子之能豫者,吾見亦眇矣,況君臣之際乎?豫則摯,摯則之生死而不忘。〔註42〕

15.《小雅》十五 名與實、非易兼而有者也。……故集天下之大功者,恆辭天下之譽望。《易》曰:「地中有水,《師》,君子以容民畜眾。」《師》者,將帥之道也。容畜者,無所擇於清濁,而不必譽望之歸也。故閫外之臣不聞清議,獨行之士不列帷幕,非徒以消盈而崇謙也。〔註43〕

〔註36〕王夫之,詩廣傳〔M〕,北京:中華書局,1981:36。
〔註37〕王夫之,詩廣傳〔M〕,北京:中華書局,1981:39。
〔註38〕王夫之,詩廣傳〔M〕,北京:中華書局,1981:45。
〔註39〕王夫之,詩廣傳〔M〕,北京:中華書局,1981:56。
〔註40〕王夫之,詩廣傳〔M〕,北京:中華書局,1981:65。
〔註41〕王夫之,詩廣傳〔M〕,北京:中華書局,1981:65。
〔註42〕王夫之,詩廣傳〔M〕,北京:中華書局,1981:79。
〔註43〕王夫之,詩廣傳〔M〕,北京:中華書局,1981:80。

16.《小雅》二二　王者以天下爲家。……故《渙》者，無私之卦也，而
曰「渙王居，無咎？張之、弛之、恩之、威之，先行自近，渙乎王居，而固
非私也。若夫天下，則推焉而已矣」。〔註44〕

17.《大雅》二三　故朋友者，《恒》道也。深求之威儀之餘而攝以心，是
「濬恒」也，「浚恒之凶」，必矣。〔註45〕

　　另外，有一條出例，是從概括《周易》一書的中心內容和特色而標舉《易》，
沒有採用上面通用的兩種形式。即：《大雅》二六引用的，曰：「《易》有變，
《春秋》有時，《詩》有際。善言《詩》者，言其際也。」〔註46〕

　　其次，他引《易》與錢澄之《田間詩學》呈現不同風格樣貌，他從來不
用《易》進行字義名物訓詁。從上述例子可以清楚地看出，他都是用《易》
理作爲論據來支撐他的中心觀點，也就是說，他著重的是引用《易》進行引
申發揮，闡發內在的理論意義。《詩廣傳》其實也有對字詞進行解釋的篇目，
如《齊風》四論《東方未明》，解釋何謂「矔矔」，但這些篇目他都沒有援引
《周易》，他字義名物訓詁的專著《詩經稗疏》也從來沒有出現引用《易》的
例子，可以看出，王夫之引用《易》，強調的正是發揮《易》理。

　　正是因爲他強調的是《易》的理論闡釋層面，許多《周易》的內容其實
已經轉變爲他建構的理論體系中的概念。如《恒》卦，上面的例子中有四例，
在使用卦名的這種方式中應該算是高頻率出現。王夫之對《恒》卦的強調、
熟悉最後使「恒」本身成爲其論述的一個重要理論概念，也就是說，不再以
《易》的卦名的形式出現，而內化爲王夫之理論體系中的一個重要名詞。如，
論《都人士》，論述的正是「恒」的重要性，但他並沒有用書名引號的方式標
示出它出自《周易》、《恒》卦，而是直接進行探討。包括我們上文所提到的
「豫」，應該說與《豫》卦也是存在重要淵源的。總之，王夫之理論體系中其
實有許多概念是來自《易》，與《周易》是融合相通的。

　　第二，《莊子》

　　在對《莊子》的態度上，錢澄之與王夫之表面上看來似乎又形成一個有
趣的差異和對比。錢澄之《田間詩學》也喜歡引用《莊子》用以釋義參照，
而王夫之《詩廣傳》卻對老莊一再駁斥批評。

〔註44〕王夫之，詩廣傳〔M〕，北京：中華書局，1981：86。
〔註45〕王夫之，詩廣傳〔M〕，北京：中華書局，1981：126。
〔註46〕王夫之，詩廣傳〔M〕，北京：中華書局，1981：127。

　　《詩廣傳》中對老莊的批判有十幾處之多，有的比較顯白直接，如論《芣苢》批判老子，「專於一事，則且專以無事。老氏以之曰『專氣致柔，能嬰兒乎！』芣苢當前而莫之探，道喪於己矣，奚貴焉？」駁斥莊子的，如「莊生曰：『吹萬不同而聽其自己』，無擇之謂也。信斯言也，儒亦聽其爲儒……夫《詩》奚以知天心之必有求也？聽其自己而既自己矣，則胡弗終已之，而有繼之以吹邪？」〔註 47〕對這種無所選擇無爲無治的態度非常不認同。同時對《老》、《莊》予以批判的：「夫天下之萬變，時而已矣。……時之變，不可知也。欲知其不可知，意者其遊情以測之乎？君子所惡於測道者，無有甚於遊者也。老子曰：『反者道之動』，遊也。於其在淵、而測其於渚，於其於渚，而測其在淵也。莊周曰：『緣督以爲經』，遊也。不迎之淵，則不失之渚，不隨之渚，則不失之淵也。嗚呼！與道俱動，則豈有能及道者哉！」〔註 48〕對《老》、《莊》遊於道之間，「與道俱動」的方式予以批評，認爲這樣「遊情以測」，並不能「及道」，所以，王夫之強調「貞」，他認爲「君子之貞一，時而已矣」，應時而變是以「貞一」爲前提，並非無根胡亂無準則的變化。有的則沒有直接標示《老》、《莊》，如《商頌》四論《長發》最後一段，「若夫君子所尤惡者，言天……御風而行泠泠然，失風而墜荼荼然，喪身絕人而近於鬼之事矣。故言躋者，勿憚其遲遲焉，幾乎道也不遠矣。」〔註 49〕「御風而行泠泠然，失風而墜荼荼然」，這種典型的莊子式的語言，顯然正是在批判老莊。

　　《詩廣傳》對老莊強烈批判，而《田間詩學》則不時引用《老》、《莊》，雖然在《田間詩學》本身沒有明確證據表明錢澄之對《老》、《莊》的支持態度，但可以肯定的是，他並不像王夫之如此反對。那麼，從這種差異可不可以認爲錢澄之與王夫之有迥然不同的莊學觀？應該說，這樣下結論過於輕率。

　　還是先來看錢澄之對《莊子》的眞正態度，錢澄之對《莊子》的理解和看法在《莊屈合詁》一書中有明確的論述：

　　　　自莊子以《詩》、《書》、《禮》、《樂》及《易》、《春秋》列爲道術，後遂有「六經」之稱。而其稱《易》也，曰「易以道陰陽」，則一語已抉其奧矣。吾觀其書，其言內聖外王之道，則一本於《易》。夫《易》之道，惟其時而已。莊子以自然爲宗，而詆仁義，斥禮樂，

〔註 47〕王夫之，詩廣傳〔M〕，北京：中華書局，1981：119。
〔註 48〕王夫之，詩廣傳〔M〕，北京：中華書局，1981：85。
〔註 49〕王夫之，詩廣傳〔M〕，北京：中華書局，1981：173。

訾毀先王之法者，此矯枉過正之言也。彼蓋以遵其迹者，未能得其意；泥於古者，不適於今。名爲治之，適以亂之。因其自然，惟變所適，而《易》之道在是矣。〔註50〕

《易》之核心在於「時」，莊子「以自然爲宗」「因其自然，惟變所適」的主張恰恰正是重「時」的表現，所以，在錢澄之看來，《莊》本於《易》，把莊學納入到傳統儒家體系之中，這種「以莊繼易」的莊學觀會通《周易》與《莊子》，是清代「以儒解莊」的代表。〔註51〕

王夫之最開始是極力反對釋老之學，批判老莊。但我們前面說過，《莊子》對遺民獨特的吸引力在於它能寄託隱遁或解脫之志。明末清初遺民許多因此而注解《莊子》，己未避兵山林之中的王夫之也不能免俗。處於眾籟不喧之室，王夫之枯坐得以自念的正是莊生之術與自己心靈的相通，最後他說：「謂予以莊生之術，祈免於『羿之彀中』，予亦無容自解，而無能見壺子於『天壤』之示也文矣。凡莊生之說，皆可因以通君子之道，類如此。故不問莊生之能及此與否，而可以成其一說。」〔註52〕承認《莊子》可「通君子之道」、「可以成其一說」，他因此而作《莊子通》。其實，他還有《老子衍》、《莊子解》。從注解老莊的這三本著作入手才能比較全面而系統地看出王夫之對《老》、《莊》的眞正理解和態度，而綜合它們三者得出的結論，他的莊學觀與錢澄之的莊學觀最終呈現驚人的一致。

王夫之注解《莊子》，第一步的工作就是將老莊分開，老自老，莊自莊，他說：「莊子之學，初亦沿於老子，而『朝徹』『見獨』以後，寂寞變化，皆通於一，而兩行無礙：其妙可懷也，而不可與眾論是非也；畢羅萬物，而無不可逍遙；故又自立一宗，而與老子有異焉。」認爲莊子最初雖沿於老子，但後來「自立一宗，與老子有異」，從而打破傳統的老莊並稱，莊學於老的看法，把老莊獨立，然後王夫之莊學的第二步就是老學莊學化，釋《老子》之道，內容反近《莊子》。特別是莊學中的渾天 —— 渾論 —— 太極之論，與其《易》學其實互相詮釋。他的「氣化歷程 —— 氣化整體論」提出《莊》、《易》

〔註50〕 錢澄之撰，殷呈祥點校，莊子精釋・屈賦精釋〔M〕，合肥：黃山書社，1995：95。

〔註51〕 張永義，以莊繼易：錢澄之的莊學觀〔J〕，中山大學學報（社科版），2006：5。

〔註52〕 王夫之：《船山全書》第十三冊《莊子通序》〔M〕，長沙：嶽麓書社，1996：493。

根源處的匯通。所以楊儒賓先生認為：「王夫之《莊子解》，不折不扣是《周易內外傳》之外的另一本《易》學著作〔註53〕。」因此，王夫之注《莊》最後形成了莊易同流的局面，與錢澄之「以莊繼易」的根本精神並無二致。

　　兩者莊學理論如此趨於一致，中間的一個連接點在於方以智。錢澄之與方以智是同鄉，又共入黨社，共同抗清，後來共披僧服，返回鄉里。雖然後來錢澄之並沒有做真正的僧人，但兩人還是保持交往。方以智精通《易》學、《莊》學，錢澄之不可能不受他的影響，而方以智《藥地炮莊》正是繼承闡發覺浪道盛的「託孤說」，會通《莊》、《易》。王夫之與方以智也是好友，關係非同尋常，王夫之在追悼方以智的詩中，還論及方以智的莊學〔註54〕，可見兩人在莊學上存在的脈絡和聯繫。但錢澄之、王夫之的莊學又是與方以智的莊學存在極大差異的。這種差異主要來自儒釋之分別和界限。方以智回到鄉里投身於道盛門下，修行於竹關，選擇做為一個僧人，而錢澄之、王夫之則堅持儒生的本分，所以錢澄之評論《藥地炮莊》「多禪語，而會通以《莊》、《易》之旨。」〔註55〕後半句錢澄之實際上是予以繼承，而前半句正是他批判之處，他不滿方以智「以禪解莊」的方式，因此錢澄之「以莊繼易」，最後是把《莊子》納入到儒學體系。而「王夫之注《莊》的根本精神乃是以《莊》注老，以《易》注《莊》，他的注釋事業可視為儒家收復失土的一種運動。」〔註56〕他們《莊》學的研究視角都是作為「儒門別傳」，把莊子引進儒家陣營之中。

　　既然錢澄之、王夫之在莊學研究內在精神上如此趨於一致，為什麼他的《詩廣傳》對莊子的態度與錢澄之存在差異？

　　要回答這個問題，還是要回到王夫之與方以智兩人的交往上來。一六七一

〔註53〕楊儒賓：《儒門別傳——明末清初《莊》《易》同流的思想史意義》，見鍾彩鈞、楊晉龍主編《明清文學與思想中之主體意識與社會》臺北：中央研究院中國文哲研究所，2004年，第245～249頁。

〔註54〕楊儒賓：《儒門別傳——明末清初《莊》《易》同流的思想史意義》，見鍾彩鈞、楊晉龍主編《明清文學與思想中之主體意識與社會》臺北：中央研究院中國文哲研究所，2004年，第245～249頁。

〔註55〕顧廷龍主編，《續修四庫全書》編纂委員會編，續修四庫全書·田間文集〔M〕，上海：上海古籍出版社，2002：227。

〔註56〕楊儒賓：《儒門別傳——明末清初《莊》《易》同流的思想史意義》，見鍾彩鈞、楊晉龍主編《明清文學與思想中之主體意識與社會》，臺北：中央研究院中國文哲研究所，2004年，第245～249頁。

年，方以智勸王夫之逃禪，王夫之不應。《南窗漫記》「方密之閣學逃禪潔己，授《覺浪記》。蒯主青原，屢招余，將有所授。誦『人各有心』之語以答之。意乃愈迫，書示吉水劉安禮詩，以寓從與之至。余終不能從。」〔註57〕這裡提到的《覺浪記》應該就是指覺浪道所主張的莊學，提出「託孤說」，但王夫之這時並沒有接受這種理論，而對於「逃禪」更是以「人各有心」予以堅定的拒絕，筆者個人認為他對禪釋之學的拒斥也是他無法接受他們莊學的一個重要原因。而《詩廣傳》正是在這個時段創作〔註58〕，所以他在本書中對莊老之學進行了嚴厲的批判，「失志於時而謀其身，則好莊列」，實際上在王夫之看來，選擇逃禪、選擇老莊，只是在選擇逃避，因此他對老莊之學非常鄙視，不以為然。很快，這年十月七日，密之卒於舟中。王夫之直到壬子年（1672）才誤聞方以智死於泰和春浮園，狂哭，作哀悼詩《聞極丸翁凶問 不禁狂哭 通定 輒吟二章》「何人抱器歸張楚，余有《南華》內七篇」及《廣哀詩 青原極丸老人前大學士方公以智》「烹煮南華髓，調和雙行粥」，〔註59〕從這些哀悼詩中一再對方以智《莊》學的強調來看，雖然王夫之沒有答應逃禪，但從辛亥到壬子，他其實已經開始關注老莊之學，並且開始認同方以智的莊學。這一年（1672），王夫之於觀生居重訂《老子衍》）。王孝魚先生認為「很可能船山在完成了《詩廣傳》之後，對於《老子》有了更深一步的體會，才加以訂正的。〔註60〕」筆者認為可能並非闡述《詩經》的《詩廣傳》讓他對《老子》有了新的認識，更多地可能正是因為方以智傳授的《覺浪記》的影響，緊接著方以智的去世又起了進一步的催化。重訂《老子衍》只是王夫之重建其老莊學術體系脈絡的開始。一六七九己未之年王夫之避兵山林中，客觀環境進一步為他思考老莊之學提供了條件，他更為深刻而現實地體會到了《莊子》「可成其一說」，以及莊生與其心靈的相契合之處〔註61〕，開始著《莊子通》。寫完《莊子通》後，他可能就著手解說《莊子》，作《莊子解》。〔註62〕可見，《老子衍》、《莊子通》、《莊子

〔註57〕王之春撰，汪茂和點校，王夫之年譜〔M〕，北京：中華書局，1989：78。
〔註58〕據王孝魚《點校說明》。
〔註59〕任道斌，方以智年譜〔M〕，合肥：安徽教育出版社，1983：278～283。
〔註60〕王夫之，船山全書（第十三冊）〔M〕，長沙：嶽麓書社，1996：16。
〔註61〕王夫之，船山全書（第十三冊）〔M〕，長沙：嶽麓書社，1996：493。
〔註62〕王孝魚《莊子解》點校說明，根據1681年秋，船山作《南天 授竹影題用徐天池香煙韻》一詩中所自注「時為先開訂《相宗》（即《相宗絡索》），並與諸子論《莊》。」推斷《莊子解》作於是年。其實，由王敔《大行府君行述》中

解》，其實包括《楚辭通釋》都幾乎先後同時創作。至此，自 1672 年重訂《老子衍》開始，到《莊子解》、《莊子通》的完成，王夫之才建立起先前所說的「以莊釋老、以易解莊」的莊學體系，而《詩廣傳》創作遠在它們之前，反映的只是王夫之早期的觀念，一味反對佛老之學，反對逃禪，批判老莊，所以，《詩廣傳》引用《莊子》與錢澄之引用《莊子》態度上看來是存在差異的，但從最後成型的莊學理論系統看來，其實兩者又實現了統一，達成了眞正的一致。

第三，強烈的屈子情結

錢澄之《田間詩學》和王夫之《詩廣傳》對屈原及其《楚辭》都是極力表彰引用，都具有強烈的屈子情結。

王夫之對於屈原的認同，主要來自於屈原事君的態度，面對國君的無道，讒臣的誣陷，屈原悲吟反覆，終是不忍選擇離開，最終用生命捍衛守護自己的「國家」。在屈原身上所體現的這種「貞一」之情，與遺民對故國君王的一片忠誠是契合相通的。王夫之一再表彰屈原，認爲他是歷史上眞正做到「豫」的典範。「豫，人道之大者也。……三代而下，誠戚者有矣，未嘗聞其有誠豫也。上棄禮而下猶未喪其情，然而微矣。屈平劉向猶宗臣也。顏見遠非大臣矣。鄭思肖謝翱非臣矣。東湖樵夫非士矣。」〔註 63〕「君子之事君也，鴻豫以爲志，危怵以爲情。鴻豫以爲志，故世雖降，主德雖衰，上下之交雖未孚，而無枉道之從。危怵以爲情，故世雖盛，主德雖賢，上下之交雖密以邇，而無憯惡之心也。……嗚呼！以屈原之騷，事有爲之主，則無患楚之不商周也。」〔註 64〕。所以不論君主多麼無道，做爲臣子只能忠誠地擁護，不能另生他心。因而，在王夫之看來，「屈平劉向猶宗臣也。顏見遠非大臣矣。鄭思肖謝翱非臣矣。東湖樵夫非士矣」。並且，他認爲，屈原對國君的依戀和貞一的程度已經不僅是君臣關係，還有兄弟之道，父子之情。當把屈原與楚君的關繫上升到這個層面，就爲屈騷之中流露出的「怨」找到了一個良好的解釋路徑。論《匏有苦葉》：「屈原之君臣，匪直君臣也，有兄弟之道焉；匪直兄弟也，有父子之道焉。『怨靈修之浩蕩，終不察夫民心』，非以賈也，殆夫舜之位旻天矣。《谷風》之婦，惡足以及此哉？『黽勉』者，賈而已矣。豫懷必讎以賈之，

論及《莊子解》《莊子通》《楚辭通釋》的一段論述來看，《莊子解》也應該與《莊子通》的創作時間相差不遠。其言曰：「因俱爲之注，名曰《莊子衍》（即《莊子解》）、《楚辭通釋》。更別作《莊子通》，以引漆園之旨於正。」

〔註 63〕王夫之，詩廣傳〔M〕，北京：中華書局，1981：79。

〔註 64〕王夫之，詩廣傳〔M〕，北京：中華書局，1981：105。

不儺則從從怨之。『有洸有潰』詁不肖者之侮而不知自裕，是克怨也，賈日相怨於肆矣。故曰：『其政散，其民流，誣上行私而不可止』。衛之民皆賈矣，豈復有君臣夫婦昆弟友朋哉？」〔註65〕把衛民之怨歸之於「賈」的行為，功利而淺薄，而把屈子之怨則拔高為父子之道所抒發的無私之怨。

　　而且還有一個重要的關鍵點在於王夫之經歷了明朝的滅亡，屈原目睹了楚國的傾頹敗亡，這種最為深重而慘痛的經歷，一方面讓王夫之對屈騷情感的體認感同身受，甚至那些隱秘的內在情感的湧動和奔騰，王夫之把它歸結為情到深處言語已失去效用的一種「無」，「下崢嶸而無地，上寥廓而無天，義結於中，天地無是為有無，而況於人乎？……《載馳》之怨婦，《黍離》之遺臣，沈湘之宗老，囚燕之故相，悲吟反覆，而無能以一語宣之，同其情者喻之而已。」〔註66〕由於內在蘊結的深重之悲造成一種「失語」的「無」的狀態，所以，他反覆申說的其實就是言語表面的「無」與內在深切情感的「有」的矛盾辯證關係。所謂「悲吟反覆，而無能以一語宣之，同其情者喻之而已」〔註67〕，其實，王夫之他們自己不正是在經歷這種無法言說的痛苦？另一方面，當王夫之把這種慘痛的經歷與深切的情感聯繫為一體，其實，這種「情」又變成並非人人可以體認的東西，而付之以文學表達，自然再也沒有人能創作出屈騷那樣的文學作品。這種經歷慘痛的「度」的引入，成為王夫之衡量評價其他人的標準。「性非學得，故道不相謀；道不相謀，情亦不相襲矣。…果有情者，亦稱其所觸而已矣。觸而有其不可遣者，惡能貨色笑而違心以為度？觸而有其可遣，孰奪吾之色笑而禁之乎？無大故而激，不相及而憂，私憤而以公理為之辭，可以有待而早自困，耳食鮑焦、申徒狄、屈平之風而呻吟不以其病，凡此者惡足以言性情哉？匹夫之婷婷而已矣。《書》曰：『若德裕乃身』。裕者，憂樂之度也。是故杜甫之憂國，憂之以眉，吾不知其果憂否也」。〔註68〕最終，杜甫因為無法經歷亡國之悲，他的文學作品之憂也就是只能被王夫之批評為「憂之以眉」。

　　當把屈原推崇到一定程度，《楚辭》的地位自然隨之上揚，然後，與王夫之後來日益重視的《莊子》相結合，兩者並提。王敔《大行府君行述》言曰：

〔註65〕王夫之，詩廣傳〔M〕，北京：中華書局，1981：21～22。
〔註66〕王夫之，詩廣傳〔M〕，北京：中華書局，1981：29。
〔註67〕王夫之，詩廣傳〔M〕，北京：中華書局，1981：29。
〔註68〕王夫之，詩廣傳〔M〕，北京：中華書局，1981：32。

又以文章之變化莫妙於《南華》，詞賦之源流莫高於屈宋，《南
華》去其《外篇》、《雜篇》呵斥聖門之詭妄，其見道尚在狂簡之列；
屈子以哀怨沈湘，抱今古忠貞之慟，其隱情莫有傳者。因俱為之注，
名曰《莊子衍》、《楚辭通釋》，更別作《莊子通》，以引 漆園之旨於
正。自作《九昭》以旌三閭之志。〔註69〕

此段文字，至少表明了《莊子》與《楚辭》並列的兩大原因，一是從文學發
展的脈絡來看，文章、詞賦之源頭可追溯到《莊子》、《楚辭》，而《莊》之狂
簡，《屈》之隱情，同為隱晦不彰，需要為它們作必要的闡釋注解。但莊騷並
列，更有內在的契合的關聯，從王夫之的最後一句隱約點出了二者並提的更
深一層緣由。「更別作《莊子通》，以引漆園之旨於正。自作《九昭》以旌三閭
之志」，「旌三閭之志」當然是表彰弘揚屈原忠貞不二的操守志向，但「引
漆園之旨於正」，正的是什麼旨？這個「旨」與屈原之志又存在什麼關聯？

從上文可知，王夫之作《莊子解》、《莊子通》時，已相當程度地接受了
方以智、覺浪道盛的「託孤說」，把莊子作為儒門別傳已納入儒家體系，《莊
子》所蘊含的這種儒學思想正是著力表達的意旨。當把《莊子》重新納入到
儒學體系，莊子本身所擔負的傳承儒家文化的重任，內心隱微而複雜的情感
其實與屈原所經受的一切達到了共通融彙。正是在這個層面上，莊騷並提尋
找到了一個有力的平衡點。而做為儒門別傳的莊學，又與《易》學貫通，這
樣，莊、騷、易形成了一個互通的學術脈絡，以《易》解《莊》，以《莊》聯
《騷》，這種整合構成了一個全新的學術迴環。

也許，在王夫之這兒，這個理論迴環並不清晰，回到錢澄之，我們可以
非常清楚地明瞭這內在的關聯和牽和。錢澄之作有《莊屈合詁》，兩者合詁本
身就暗示出作者的傾向和意圖。他在《自序》中說：「凡莊子、屈子之所為，
一處其潛，一處其亢，皆時為之也。」莊屈皆是「因乎時」的《易》的不同
表現，明確地表達了《莊》、《騷》、《易》的關聯。更為重要的是，錢澄之又
把《莊屈合詁》與他生平最為看重的兩部經學著作《田間易學》、《田間詩學》
相勾連，他在《自序》中說：

則以《莊》繼《易》，以《屈》繼《詩》，從而詁之，於二經之
宗旨，庶益足以轉相發揮。

〔註69〕王夫之，船山全書（第十三冊）〔M〕，長沙：嶽麓書社，1996：484。

　　　吾謂《易》因乎時，《詩》本乎性情。反莊子、屈子之所爲，
　　一處其潛，一處其亢，皆時爲之也。莊子之性情，於君父之間，非
　　不深至，特無所感發耳。詩也者，感之爲也，若屈子則感之至極者
　　矣。合詁之，使學者知莊屈二道，則益知吾之易學、詩學無二義也。
〔註70〕

錢澄之「以莊繼易，以屈繼詩」，又關聯屈莊，最後打通《周易》、《莊子》、《詩
經》、《楚辭》，形成一個更大的學術迴環網絡，所以他「合詁之，使學者知莊
屈二道，則益知吾之易學、詩學無二義也」。這四者最後糾結整合在一起，成
爲並無「二義」的統一整體。本文無意探析評判這種整合的是非得失，只是，
這種有趣的糾結整合也許只能在明末清初遺民的學術思想中有可能實現，因
爲，在筆者看來，它們四者聯繫在一起的中心維繫點可能正是遺民的心態，
《易》之論時，《莊》之超脫，《屈》之忠貞，《詩》之政治沉浮（從小序政治
詩教的觀點），遺民在對它們各自的解讀中得到的反思和舒懷正是對他們心靈
的慰藉、補償和平衡。當然，從文學內部要素的分析來看，它們也是有內在
的關聯點。不論怎樣，當它們彙爲整體，遺民的《詩經》研究開始進入到易、
莊、屈的世界，從它們那裡獲取論述引證的資源和營養，不論是《田間詩學》
還是《詩廣傳》，都觸及它們的肌理，引用它們，闡發它們，雖然《田間詩學》
相對簡單，而《詩廣傳》有更多的理論闡發，但同樣的是，易、莊、屈的引
用闡發已經成爲他們《詩經》研究的一大亮點和特色。

（三）經世復古

　　經世復古可以從兩個方面理解。「經世」指的是對現實的關注，注重當下
社會；而「復古」指的是恢復漢代學術研究的路數，講究訓詁考證。王夫之
《詩經稗疏》與錢澄之《田間詩學》在批判朱子這一點上風格是一致的，體
現了對宋學的反撥，對古說的回歸，自然與他們共同的遺民身份，尊古崇漢
的遺民學術主張是有莫大關聯的。這是他們二者的共同點。

第一，駁朱崇古傾向

　　另一本《詩經》學著作《詩經稗疏》共有 229 條，其中，據不完全統計，
至少有 130 條是批駁朱子《集傳》，占到了 1/2 強，所以，本書是有比較鮮明
的批駁朱子的傾向的。這與錢澄之《田間詩學》批判朱子的風格是一致的，
與清初「詩經宋學」的式微的趨勢是一致的，與遺民反對程朱理學，求古崇

〔註70〕錢澄之，莊子精釋・屈賦精釋〔M〕，合肥：黃山書社，1995：278～279。

實的學術風氣也是一致的。

船山訓詁推重古說，反對因文臆度，務巧失實的俗說。「黃流在中」一條他明確批評朱熹「義理可以日新，而訓詁必依古說。不然，未有不陷於流俗而失實者也。」可以說，「訓詁必依古說」是其一般的原則。

如《秦風·小戎》「五楘」一詞，毛傳曰：「楘，歷錄也。一舟五束，束有歷錄。」〔註71〕《集傳》增一「然」字，釋爲「歷錄然文章之貌」〔註72〕，本來「歷錄」自爲一物，如此則變成歷錄爲束縳陸離之狀態。王夫之詳考「歷錄」之物，認爲是「於束之上，以絲交縈」，使之「務爲纏固」的東西，與「文章之貌」無關。他最後總結說「器服之制，若拘文臆度，浸使爲之，必失古人之精意。非形不典雅，則速敗而已矣。益以知古注疏之不可意爲增減，求俗學之易喻也。」〔註73〕可見，他對古注疏的尊崇。

同樣，對本詩的「觙軜」，徑取毛、鄭、大戴之說，認爲他們「及見古車之制，考古者自當遵之以求通。若拘文而失其音義，因爲臆度，則必成乎失，是所貴乎精思而博證也。」〔註74〕

《大雅·皇矣》「是類是禡」，朱子《集傳》認爲是上帝之祀，而「文王是時，以服事殷而守侯度，必無祭帝之理」，王夫之引用鄭眾、鄭康成和《周禮》的材料，考證祭祀社稷宗廟也有稱「類」的。

《周禮》四，曰類，鄭司農眾曰：「三皇五帝九皇六十四氏」。鄭康成曰：「月星辰，運行無常，以氣類爲之位」。許愼曰：「以事類祭天神」。天神者，統於天之神，即康成所謂日月星辰，非上帝也。周禮以次之四望之下，天神不宜後於地祇，則事兼人鬼，司農以爲先代有天下者之祭亦通，蓋禮天神者必配以人鬼，以爲之依，則類祭日月星辰，而以三皇五帝九皇六十四氏配焉。禮之所宜，抑告興師之故，於前王或所伐之國爲其苗裔，庶妥之，而俾無怨恫也。此之類祭，蓋謂此矣。

再考《周禮·小宗伯》：凡大災，類社稷宗廟，則爲位是社稷宗廟亦有類名亦但以事故合祭告之有兆位而不爲壇，斯可名曰類，益知類不必定祀上帝矣。〔註75〕

〔註71〕李學勤主編，毛詩正義〔M〕，北京：北京大學出版社，1999：414。

〔註72〕朱熹，詩集傳〔M〕，上海：上海古籍出版社，1958：75。

〔註73〕王夫之，船山全書（第3冊）〔M〕，長沙：嶽麓書社，1996：89。

〔註74〕王夫之，船山全書（第3冊）〔M〕，長沙：嶽麓書社，1996：90。

〔註75〕王夫之，船山全書（第3冊）〔M〕，長沙：嶽麓書社，1996：174～175。

　　而「禡」，則引毛傳「於內曰類，於外曰禡」，以及《爾雅》《說文》俱以之爲師祭，認爲「師未出，而位兆於國以祭曰類；已出次舍，爲表於所次以祭曰禡」，即鄭康成「田祭表貉」之貉，郭璞所說的「禡於所徵之地」，所以他認爲《集傳》以之「爲祭皇帝與蚩尤，不知何據」，認爲「漢儒之必不可毀者，此類是也」〔註76〕。

　　甚至人們不喜引用，認爲駁雜的《山海經》，他在「田祖」一條也引以爲徵，因爲它「去古尚近，而山川草木多有確據」，「引以爲徵，固賢於臆度之亡實也」〔註77〕。

　　但對於漢之俗儒，附會佛、老之說，引用讖緯之言，失之流俗之詭異之論，王夫之又是極力反對的，特別是那些違背人情物理之說，他尤爲排斥。在「誕降嘉種」一條，他明確說：「漢之俗儒，同佛、老鬼神之說，宋之駁儒，同佛、老性命之旨，皆反經以正人心者之必辨也。」〔註78〕可見，他宗漢崇古卻並不泥古，還是有取捨標準的。

　　第二，考證廣博詳審。

　　《田間詩學》按照馮浩菲先生的歸納，屬於「學體」，但這是從題目本身和作者謙虛的態度進行的歸類，就書的內容來看，它採用的還是傳統的注疏體。所以，《田間詩學》注疏、訓詁的範圍涉及《詩經》所有詩篇，所有文字，也就是說，《詩經》篇章中出現的各類各種名物它必有所訓釋核證，所以，由於著作體例本身的特點，它於名物訓詁涉及的範圍會比較廣泛。

　　但《詩經稗疏》不同於《田間詩學》，它採用的是「條辨體」，是一種條疏考辨的疏類訓詁體式，分條考辨，依次尋究，條目的形式可以使作者有所選擇，不必觸及《詩經》篇目中涉及的所有的名物，《詩經稗疏》一共229條，卻也把筆觸伸及方方面面，考證範圍廣博。《四庫全書總目提要》的評價鮮明地體現出這一特色：

　　　　《詩經稗疏》四卷，國朝王夫之撰。是書皆辨正名物訓詁，以補傳箋諸說之遺。如《詩譜》謂如《詩譜》謂「得聖人之化者謂之《周南》，得賢人之化者謂之《召南》」，此別據《史記》謂「雒陽爲周召」之語，「以陝州爲中！而南分之，周南者周公所治之南國也。

〔註76〕王夫之，船山全書（第3冊）〔M〕，長沙：嶽麓書社，1996：176。
〔註77〕王夫之，船山全書（第3冊）〔M〕，長沙：嶽麓書社，1996：144。
〔註78〕王夫之，船山全書（第3冊）〔M〕，長沙：嶽麓書社，1996：185。

證之地理，亦可以備一解。至於鳥，則辨「雎鳩」之爲山禽，而非
水鳥⋯⋯於獸，則辨「九十其"」之語，當引《爾雅》「七尺曰"」之
釋之，不當以「黃牛黑#」釋之⋯⋯於草，則辨「菫」爲蓳、葷之屬，
而非蒿蔞⋯⋯於木，則辨《詩》言「樸」者實今之柞，「柞」者實今
之櫟⋯⋯於蟲，則辨「斯螽」「莎雞」「蟋蟀」之三蟲各類⋯⋯於魚，
則辨鱣之即鯉⋯⋯於器用，則辨《集傳》訓「重較」爲兩上出軾者
之未諳車制⋯⋯於禮制，則辨公堂稱觥爲飲酒於序，而非《集傳》
所云豳公之堂⋯⋯皆確有依據，不爲臆斷。〔註79〕

此外，其實還包括天文（如「七月流火」條）、宗法（「祭以清酒」條）、服飾
（「副笄六珈」條）、兵制（「左旋右抽，中軍作好」條）、田制（「南東其畝」
條）、車馬（「以先啓行」條）、語詞（「坻」條）等各個方面的內容，除了這
種考證對象範圍的廣博，在具體論證過程中，王夫之也是廣採多家之言，博
徵廣引，他認爲「守一先生之傳而不參考之他經，是專己而保殘」〔註80〕。
他主張博徵而精思，反對拘文臆度，他說：「拘文而失其音義，因爲臆度，則
必成乎失，是所貴乎精思而博徵也。」〔註81〕「五粲」條，論器服之制，他
說「若拘文臆度，浸使爲之，必失古人之精意。非形不典雅，則速敗而已矣。」
〔註82〕博引精思，折中眾論，最後再做出結論，這是王夫之比較認可的方式。
但正如他自己所說：「博聞非難，能折衷眾論而求其是者之不多得耳。」〔註
83〕但王夫之卻在廣博之中又做到了精審詳細，折中眾論。

如對於《大雅·旱麗》「黃流在中」一句的解釋，洋洋灑灑千餘言，分爲
五段，一、三、四段爲廣引眾家，二、五段爲王夫之的分析、歸納。我們看
到，除了《集傳》、《毛傳》之外，他引用了眾多的書籍文獻，它們既包括《士
喪禮》、《明堂位》、《白虎通》、《尚書傳》、《郊特牲》、《南州異物志》、《筆塵》、
《考工記》、《本草》、《大明一統志》、《唐書》、《魏略》等一般的書籍，《說文》、
《廣雅》等小學工具書，還有文學作品類《古樂府》等，以及他經常引用的
圖籍《博古圖》，他的辯證分析正是以這樣廣闊的知識面作爲基礎的，正是在
這眾多書籍的記錄闡釋之上他做出結論：若《集傳》所云「築鬱金煮而和之」，

〔註79〕永瑢等，欽定四庫全書總目〔M〕，北京：中華書局，1965：287。
〔註80〕王夫之，船山全書（第3冊）〔M〕，長沙：嶽麓書社，1996：93。
〔註81〕王夫之，船山全書（第3冊）〔M〕，長沙：嶽麓書社，1996：90。
〔註82〕王夫之，船山全書（第3冊）〔M〕，長沙：嶽麓書社，1996：89。
〔註83〕王夫之，船山全書（第3冊）〔M〕，長沙：嶽麓書社，1996：208。

尤爲差異。王夫之並沒有停留在這一簡單結論上，他隨之推論朱子發生錯誤的原因，很有可能是誤讀《白虎通》割裂古文所致，可到這一步他還是不滿足，他更進一層，又對「鬱金香」進行進一步的考證，經過仔細的分析，可以認定它爲西域的一種植物，而聯繫朱子所處的地理環境，偏安東南不可能對此物有很好的認知，所以最後他認爲朱子「以薑黃爲鬱金，以鬱金爲鬱」〔註84〕，導致大的失誤。由此，我們可以看出王夫之論證的詳審。

而如果是對於草木鳥獸蟲魚等具體的動植物，他也一般會列出它們（他所知的）所有種類，一一道來，弄清楚它們之間的細微差別，然後再根據文意仔細辨明核對，得出結論。比較典型的例子是他對《國風·邶風》之中「荼」的解釋，《毛傳》云：「荼，苦菜也。」並沒有說明具體是什麼，王夫之則列出所有菜名爲苦菜的，有六種，即《廣雅》所記的遊多苦菜、貝母苗、龍葵、酸漿草、苦苣、敗醬，可這六種雖苦，而苦中微甘，食之而美。詩卻甚言其苦，與薺相對，他最終否定了爲這六種苦菜的可能，又根據《集傳》「荼，苦菜，蓼屬」繼續考證，又列舉各種蓼類：青蓼、香蓼、紫蓼、木蓼、水蓼、馬蓼，可根據荼辛而苦，蓼不苦而甚辛，最後認爲荼與蓼也是「類同而種性異也」〔註85〕。總之，他一般採用列舉的方式清楚地標示出各種各類，在比較全面地把握事物的前提下進行分析推論。如「有條有梅」一條把「條」分爲兩種，「薇」一條中又列出其白薇、紫薇、烏薇三種，麻更是列出火麻、紵麻、唐麻、脂麻、南麻等各種，「藍」也是分列蓼藍、菘藍、馬藍、吳藍、木藍、大藍、甘藍等數種，等等，而有些存在「異物同名」情況的，他也一定把它們辨析明白清楚，「芑」一條分析苦菜之芑與枸杞之芑的不同。總之，不論是異物同名，還是稱名互相假借，他都考於文義，一一辨析，詳審得當。

不但對於具體事物，對於詩意的辨析把握他也是力求說理充分，謹慎細微，如對《國風·鄭風》「左旋右抽」一句，他不同意鄭箋、《集傳》以御者爲左，認爲將領居左，他考之經傳，列出四條證據：《甘誓》曰：「左不攻於左，右不攻於有，御非其馬之正」，則御中而將左之一證也；《春秋》晉楚戰於邲，楚許伯御，樂伯以致晉師，樂伯曰：「吾聞致師者，左射以取。」樂伯將也，左車左也，則將居左之二證也；鞌之戰，齊侯親將逢丑父爲右，《公羊傳》曰：「逢丑父者，齊侯之車右也，代頃公，當左」，則將居左之三證也；韓厥夢子

〔註84〕王夫之，船山全書（第 3 冊）〔M〕，長沙：嶽麓書社，1996：169。
〔註85〕王夫之，船山全書（第 3 冊）〔M〕，長沙：嶽麓書社，1996：56。

輿謂己曰：「且辟左右，故中御而從齊侯」。韓厥，將也。非因夢而避左右，則不居中避左，居中則代御而不自執鼓，則將居左之四證也。〔註86〕後面又辨析了一些容易產生歧義的材料，最後，他作出結論，認爲「左旋右抽」爲「戎車迴旋演戲之法耳。」即《毛傳》曰：「左旋講兵，右抽之矢以射」是也。蓋將軍之法，有左旋以先弓矢者，有右旋而先矛者。左旋先弓以迎敵於左，則車右持矛以刺；右旋先矛以要敵於右，則將抽矢以射，勢以稍遠而便也」。

　　錢澄之《田間詩學》於名物考證也是用力頗多，廣徵博引，積極創新，但論詳審的程度，與王夫之相比，自是稍遜一籌，且不必說他對於動植物的考證不會列出如此詳細的「清單」，對於他頗費筆墨詳細論述的，對應王夫之的相關條目，也還是相對簡略，就以上文「左旋右抽」爲例，錢澄之也認爲「御在中央」，而非車的左邊，他列舉了三條材料，正好就是王夫之前三個論據，雖然從這三條材料已很能說明問題，但王夫之多出的後半段材料顯然使他的論證更爲翔實深入。

　　但是，對於地點的說解這一塊，王夫之雖然也涉及對地點的詳細考證，如對《商頌・玄鳥》中之「景山」，否定了《山海經》中記載的兩「景山」，批評了《集傳》所釋的「景山」，考證自然詳細，但通觀《詩經稗疏》，經粗略統計，對地點的訓解只有 15 條，而錢澄之對於地點的考察，則從始貫終，並包括詩譜中涉及的重要地名。

　　總之，王夫之《詩經稗疏》在草木鳥獸蟲魚器具等方面的名物考證，包括字句的分析，田制曆法等方面頗爲精審，而錢澄之《田間詩學》則在禮制和地點說解方面做出了努力，這種差異可能與他們二人所處的生活狀態有關，前者晚期的生活一直隱居鄉野，閉門著述，再加上他的家學功底，應該閱讀了更多的書籍，王夫之本身對事物之理的強調，使他尤爲重視對具體事物的觀察、分析和歸納，而錢澄之生活困頓，返回鄉里之後大部分時間也是「出門求食」，這種奔波的生活使他對具體事物考察靜態的觀照和知識的積累不夠，但遊歷了大半個中國的經歷又讓他對地點的考察創造了一定的有利條件。

二、王夫之《詩經》學的研究特色

　　王夫之作爲清初三大家之一，他的《詩經》學著作，除了與錢澄之等遺

〔註86〕王夫之，船山全書（第 3 冊）〔M〕，長沙：嶽麓書社，1996：73。

民一樣的濃厚遺民色彩，他還在其它方面取得了其獨特的成就，比較突出的方面，本文概括爲以下兩點，一是《詩譯》以文學釋詩的理論，二是其著作中體現出的系統的，極具概括性的理論概念。前者從本身看來似乎沒有什麼特別，因爲以文學釋詩這種方向在明代中後期已經比較明朗，甚至如果一定要追根溯源，早在先秦時期就有這種觀念，但如果把時間定位在明末清初，用文學釋詩還是非常獨特和新穎，並且需要一定勇氣，具體的情形和原因會在下文具體論述；後者則體現出王夫之作爲理論家的傑出素質，主要是通過概括歸納《詩廣傳》和《詩經稗疏》中一些理論概念和特點進行闡述。

（一）以文學釋詩

王夫之同錢澄之相比，最大的特色可能就是他的《詩譯》，以文學釋詩，探討了《詩經》的文學特色和成就。《詩譯》提出的一些重要觀點，如情景論，興觀群怨論等等，奠定了王夫之在文學批評史上的重要地位。但放在明末清初那個特殊時代背景下，王夫之能進行如此獨特的觀照，其實不僅錢澄之無法企及，更是卓異於那個時代。今人論述王夫之的文學批評思想和文藝美學思想，從論文到專著，已經非常多，闡述的非常詳細了，這裡就不再贅述。本文試圖深入探討《詩譯》創作的原因和背景問題。思考爲什麼在明末清初，作爲一代遺民的王夫之怎麼會有《詩譯》這樣的著作？

《四庫全書總目提要》對《詩譯》評論是「《詩譯》數條，體近詩話，殆猶竟陵鍾惺批評《國風》之餘習，未免自穢其書，雖不作可矣。」〔註87〕可見，四庫館臣對《詩譯》評價並不高，甚至充滿了指責和批評，與今天我們的評價截然不同。這已經折射出清代主流學者的趣味和當時的潮流。如果回到清初，其實這種牴觸情緒會更加強烈。

明末清初是一個特殊的階段，明亡悲痛走過來的一批學者，他們進行了深刻的反思，最後他們認爲明代的心學，宋代的理學造成一種空疏的學術風氣，使從朝廷到士大夫，放棄了該有的禮制和原則，所以，他們「要求擺脫宋明理學的桎梏，以復古爲解放，要求復興漢學」〔註88〕，治《詩》多重考據，考證音韻名物，對於以文學眼光研究《詩經》並不爲時人所重。以鍾惺爲例，他作爲晚明竟陵派的領袖曾經名噪一時。他的《詩經》評點在當時影響很大，在他

〔註87〕永瑢等，四庫全書總目〔M〕，北京：中華書局，1965：131。
〔註88〕夏傳才主編，詩經要籍提要〔M〕，北京：學苑出版社，2003：21。

的《詩論》中他提出了「詩活物說」，認爲《詩經》有無限的可闡釋性，「然而《詩》之爲詩，自如也，此《詩》之所以爲『經』也」，應「揆之性情，參之義理」〔註89〕。但到了清代，人們卻對其大加貶抑。顧炎武《日知錄》評價其「不孝貪污」「好行小慧，自立新說」、「亦敗壞天下之一人」，失節貳臣錢謙益《列朝詩集小傳》還稱他「寡陋無稽」，或謂之「謬陋難言其狀」，或謂其「掉弄聰明」，而引鍾氏之語，用鍾氏之法讀《詩》的則斥之爲「以竟陵之門徑，掉弄筆墨」。這種對鍾氏學術理論乃至對其人格的大加嘲諷和貶抑，其實都來自學術觀點的差異。「文人相輕」、「門戶之見」在這裡有形象的展示。清代以復古爲解放的新漢學，是對晚明世俗享樂社會環境下產生的學術理論的反撥，清初遺民對明亡緣由的思考，當然首先也是從距離最近的晚明開始，他們對晚明社會風氣和學術的否認，自然會把名氣大，創見多的鍾惺作爲批評的首要對象。所以，對其理論的批評波及到對其人格的貶抑，這與清初「新漢學」的新的學術背景和風氣大有關聯。那麼，在這樣的學術背景下，同樣作爲遺民的王夫之，同樣對明亡原因苦苦探究的王船山爲什麼在《詩經稗疏》、《詩廣傳》之外，還會有《詩譯》？爲什麼還會「緊承鍾惺批評《國風》之餘習」，對《詩經》進行文學闡釋？

　　王夫之作爲一代遺民，他也生活在明清易代的時代之中，他難道沒有受到清初整個學風的影響嗎？他難道對鍾惺之流持贊同意見嗎？答案當然是否定的。

　　他在深刻的明亡反思之後，同樣倡導經世致用，反對束書不觀、尤其是坐而論道、遊談無根、空談性命義理之學。在《薑齋詩話・夕堂永日緒論外編》二二中說：

　　　　良知之說充塞天下，人以讀書窮理爲戒。故隆慶戊辰會試，《知之爲知之不知爲不知》文，以不用《集注》，緣此而求之一轉。取士教不先而率不謹，人士皆束手不觀；無可見長，則以撮弄字句爲巧，嬌吟寒吃，恥笑俱忘〔註90〕。

可以看出他對束書不觀，撮弄字句的人的鄙夷和批評，也可看出他對心學的痛恨。梁啓超就評價他「攻王學甚力」〔註91〕，他對心學尤其痛恨，是因爲

〔註89〕劉毓慶，從經學到文學：明代《詩經》學史論〔M〕，北京：商務印書館，2001：345～359。

〔註90〕王夫之，詩譯（《船山全書》本）〔M〕，長沙：嶽麓書社，1996：852。

〔註91〕梁啓超著，夏曉虹點校，清代學術概論〔M〕，北京：中國人民出版社，2004：

他認爲其歪曲了儒學的經典大義，沾染上佛學的風氣，失去了其原始要義。他說：「降及正、嘉之際，姚江王氏始出焉。則以其所得於佛老者，殆攀是篇（指《中庸》）以爲證據，其爲妄也既莫之窮詰，而其失之皎然易見者，則但取經中片句隻字與彼相似者以爲文過之媒。至於全書之義，詳略相因，鉅細必舉，一以貫之，而爲天德王道之全者，則茫然置之而不恤。迨其徒二王，錢、羅之流，恬不知恥，而竊佛老之士苴以相附會，則害愈烈，而人心之壞。世道之否，莫不由之矣。」〔註92〕他一再指明王氏之學恬不知恥，禍害國家，「王氏之學，一傳而爲王畿，再傳而爲李贄；無忌憚之教立，而廉恥喪，盜賊興，皆惟怠於明倫察物而求逸獲。故君父可以不恤，名義可以不顧，陸子靜出而宋亡，其流禍一也。」〔註93〕正是因爲這種學術對於社會秩序的消解，對於人倫道德的放縱，使社會風氣敗壞，導致國家滅亡，正是在這個層面上他對心學尤爲痛恨，也正是在這個邏輯上他對鍾惺也提出了批評。他在《讀通鑒論·敘論三》中說道：

> 聞其說者，震其奇詭，歆其纖利，驚其決裂，利其呴嘔，而人心以蠱，風俗以淫，彝倫以斁，廉恥以隳。若近世李贄、鍾惺之流，導天下於邪淫，以釀中夏衣冠之禍。豈非逾於洪水，烈於猛獸者乎！

〔註94〕

可以看出他對心學，鍾惺之流的批判，著眼於他們對社會風氣的敗壞，「導天下於邪淫」，使「人心以蠱，風俗以淫，彝倫以斁，廉恥以隳」強調的是學術的外在負面影響。因此，與顧炎武等人一樣，他也批判王學末流，但顧炎武強調的是王學的空疏，要將學術往實用之學，考據實證的路數上引，他強調的是王學帶來的外在社會消極影響，兩者批判的維度存在細微的差異，而對於王學本身內容，王夫之主要批判他屢入佛學禪宗之語，使聖人學問沾染上流俗纖巧之風氣。他在《俟解》中言：

> 侮聖人之言，小人之大惡也。自蘇明允以斗筲之識，將《孟子》友分條合，附會其雕蟲之技；孫月峰於《國風》、《考工記》、《檀弓》、《公羊》、《古梁》效其尤，而以纖巧拈弄之，皆所謂侮聖人之言也；然侮其詞，猶不敢侮其義；至姚江之學出，更橫拈聖言之近似者，

147。
〔註92〕王夫之，禮記章句（《船山全書》本）〔M〕，長沙：嶽麓書社，1996：1246。
〔註93〕王夫之，張子正蒙注（《船山全書》本）〔M〕，長沙：嶽麓書社，1996：371。
〔註94〕王夫之，讀通鑒論（《船山全書》本）〔M〕，長沙：嶽麓書社，1996：1178。

摘一句一字以爲要妙，入其禪宗，尤爲無忌憚之至。讀《五經》《四

書》，但平平讀去，涵詠中自有無窮之妙。心平則敬，氣平則靜，眞

如父母師保之臨其上，而何敢侮之〔註95〕。

他指責王學使聖人之數的權威掃地，人們讀它們「無忌憚之至」。更值得注意
的最後一句，他的建議是「涵詠中自有無窮之妙」，使心靜、敬，這明顯回到
了以文學吟詠感受的眼光讀經的方式。由此可見，他批判王學，但並不反對
相對以文學的方式進行學術研究。所以，鍾惺《詩經》評點，這種文學闡釋
的方式並不在他著意批判的範圍之內的。因而，在《薑齋詩話・夕堂永日緒
論外編》第一則就說道：「程子與學者說《詩經》，止添數字，就本文吟詠再
三，而精義自見。作經義者能爾，洵爲最上一乘文字，自非與聖經賢傳融耶
吻合，如自胸中流出者不能。」主張用「文本吟詠」的方式揭示經義，認爲
此爲「最上一乘文字」〔註96〕。

　　總之，雖然王夫之與顧炎武、錢謙益同處於明末清除鼎革的時代，同樣
提倡經世致用之學，但他們在王學批判維度上還是存在細微差別，這種差別
使王夫之並不像他們二者一樣，完全走向考證實學，他還是主張和支持「吟
詠文本」，以文學闡釋的方式闡述經典的，這是他能以詩話的方式評《詩經》，
能承鍾惺餘習作《詩譯》，從而在文藝美學方面取得巨大成就的原因之一。

　　而他能一詩話的方式作《詩譯》，以文學的眼光評價《詩經》的另一個重
要原因就是他系統的詩學思想和文藝美學思想。

　　王夫之《薑齋詩話》、《古詩評選》、《唐詩評選》、《明詩評選》、《詩廣傳》、
《楚辭通釋》、《相宗絡索》等一系列著作，建立了他相對系統、獨立的詩學
觀。蕭萐父、許蘇民著的《王夫之評傳》第八章有詳細的論述，分爲美論、
詩美創作論、詩美鑒賞論三大部分，不論是鑒賞還是創作或是美本身，他圍
繞的是詩學這個中心主題，是以詩爲主要論述對象的，並非今天意義上的美
學理論。而《詩經》作爲最早的詩歌總集，歷代詩歌發展的源頭，他無法避
開對《詩經》本身進行文學、美學鑒賞。

　　《詩譯》卷一第一則他就說：「故漢、魏以還之比興，可上通於風雅，
《檜》、《曹》而上之條理，可近譯以三唐。元韻之機，兆在人心，流連跌宕，

〔註95〕王夫之，俟解（《船山全書》本）〔M〕，長沙：嶽麓書社，1996：489。

〔註96〕王夫之，夕堂永日緒論外編（《船山全書》本）〔M〕，長沙：嶽麓書社，1996：
　　　843。

一出一入，均此情之哀樂。必永於言者也。故藝苑之士，不原本於《三百篇》之律度，則爲刻木之桃李；釋經之儒，不證合於漢、魏、唐、宋之正變，抑爲株守之兔苴」〔註97〕。把後代詩歌發展的源頭上溯至《詩經》，確立了《詩三百》的重要歷史地位，並且一種歷史的眼光打通歷朝歷代詩歌的發展，實際上，他就已經不是以經學的眼光看《詩經》，而是以詩歌的性質來定位《詩經》。他評價《詩經》的藝術特徵和審美特點，聯繫後代詩人的詩歌進行比較對照，總結歸納相關的詩歌理論，都必須要求他以文學、詩學的眼光看《詩經》，只有這樣，他的詩學體系才融會貫通，成爲有機的統一體。

王夫之繼承孔門詩教，論詩講究「興觀群怨」。他認爲興觀群怨是詩歌創作的理論，也是詩歌評論的理論，應據以評論全部古典詩歌的雅俗得失〔註98〕。

正是因爲他用文學的眼光才能取得比他同時代的人更大的成就。日本學者青木正兒在其專著《清代文學評論史》第二章「清初尊唐派的詩說」中列出一節，就《薑齋詩話》評論王夫之「最值得注意的是，他提倡把《詩經》當作文學作品看，這一點，在儒家尊崇《詩經》而將它附會於道義，和文學家因受彼的影響，而不敢加與文學的評論傾向中，是頗足珍貴的。」〔註99〕其實，在明末清初求實宗漢風氣下，與其他學者相比，這也是彌足珍貴與難得的。

綜上而言，《詩經》作爲王夫之系統詩學理論的一個極爲重要的淵源，令他不得不以文學的眼光闡述它。而正因爲這種獨特的文學眼光，在這方面，他做出了比黃、顧、錢更高的成就。

另外，在清初三大家中，最爲闇然不彰的就是王夫之。他避居荒野之地，與其他大儒少有接觸，閉門著書，這種相對安靜閉塞的客觀環境也是他能超越當時時代風氣，以文學解詩的一個客觀原因。

自明朝滅亡後，一般以 1651 年爲王夫之人生的重要分界點。把王夫之的經歷分爲兩個時期，1651 年以前爲早期生活，主要是求學、抗清、追隨南明朝廷；1651 年以後的晚期生活主要是避禍、研究、著述。〔註100〕他絕大部分時間就在湖南衡陽的家鄉隱居，潛心著述，筆耕不輟，就現存的著述來看，他至少完成了包括哲學、史學、詩學等 95 種，380 餘卷，約 800 萬字的著作。但在他死後的相當長時間裏，他的學術湮沒無聞，直至康熙三十一年劉獻廷

〔註97〕王夫之，詩譯（《船山全書》本）〔M〕，長沙：嶽麓書社，1996：807。
〔註98〕夏傳才主編，詩經要籍提要〔M〕，北京：學苑出版社，2003：186。
〔註99〕陳淑女譯，清代文學評論史〔M〕，臺北：臺灣開明書店，1969：32～38。
〔註100〕張懷承，王夫之評傳〔M〕，桂林：廣西教育出版社，1997：1。

漫遊兩湖才開始對他予以表彰，直到道光中，《船山遺書》才初次刊行，晚近以來，才躋身清初三大家之列，與顧炎武、黃宗羲並提。如此博聞多學，又志節皎然的學者爲什麼一直沒有被人們發現呢？他的學術爲什麼沒有廣聞於天下？

　　晚清學者鄧顯鶴將王夫之學術思想湮沒不彰的原因歸結爲他本人的堅貞自埋和門人故舊的無力推挽，「先生竄身瑤峒，絕迹人間，席棘飴荼，聲影不出林莽，門人故舊，又無一有氣力爲之推挽，歿後遺書散佚，後生小子，至不能舉其名姓，可哀也矣。」〔註 101〕梁啓超先生以「畸儒」稱王夫之，說他「以孤介拔俗之姿，沉博多聞之學，注經論史，評騭百家，著作等身，巍然爲一代大師，雖然，壤地偏僻，與東南文物之區不相聞問，門下復無能負荷而光大之者，是以其學不傳」〔註 102〕，我們尚且不論他死後學術的流傳，單就他當時治學的狀態而言，就是非常孤苦的。「席棘飴荼，聲影不出林莽」，置身僻野之地，「絕迹人間」「孤介拔俗」「與東南文物之區不相聞問」，與外界很少有交往，門下弟子又沒有十分卓越的，可與他談學論道，所以，他是在一種極爲偏狹、靜寂的環境中治學的。

　　他自己也不喜歡拉幫結派，建立門庭，反對門戶派別之見，在他的《薑齋詩話・夕堂永日緒論內編》中他一再反對立門庭，「立門庭者必飣飣，非飣飣不可以立門庭」〔註 103〕，他還引用俗語進行說明，曰「李文饒有云：『好驢馬不逐隊行』。立門庭與依傍門庭著，皆逐隊者也」〔註 104〕，所以，就學術處世而言，他也是好獨立的，屬於隱士型學者。這種態度與他的家庭教育也有關，「崇禎初，文士類以文社相標榜，夫之兄弟亦稍與聲氣中人往還，先君知之，輒蹙眉而不歡者經日。……大約窺先君之志，以不求異於人爲高，以不屑浮名爲榮。」〔註 105〕所以，王夫之晚年名利之心盡消，與人交往少，專心學術而已。

〔註 101〕鄧顯鶴：《鄧刻船山著述目錄》，轉引自：梁啓超《中國近三百年學術史》，上海：上海三聯書店，2006 年，第 69 頁。

〔註 102〕梁啓超，飲冰室合集（第 5 冊）〔M〕，北京：中華書局，1989：76。

〔註 103〕王夫之，夕堂永日緒論內編（《船山全書》本）〔M〕，長沙：嶽麓書社，1996：834。

〔註 104〕王夫之，夕堂永日緒論內編（《船山全書》本）〔M〕，長沙：嶽麓書社，1996：831～832。

〔註 105〕崔海峰，王夫之詩學範疇論〔M〕，北京：中國社會科學出版社，2006：821。

　　在這種狀態下，他才如此高產，建立如此縝密的學術體系，在清初諸儒中，學術也最爲博大。也正是在這種狀態下，他一直處於一個相對內向、個人的世界，與清初學術風氣保持了一定距離和阻隔，沒有完全讓自己的學術納入到「經世致用」、「實學」、「經學考證」的體系中，還能爲「以詩解詩」這種文學闡釋方式在他的學術體系中生存並發揚。

　　他又出入儒、道、佛三教，宗教思想包含天命觀、鬼神觀、佛道觀眾多層面，〔註106〕其中，他闢佛立場堅定，前面論及他對王學的批判有一個內容就是他認爲王陽明心學把佛禪的因素孱入到經學之中，造成經學本義的遮蔽，但他自己卻結交了眾多方外人士，與方以智又爲至交，深受佛道觀念的影響，他「不僅引禪入詩，還常援引禪理及佛教範疇說詩〔註107〕」，如《內編》第五則，評「長河落日圓」初無定景，「隔水問樵夫」，初非想得，則禪家所謂現量也。類似的範疇還有「比量」、「非量」、「種性」等，又如他運用佛教《金剛經》「是故不應取法，不應取非法。以是義故，如來常說汝等比丘，知我說法，如筏喻者，法尙應捨，何況非法」的觀點，說明詩法有如渡河之筏，當達到彼岸筏應捨棄，作詩同樣不能太執著於詩法。「王夫之入佛之深，出佛之新，闢佛之烈，已得到當時和當今人們的肯認」〔註108〕。正因爲他深受佛道薰染，他的思想其實已在不自覺中打上了宗教的烙印。不論佛、道，它們都講究人的內省和靜觀，講究向自己心靈世界進發，這與他孤苦的創作環境相結合，促使他的情感更加細膩，更加能感受到個人主體的存在，能從人的感性層面認識一些問題，而相對獨立的狀態，讓這種趨向相對健康順利的發展，沒有受到外界人事或當時整個學術風氣的干擾。

　　而如果從大的文學脈絡和走向來看，他其實正是繼承了明代心學以及明代中後期以文學釋詩的學術潮流，所以，楊昌濟先生認爲，從「漢學通顯，宋學通微」的觀點來看，王夫之的主要貢獻是在「通微」的義理之學，即宋學的方面。「通微者深思之功也，深則能研萬事微芒之幾。」這也敏銳地看到了王夫之的學說與陸王心學是微妙關係，指出「船山時時闢象山陽明，而其所論致知之功夫，乃與陸王之說合，亦當注意之事也」〔註109〕，他對陸王心

〔註106〕蕭箑父，許蘇民，王夫之評傳〔M〕，南京：南京大學出版社，2002：496。
〔註107〕吳立民，徐蓀銘，船山佛道思想研究〔M〕，長沙：湖南出版社，1992。
〔註108〕蕭箑父，許蘇民，王夫之評傳〔M〕，南京：南京大學出版社，2002：540。
〔註109〕楊昌濟《達化齋日記》，轉引自《船山全書》第16冊，第809頁。

學是一種「肯定式的揚棄」，表面上是揚棄，實質上卻以肯定為主，他的思想與程朱理學相比，其實更接近於高揚人的主體意識的陸王心學。〔註110〕所以，現在許多學者認爲王夫之開啓了近代「人文主義」的光芒，如《王夫之評傳》對其歷史地位的概括就是「他既是宋明道學的總結者和終結者，又是初具近代人文主義性質的新思想的開創者和先驅者」〔註111〕。

（二）極富理論色彩的概念

從王夫之的《詩譯》就可以看出，船山不僅能用文學眼光論詩，還能闡發自己獨有的理論，如：興觀群怨論、「理」論、情景論等等，而他的《詩廣傳》闡述的政治思想、《詩經稗疏》的理論建構，也都有他自己的一套理論概念。《詩譯》的那些詩學理論一般爲大家熟悉，研究成果也相當多，此不再贅述。下文著重論述後兩者的一些理論思想和概念。先看《詩廣傳》，這裡列舉其中的一些重要概念：

1、忠和貞

《詩廣傳》開篇第一則論《關雎》，王夫之就提出了「忠」，「故曰《關雎》者王化之基。聖人之爲天下基，未有不以忠基者也」，《關雎》本是一篇戀愛之歌，即使在毛傳鄭箋傳統的闡釋中，也是認爲它關注的夫婦之倫爲第一要義而置於《詩經》第一篇，王夫之卻能把它引申發揮，與「忠」相聯繫，這裡無意討論《關雎》內容是否與忠相關，從另一個角度說，它表明的只能是王夫之對「忠」的極度推崇和重視。

與「忠」相聯繫的就是「貞」，認爲「無貞者，不恒也」〔註112〕，賢者都是具備了貞情的，「由賢者之異，而知貞於情者怨而不傷，慕而不暱，誹而不以其矜氣，思而不以其私恩也」〔註113〕，不僅有貞情，面對春秋代序、時光流逝，還有貞時，「日月相代於前而不易其素，貞時者也」「不易其素」之「素」其實指的就是「專一之志」，這種持久的專一之志不會因時光的變化而變化，自然也不會因容貌的變化而變化，所以，論《君子偕老》一篇中王夫之又說

〔註110〕侯外廬，中國思想通史（第五卷）〔M〕，北京：人民出版社，1956：43。

〔註111〕蕭萐父，許蘇民，王夫之評傳〔M〕，南京：南京大學出版社，2002：604～605。

〔註112〕王夫之，詩廣傳〔M〕，北京：中華書局，1981：18。

〔註113〕王夫之，詩廣傳〔M〕，北京：中華書局，1981：18。

「姿容非妨貞之具」〔註114〕。而這種「貞」乃是自身具備才德之後自然具有的，並非刻意裝成的或偽飾的。《邶風》論《燕燕》一篇中王夫之具體闡釋了「貞」要具備的內在條件。

匪刻意以貞性，知其弗能貞也。刻意以貞性，猶懼其弗能貞也。孤臣嫠婦，孤行也，而德不可孤，必有輔焉。輔者非人輔之，心之所函，有餘德焉，行之所立，有餘道焉，皆以輔其貞，而乃以光明而不疚。故曰：「《益》，德之裕也。」〔註115〕

孤臣嫠婦要做到「貞」，是有內在之德作為輔助的。王夫之特別強調「輔者非人輔之，心之所函，有餘德焉，皆以輔其貞，」可以看出，外在之「貞」靠內在之「餘德」、「餘道」。這裡又開始觸及到王夫之政治思想的另一個重要概念——「餘」。

2、「餘」與「遽」

船山論詩繼承了鍾嶸「以平為貴」的思想，注重情感的平和含蓄、雅致溫潤。與此相對應，在政治觀點上他主張「餘」而反對「遽」。

「餘」這個概念在《詩廣傳》中首次出現和進行闡釋是第三篇論《葛覃》（注 第二篇論《關雎》有出現與「餘」相關的類似概念「裕」）云：

道生於餘心，心生於餘力，力生於餘情。故於道而求有餘，
不如其有餘情也。……詩者所以蕩滌沾滯而安天下於有餘者也。

〔註116〕

這裡以「餘」為中心，提出了眾多的概念。「餘心」「餘力」「餘情」，指出「於道而求有餘」，「詩者所以蕩滌沾滯而安天下於有餘者也」，可以看出他對「有餘」的強調和重視，「知其有餘，不患其不足；知其不勞，不患其不可求」〔註117〕，只有君主的才德做到了「有餘」，他施政法令才能平和從容，而政治的穩定安定，經濟的發展，又會讓百姓之情「有餘」，從而不會被生活一時的貧困、困難而壓垮，從容地度過難關，從而進一步維持政治的穩定。

與「餘」這個概念觀點相類似的還有「豫」「裕」，如《論東山三》一篇他說：「且聖人者，非獨能裕於情者，其裕於情者裕於理也。」〔註118〕這裡的

〔註114〕王夫之，詩廣傳〔M〕，北京：中華書局，1981：27。
〔註115〕王夫之，詩廣傳〔M〕，北京：中華書局，1981：17。
〔註116〕王夫之，詩廣傳〔M〕，北京：中華書局，1981：3。
〔註117〕王夫之，詩廣傳〔M〕，北京：中華書局，1981：21。
〔註118〕王夫之，詩廣傳〔M〕，北京：中華書局，1981：69。

「裕於情」其實與上面的「餘情」是密切相關的，只有有「餘情」才能「裕於情」。論《漸漸之石》一篇可以看出「有餘」與「裕」的內在關聯。「天下之務成，而百年之日有餘也，群處之人吾徒也，裕於用天下而天下裕，事亦惡乎多阻，人亦惡乎多怨哉？〔註119〕」王夫之又把「裕」與「密」連用，「唯裕也是以可久，唯密也是以自得。自得以行其志而久不逐，可以為天子之大臣矣，《考槃》之『碩人』所以為碩也。諸葛亮密矣，其未裕乎？裴度裕矣，其未密乎？夫裕與密，則用而天下世受其福，不用而天下不激其禍。」〔註120〕這裡「密」應該指「思維縝密」，「裕」聯繫上文「裕於用天下而天下裕」「督弟以友，不如其裕弟」「裕」應該指「使安定」之意，但它又含有使之寬廣安閒的意思，所以，才和「有餘」「碩人」相聯繫。

而「豫」，與它們的內涵有點不同，它強調的應是預先計劃和安排。「被之僮僮，夙夜在公，敬之豫也。『被之祁祁，薄言還歸』，敬之留也。先事而豫之，事已而留之，然後當其事而不匱矣。」〔註121〕「先事而豫之」，強調了「豫」的預先計劃性，「君子之事君也，鴻豫以為志，危怵以為情。鴻豫以為志，故世雖降，主德雖衰，上下之交雖未孚，而無枉道之從。危怵以為情，故世雖盛，主德雖賢，上下之交雖密以邇，而無憺忘之心也。」〔註122〕這裡要表達的正是心存憂懼，盛世不溺於安逸，心存遠大的謀略計劃，亂世不失之信念。

「有餘」、「裕」、「豫」三者內涵存在一定的差異，但它們都指向一種相對平和安定的政治原則，使「用而天下世受其福，不用而天下不激其禍」，從而維持相對持久的政治。做到了「豫」，才能達到「裕」的狀態，從而實現「有餘」的結果。

與「有餘」相對的則是王夫之極力反對的「遽」。「奚以知人之終為禽狄也？遽而已矣。……小人營焉，禽狄奔焉。」〔註123〕人與禽獸相區別的，在王夫之看來，正是「遽」，所謂「天下有遽食遽色而野人禽，天下有遽仁遽義而君子禽，遽道愈工，人道愈廢」〔註124〕，遽食遽色、遽仁遽義使君子變成

〔註119〕王夫之，詩廣傳〔M〕，北京：中華書局，1981：14。
〔註120〕王夫之，詩廣傳〔M〕，北京：中華書局，1981：30～31。
〔註121〕王夫之，詩廣傳〔M〕，北京：中華書局，1981：9。
〔註122〕王夫之，詩廣傳〔M〕，北京：中華書局，1981：105。
〔註123〕王夫之，詩廣傳〔M〕，北京：中華書局，1981：61。
〔註124〕王夫之，詩廣傳〔M〕，北京：中華書局，1981：44。

小人，人變成禽，所以「遽而成，君子弗爲」〔註125〕。賢君、賢臣則應努力做到「無遽」「故古之大有爲者……賢君甚愛其情，賢士甚愛其君之情，無遽焉耳。〔註126〕」與「遽」類似的還有「悁急」，因此，王夫之一直勸誡要「無悁急」，「元化無悁急之施，君子無切之求」，「萬物之才盡，天下之情輸焉，非知道者弗能與也。」「故以悁急而盡天下之才，則天下之才疑以沮；以悁急而盡天下之情，則天下之情燥以薄」，「儀之潤、度之溫、相感之微，群心乃以勸於酬酢而不疑。」應以溫潤代之悁急，才能得天下。

總之，王夫之一直在強調「有餘」、「裕」、「豫」，反對「遽」、「悁急」，但這些似乎只觸及到了問題的兩端，就像一個天平，只是在擡高「有餘」一端，壓低「遽」的另一端，並沒有使天平處於一個平衡的狀態，也就是說，從「遽」到「有餘」這中間有沒有可以實現轉化的途徑呢？王夫之提出的解決辦法是「舒」。《論小弁》一篇他詳細闡明了「舒」的重要，現節錄如下：

> 治不道之情，莫必其疾遽於道，能舒焉其幾矣。「君子不惠，不舒究之」，不舒而能惠者眇也。奚以明其然也？情附氣，氣成動，動而後善惡馳焉。馳而之善，曰惠者也。馳而之不善，曰逆者也。故待其動而不可挽。動不可挽，調之於早者，其惟氣乎！

> 氣之動也，從血則狂，從神則理。故曰「君子有三戒」，戒從血之氣也。六腑之氣，剽疾之質，速化而成血，挾其至濁而未得清微者以乘化，而疾行於官竅之中。濁，故不能久居而疾，未能清微，故有力而剽。是故陰柔也，而其用常根。很非能剛也，迫而已矣。血者，六腑之躁化也。氣無質，神無體，故不能與之爭勝，挾持以行而受其躁化，則天地清微之用隱矣。清微之用隱，則不能不舒。重濁之發鶩，則觸於物而攻取之也迫。其能舒也，則其喜也平，其怒也理；雖或不惠，末之很矣。其不能舒而迫也，則其喜也盈，其怒也憤，很於一發，未有能惠者也。末之能惠，而欲遽以之惠，清剛之不勝久矣。是故欲治不道之情者，莫若以舒也。舒者，所以沮其血之躁化，而俾氣暢而清微，以與神相邂逅者也。〔註127〕

「欲治不道之情者，莫若以舒也」，「舒」乃是解決不道之情的根本辦法。因

〔註125〕王夫之，詩廣傳〔M〕，北京：中華書局，1981：44。
〔註126〕王夫之，詩廣傳〔M〕，北京：中華書局，1981：89。
〔註127〕王夫之，詩廣傳〔M〕，北京：中華書局，1981：93～94。

為只有「舒」，才能溫血暢氣，使五臟六腑重新歸於調和的狀態，才能回歸到「裕」而「有餘」的狀態。所以，他說：「是故古之王者，非遽致民也，暢民之鬱，靜民之躁，調其血氣以善其心思，故民歸之而不離。」〔註128〕繼續沿用了他的氣血理論，強調「非遽致民」，而應「暢民之鬱，靜民之躁」，才能使「民歸之而不離」。

　　這裡筆者以大量篇幅論述了「遽」、「有餘」以及中間轉化的途徑「舒」的理論，強調王夫之平和中正、溫潤雅致的政治理想，反對過於直白刻露、躁動惝急。上文我們提出他繼承鍾嶸「以平為貴」的思想，所以，在文學主張上，王夫之稱許的正是風格平正典麗的詩人。他認為「言愈昌而始有則，文愈腴而始有神，氣愈溫而始有力」，「東周之季，大曆之末，刻露卞躁之言興，而周唐之衰極矣。〔註129〕」講究「言有盡而意無窮」，含蓄蘊藉地表達思想，曰：「有求盡於意而辭不溢，有求盡於辭而意不溢，立言者必有其度，而各從其類。」又明確說明詩之定位在於「辭必盡而儉於意〔註130〕」，因此，王夫之並不認可曹植、杜甫、韓愈等我們現在看來非常傑出的詩人。他說：「曹植自以為周公孰曰非周公為？杜甫自以為稷契，孰曰非稷契焉？韓愈自以為孟子，孰曰非孟子焉？驕己以驕天下，而坦然承之，暴潦之興，不憂其涸，吾惡乎無疑而不代之惄邪？文章之變，古今亦略可見矣。周至吉甫而《雅》亡，漢訖曹植而詩亡，唐之中葉，前有杜、後有韓，而和平溫厚之旨亡。衰而驕，驕而衰不可振〔註131〕」，他不認可他們直白顯露的詩風，認為他們喪失了和平溫厚之詩旨。

　　而這種詩歌取向以及對杜甫的態度，與錢澄之正好形成了一個有趣的對比。錢澄之論詩提倡「自然」《孫靜紫遊詩題詞》云：「詩也者，天地間自然之聲，偶會於吾人之情興，遂載諸筆墨以出，實非吾所能刻意以求也。然不刻意求工，而其自然者不出，古人苦吟十年，始就一詩，不知經義錘鍊及其成也，亦只得一自然而已。是自然者，非讀書窮理，體物盡變，則情不眞而詞意不能曲達。〔註132〕」而晚年的錢澄之「詩益工，皆悲愁蒼涼之作，而以

〔註128〕王夫之，詩廣傳〔M〕，北京：中華書局，1981：109。
〔註129〕王夫之，詩廣傳〔M〕，北京：中華書局，1981：37。
〔註130〕王夫之，詩廣傳〔M〕，北京：中華書局，1981：166。
〔註131〕王夫之，詩廣傳〔M〕，北京：中華書局，1981：143。
〔註132〕見劉聲木《萇楚齋三筆·錢澄之論詩文》，轉引自諸偉奇等輯校：《所知錄》，合肥：黃山書社，2006年，第259～260頁。

自適己意為工，嘗對李赤茂曰：「人學工部而無工部之遇，為吞聲之哭，是無病呻吟也。我之遭際不幸，略同少陵，故我之詩，少陵之詩也。〔註133〕」所以被稱為「詩史酸辛錢幼光〔註134〕」，可見，從對杜甫的態度上看兩者存在巨大差異，一貶杜，一崇杜；一要求自然，一求之中正。

但兩者其實都重情。王夫之繼承和發展了言志緣情的傳統，提出要由「心之原聲」發言而為詩：「詩以道情，道之為言路也。情之所至，詩無不至。詩之所至，情以之至。」〔註135〕認為情感與詩歌密不可分，「文生於情，情深者文自不淺」〔註136〕（王夫之《唐詩評選》評張巡《聞笛》），「情深文明」〔註137〕（評柳宗元《別舍弟宗一》），而錢澄之《與張敦復學士書》中也強調人之性情的重要作用，「世變，則風雅不得不變，不變者，其人必無性情，人無性情，可與言詩乎？」〔註138〕《孫靜紫遊詩題詞》又提到「情不真而詞意不能曲達」〔註139〕，所以，兩者都重情，只是在對情的表達形式和風格上存在差異。

3、對「時」的解析

論《抑》「訏謨定命，遠猶辰告」一句時，王夫之解釋為「謨之大，猶之長，命之豫，告之以時」〔註140〕，看來，要做到「命之豫」，「時」（順應天時）也是非常重要的。「上帝居歆，胡臭亶時」，則天之所歆，亦時而已矣，而況於人乎？《論采薇一》一篇中王夫之闡述了戰爭中知時用時的戰略思想。「故善禦夷者，知時而已矣。時戰則戰，時守則守。……禦夷之上策矣。〔註141〕」他對「時」過分強調，甚至放棄了戰或守的計劃，根據時局的變化，戰爭形勢的變化或戰或守，這種戰、守完全因時而動，與作戰計劃的戰守策略無關，似乎有過於誇大「時」的傾向。

〔註133〕見黃容《明遺民錄・錢澄之》，轉引自諸偉奇等輯校：《所知錄》，合肥：黃山書社，2006 年，第 252 頁。
〔註134〕同上。
〔註135〕王夫之，古詩評選（《船山全書》本）〔M〕，長沙：嶽麓書社，1996：654。
〔註136〕王夫之，唐詩評選（《船山全書》本）〔M〕，長沙：嶽麓書社，1996：1025。
〔註137〕王夫之，唐詩評選（《船山全書》本）〔M〕，長沙：嶽麓書社，1996：1115。
〔註138〕錢澄之撰，彭君華校點，田間文集〔M〕，合肥：黃山書社，1998：87。
〔註139〕見劉聲木：《萇楚齋三筆・錢澄之論詩文》，轉引自諸偉奇等輯校：《所知錄》，合肥：黃山書社，2006 年，第 260 頁。
〔註140〕王夫之，詩廣傳〔M〕，北京：中華書局，1981：136。
〔註141〕王夫之，詩廣傳〔M〕，北京：中華書局，1981：122。

　　王夫之論「時」，並不囿於這種因時變化的策略，他又強調「時」內在的貞一，在變化的「時」中，他又看到了不變的方面。

　　　　「魚潛在淵，或在於渚」，時也。「魚在於渚，或潛在淵」，亦
　　時也。夫天下之萬變，時而已矣。君子之貞一，時而已矣。變以萬，
　　與變俱萬而要之以時，故曰「隨時之義大矣哉」，大無不括，斯一
　　也。

　　　　……

　　　　故君子之時，君子之一也。「學以聚之，問以辯之，寬以居之，
　　仁以行之」，括天下之變而一之以時，則時乎淵而我得之淵，時乎渚
　　而我得之渚矣。惡乎遊而不歸，惡乎動而不靜哉？是故君子之與道
　　相及也：一者全而萬者不迷也，其次，專一而已矣。期之於淵，雖
　　或於渚而不恤也；然而又已潛於淵，則得之也。期之於渚，雖或在
　　淵而不慮也；然而又已在於渚，則得之也。〔註142〕

他就「魚潛在淵，或在於渚」「魚在於渚，或潛在淵」之詩進行引申發揮，認為天下萬物的變化在於時，但他又提出，君子之貞一也在於時，君子應時而變，本身這種變化又是君子本質貞一的表現，也就是說，君子之變又是以他的不變（貞一）為前提的，而他的這種變化本身其實也是在體現君子的不變（貞一），即君子之不變與變形成一種同構關係，這其實還是在運用一個相對的理論，從局部瞬間的角度，君子時時在變，應物而變，但從全局長遠的角度觀照，君子這種變化又不是無根而變，隨性之變，其實它還是以君子內在人格道德的不變的部分為前提的。所以，王夫之說「莫變匪時，莫貞匪時」「知時者，日新而不失其素者也。故先時者乘時者也，後時者因時者也，然後其及時者安時者也。斯則以為時之貞也。」〔註143〕不論「乘時」、「因時」、「及時」，其實貫徹的都是「時」本身，「日新而不失其素「，真正知時的是在每日的變化中又維持了不變的「素」，他們看到的是「時」本身的貞一。可以看到，王夫之在這裡闡述的時之變以及貞有很強的邏輯思辨色彩，這是他論述語言的一個特色。《詩廣傳》有許多這樣的例子。這無形之中又增加了《詩廣傳》的閱讀難度系數，但這卻是他的特色。回到時之貞與變，其實，套用一個日常俗語，也就是「以不變應萬變」，君子是以其內在道德修養這個不變的

〔註142〕王夫之，詩廣傳〔M〕，北京：中華書局，1981：85。
〔註143〕王夫之，詩廣傳〔M〕，北京：中華書局，1981：123。

基礎來應對外在萬事萬物變化的，他的變化也就是他不變的表現。

從王夫之對「時」的探討和界定，我們已經能感受到王夫之語言風格強烈的理論思辨色彩。這也是王夫之與錢澄之兩人論《詩》的一個顯著差異。錢澄之不僅論《詩經》，他的《所知錄》、《田間詩學》、《田間易學》、《田間文集》似乎都只是就事論事，就文論文，雖然他也研治易學，但在他的著述論說中看不到過於理論的強烈思辨的東西，他也從來沒有創造一整套的概念來構造一個相對系統的理論，錢澄之沒有做這樣的嘗試，也許與他倡導「自然」和「平民」的風格（前文有論述）有關，但毋庸置疑，王夫之所做的努力讓他更進一步，如果一定要進行評價，王夫之顯然要更勝一籌。

除了「時」，其實還有比比皆是的例子。現在再略舉幾例，管中窺豹，領略他老莊式的哲學語言。《風雨》一篇論「賢人」，曰「抱賢人之心者，豈能有加乎？亡損而已矣。賢人者，賢於人者也。但賢於人，無賢於己，視諸人之不賢而見賢，視諸人之賢而亦何賢邪？故序《風雨》之詩者曰：『亂世則思君子，不改其度焉。』君子亦猶是度焉耳。」〔註144〕賢人，賢於人？賢於己？是因時而度的。《大雅》第一篇論《文王》「耳所不聞有聞者焉，目所不見有見者焉」〔註145〕，又是類似於時之變與貞的相對參照闡發式的邏輯，又如他重要的一個政治思想，闡述聖人治家與治天下之間的邏輯辯證關係。「聖人之於天下，視如其家，家未有可以言言者也。化成家者，家如其身，身未有待於言言者也」〔註146〕。「王者以天下為家。能舉天下而張之乎？不能也。能昵天下而恩之乎？不能也。苟其不能，則雖至仁神武而固不能也。故《渙》者，無私之卦也，而曰「渙王居，無咎」。張之、弛之、恩之、威之，先行自近，渙乎王居，而固非私也。若夫天下，則推焉而已矣。」「故曰王者家天下，有家也，而後天下家焉，非無家之謂也。〔註147〕」

王夫之的語言是不疾不徐，一氣呵成，手揮五弦式，又加之他喜用對比，多援引史例，這與錢澄之史學參照援引歷史故事作為參考類似。使之他的《詩廣傳》帶有極強的理論光芒。這是錢澄之《田間詩學》無法媲美的，也是王夫之的特色和成果，不過，反過來說，它又增加了讀者的閱讀難度，變成一

〔註144〕王夫之，詩廣傳〔M〕，北京：中華書局，1981：40～41。
〔註145〕王夫之，詩廣傳〔M〕，北京：中華書局，1981：111。
〔註146〕王夫之，詩廣傳〔M〕，北京：中華書局，1981：2。
〔註147〕王夫之，詩廣傳〔M〕，北京：中華書局，1981：86。

個問題。

　　他的《詩經稗疏》同樣有很強的理論色彩，可以用一句話概括——格於物理，察於事理，通於情理。

　　王夫之繼承張載的「氣」論，批判陽明的心學和宋明理學的唯心主義成分，強調「格物致知」，是樸素唯物主義哲學家，這種「唯物主義」的精神和態度，使他格外強調「理」這個概念。《薑齋詩話》作爲「以詩解詩」，用文學眼光研究詩經的論述，他尚且多次強調「理」，讚美古人體物之精。作爲名物訓詁的《詩經稗疏》自然會與「理」發生更大的關聯，在文中，他涉及到了三種「理」：物理、事理和情理。

　　①格於物理。「物理」，強調的是事物本身的自然屬性。王夫之最爲反對臆度猜測，對於具體事物的訓詁，他主張要在充分認識自然事物，瞭解它們的自然屬性之後，再根據文義進行推理，得出結論。

　　《秦風・終南》「有條有梅」首先釋條有二種，一則《毛傳》所云楢，一則《爾雅》所云柚條，梅也有二種，一則今天所說的梅花，一則《集傳》所謂「枏」，枏只見於川、黔，梅花也只有江南多見，柚條也出於湖湘、閩、粵一帶，由此可知，不論條、梅哪一種，都不適於本詩所處的北方地理環境，所以，王夫之根據「終南何有，有紀有堂」詩句的遙望之語氣，推測條、梅於此應不爲樹名。最後他作出結論，認爲「梅當與枚通，小樹之枝曰條，其莖曰梅。」〔註148〕在這裡，他是根據不同種類的條、梅生長的自然環境進行推論判斷的，抓住這個「理」，再與詩意相參照，以意逆志，作出結論。錢澄之《田間詩學》訓梅曰：「通作『枚』，與《汝墳》篇『條梅』義同」，則過於簡約。

　　「螟蛉有子，蜾蠃負之」（《小雅・采薇》）一句，古注一般以爲蜾蠃領養螟蛉之子而養育之，隨著近代自然科學的興起，人們逐漸明白蜾蠃蜂是利用螟蛉之幼子爲養料，養活自己的後代，孫中山在《孫文學說・知行總論》論之曰：「以科學之統系考之……則知蜾蠃之取螟蛉蔽而殪之是也，幽而養之非也。蔽而殪之之後，蜾蠃則生卵於螟蛉之體中，及蜾蠃之子長，則以螟蛉之體爲糧。所謂幽而養之者，即幽螟蛉以養蜾蠃之子也，是蜾蠃並未變螟蛉爲己子也，不過以螟蛉之肉爲己子之糧耳」〔註149〕，這裡明顯打著科學的旗號，

〔註148〕王夫之，船山全書（第3冊）〔M〕，長沙：嶽麓書社，1996：91。
〔註149〕孫中山，孫文學說〔M〕，北京：新時代教育社，1927：57～58。

但實際上，更早的王夫之已對這個問題有相當正確的認識，王夫之在《詩經稗疏》中就引用了陶弘景、陶輔、段成式、韓保升等人的材料，加上他在南嶽親眼所見情形，已經論定螟蛉與蜾蠃之間真實的關係。他運用的正是博聞精思的辦法，還進行了實際考察，客觀地認識自然事物，瞭解其屬性，所以他解釋詩句正是以「物理」的掌握為基礎的，最後他又批評了羅願為了附會小序而進行背於物理的義理闡釋。並感歎說「物理不審，而穿鑿立說，釋詩者之過，非詩之過也。」〔註150〕可見他對「物理」的重視。

②察於事理。對於具體事物，他強調審於「物理」，而對於生活中具體的事件，他則強調符合事理。「事理」講究事情發生發展存在的自然邏輯。

《小雅‧信南山》「中田有廬」一條：鄭箋曰：「農人作廬焉，以便其田事。」曰「便其田事」，則固非農人之恒居矣。乃《韓詩外傳》曰：古者八家而井，廣三百步，長三百步一里，其田九百畝。廣一步，長一步為一畝。廣百步、長百步為百畝。八家為鄰，家得百畝，餘夫各得二十五畝。家為公田十畝，餘二十畝共為廬舍，各得二畝半，八家相保。《詩》曰：「中田有廬」。趙岐《孟子注》云：「廬井邑居各二畝半以為宅，冬入保城二畝半。」朱子謂：「五畝之宅，一夫所受，二畝半在畝，二畝半在邑。」蓋本諸此。〔註151〕接著王夫之仔細考察了古代的田制，並辨析了「宅」與「廬」的區別，「宅」為居民日常居住的地方，不僅僅是為便於田事，而是一家人生活棲息之處，而此處所說顯然為臨時便於農事的「廬」，韓嬰、孫歧顯然把兩者混淆在一起了。

於是他抓住它們的訛誤，順勢進行猛烈的批判故信韓嬰、趙岐不經之說，而不通以事理，幾何不以王政賊天下也。

他們致誤的一大原因在於缺乏生活常識，闡述違背了生活邏輯，即沒有按「事理」進行合理的闡發。

③通於情理。「情理」則是人所特有的理性思維和唯物主義理念。

王夫之作為樸素唯物主義的哲學家，他在閱讀《詩經》進行《詩經》訓詁的時候，是一種相對理性的眼光進行觀照和把握的，他把歷史的演進、朝代的更迭看成人類歷史上一種自然的演進和發展，尊崇人本身，不相信人們編造的神話和傳說，不相信悖逆於人情物理之外的任何虛構和幻想。

〔註150〕王夫之，船山全書（第3冊）〔M〕，長沙：嶽麓書社，1996：127。
〔註151〕王夫之，船山全書（第3冊）〔M〕，長沙：嶽麓書社，1996：138。

　　「生民」一條他批判了「姜嫄履巨迹而有娠」的傳說，使后稷的降生「不以人道」，蒙上了怪誕的色彩。他說「自稷以來，歷數千年，盡四海，何無一特生之人耶？郊禖之禮，天子親往，後率九嬪御。姜嫄既非處子，而與於祈子之列，何以知其無人道哉？」〔註152〕認爲姜嫄「隨帝往祀，祀畢而歸，心大感動，然後迎帝止宿」〔註153〕，從而妊娠，這正是自然之「人道」。然後解釋生民的被棄是因爲帝摯無道，國內大亂，不得已而爲之。

　　而對於另一始祖，商代的契，他也不同意人們相傳的「簡狄吞卵而生契」的故事。在「天命玄鳥」一條他詳細論述了吞燕卵而成胚胎的荒謬，認爲是與高辛合歡而成也。王夫之把長久以來籠罩在祖先頭上神秘而燦爛的光環消弭殆盡，用日常情理顯現它們的怪誕不經和荒謬異常，運用史實和唯物主義思想把它們的降生都重新闡釋回正常的「人道」上，所以他非常不同意把「先祖匪人」解釋爲「先祖非人」，認爲「以不勝亂離之言，而遂詈及先祖，」〔註154〕是市井無賴者之言，實際上他是非常敏感「非人」這樣的很可能引向神話色彩的詞彙，所以他釋「匪人」，爲非他人也。這種大膽的懷疑和創新，需要十足的勇氣和魄力。這當然與他的哲學思想有關，與清初力圖追求眞相、崇古還原的學術風氣有關。（在他看來，這些謬誤的產生都是因爲漢儒的附會，最初毛氏的解釋並不是如此。他說「漢儒好言祥瑞，因飾以妖妄之說，誣經解以附會之，乃使姜嫄蒙不貞之疑，后稷爲無父之子，成千秋不解之大惑」〔註155〕，「乃讖緯之學興，始有謂簡狄吞燕卵而生契者。司馬遷、王逸迭相傳述，鄭氏惑之，因以釋經；後儒欲崇重天位，推高聖人，而不知其蔽入於妖妄。」〔註156〕）但不論怎樣，這體現出王夫之特有的學術精神和風貌，這是以理訓詁的一個極爲閃光的部分。雖然，在闡釋的過程中，王夫之也時有附會和偏誤，如他把后稷的被棄附會到當時動亂的歷史，又把簡狄生契貶損爲「夷狄男女不別，知母不知父，族類不可考，姑借怪妄之說以自文其穢」，認爲與堂堂中國帝王聖賢不可相提並論，雖觸及當時爲母系社會這個關鍵，卻又被他偏頗的夷夏之辯而另生訛誤。可是，這種追求「人理」，唯物主義的態度卻又是非常富有創造性和啓發性的。〔註157〕

〔註152〕王夫之，船山全書（第3冊）〔M〕，長沙：嶽麓書社，1996：182。
〔註153〕王夫之，船山全書（第3冊）〔M〕，長沙：嶽麓書社，1996：182～183。
〔註154〕王夫之，船山全書（第3冊）〔M〕，長沙：嶽麓書社，1996：131。
〔註155〕王夫之，船山全書（第3冊）〔M〕，長沙：嶽麓書社，1996：184。
〔註156〕王夫之，船山全書（第3冊）〔M〕，長沙：嶽麓書社，1996：220。
〔註157〕雷慶翼《評王船山〈詩經稗疏〉》認爲這比朱子還保守落後，認爲他「衛道」，

王夫之在《詩經稗疏》中沿用了「理」的概念，對於物理、事理、人道的重視，凸顯出其個人獨有的學術思想和主張，這種理論性的建構在錢澄之《田間詩學》中則看不到任何蹤迹。錢澄之精通易學、在文學、史學方面都有建樹，但他的成果還只是停留在就事論事、就書論書的層次上，他沒有形成系統的理論主張和思想觀點，而王夫之作爲思想家、哲學家，他可以把所有的成果融合到他的思想體系之下，所以，不論《詩譯》，還是《詩經稗疏》，篇幅都不大，卻還是不時閃耀出理論的光芒，在這一點上，《田間詩學》顯然是無法企及和媲美的。

第三節　與貳臣孫承澤《詩經朱翼》〔註158〕比較研究

通過比較研究錢澄之《田間詩學》與王夫之的《詩經》研究著作，我們可以看到共同特點以及存在的差異，主要是爲了說明共同的遺民身份與他們著作之間存在的一些細微的聯繫。本節將把比較的對象換爲另一個非常特殊的群體——貳臣，選擇的人物是孫承澤，主要是爲了顯現這種截然不同的身份對他們著作的影響和聯繫。希望通過這種雙重比較，可以揭示身份與著作之間的一致性和衝突性，從而更加凸顯錢澄之《田間詩學》的特點，也見出明末清初最爲特殊的兩類人在《詩經》學理論的同和異。

一、孫承澤其人和他的《詩經朱翼》〔註159〕

孫承澤（1592～1676），字耳北，或字耳伯，號北海，又號退谷，晚年自稱退翁，山東益都人。世隸上林苑集，故常自稱北平。明崇禎四年進士，官至刑科都給事中。李自成起義僭位，受僞職爲四川防禦使人。順治元年，又投降清朝，起授吏科都給事中，後官至吏部侍郎。順治十年，楊義劾其素附陳名夏，表裏爲奸，十一年，部議應休致，遂不復用。自此，孫承澤賦閒在家，潛心著述，康熙十五年去世〔註160〕。

在解釋《大雅·生民》和《商頌·玄鳥》二詩中，其程度超過毛、鄭。本文不同意這種評價，認爲這正體現了王夫之的哲學思想和思考探索的精神，是非常有價值的一種觀點。
〔註158〕採用故宮博物院編的故宮珍本叢刊 009 冊，影印本，海口：海南出版社，2000 年。
〔註159〕又名《詩經朱傳翼》。下文有時爲了簡便，簡稱《詩翼》。
〔註160〕王鍾翰點校：《清史列傳·貳臣傳》，北京：中華書局，2005 年，P6597～6598：

　　孫承澤學問賅博，晚年更是足不出戶，閉門著書，成果頗豐，著述等身，主要有二十六種〔註161〕，大致可以分爲四類〔註162〕：

　　1. 經學類：包括《宋五先生學約》、《尚書集解》、《五經翼》、《詩經朱翼》、《孔易》、《考定晚年定論》、《春秋程補傳》；

　　2. 地理類：包括《九州山水考》、《河紀》、《春明夢餘錄》、《天府廣記》；

　　3. 史料類：包括《思陵勤政記》、《思陵典禮記》、《元朝典故編年考》、《山書》、《學典》、《春明夢餘錄》、《天府廣記》〔註163〕；

　　4. 志人類：包括《益智錄》、《藤陰剳記》、《元朝人物志》、《畿輔人物志》；

　　5. 藝術類：包括《硯山齋雜記》、《閒者軒帖考》、《硯山齋珍賞歷代名賢墨迹集覽》、《硯山齋珍賞歷代名賢法書集覽》、《硯山齋珍賞歷代名賢圖繪集覽》、《庚子銷夏記》。

　　《春明夢餘錄》記有明一代的都城掌故、建置形勝、宮殿公署、名迹寺觀，穿插以名人事迹，在當時非常有名，曾經一夜之間洛陽紙貴，是他影響比較廣泛的一書。而最後藝術一類，則是孫承澤的強項，前面幾類著作，《總目提要》多有微詞，如論經學類的《五經翼》，「然議論多而考證少，亦異於先儒專門之學。」引王士禎《池北偶談》所記，曰：「承澤自言《五經翼》是十五年前所撰，不過集諸經序論耳，無當經學也，是承澤亦有自知之明。」〔註164〕把孫承澤經

　　　主要根據的還有《四庫全書·尚書集解》提要中王崇簡《光祿大夫太子太保都察院右御史吏部左侍郎孫公承澤行傳》（下簡稱《行傳》），轉引自孫承澤：《天府廣記》，北京：北京古籍出版社，1982，第1頁。

〔註161〕這裡的二十五種，主要是《四庫》著錄的數量，根據王崇簡《行傳》，他的著述多達四十種。因爲只有對書的內容有認識之後，才能順利進行闡述分析，所以，這裡主要就以此二十五種作爲論述的基礎。《道德經參補注釋》是否爲孫承澤所作，暫時無法確定，暫不列入。張青《館藏孫承澤的四部書稿本述略》圖書情報論壇2003年第3期，五卷，稿本歷代圖繪挈要四種根據內容、字體、紙張、版式、諱字等各個方面的信息，認爲是孫承澤所作。不過，這個問題還是有待進一步的考證，這裡也暫時不列入。

〔註162〕這裡的分類只是就書的對象、內容進行大致分類，以便後文的闡述，並非嚴格的分類。

〔註163〕《天府廣記》與《春明夢餘錄》的性質其實比較類似，都是以明朝京城——北京爲主題，同樣輯錄了大量當時文獻資料，但兩者各有側重，《四庫全書總目》把前者歸入子部雜家類，後者則放在史部地理類，可以看出兩者細微的差別，前者更爲駁雜，後者則類似地方志，但從二書的內容來看，都是以地理爲綱，以文獻進行勾連，所以此二書同時列入筆者所分的地理類和史料類。

〔註164〕孫承澤，五經翼（《四庫全書存目叢書》本）〔M〕，濟南：齊魯書社，1997：

學類的代表著作《五經翼》，借他自己所言，直接批之「無當經學」，可見一斑。但《硯山齋雜記》一書的提要則說：「承澤雖人不足道，而於書畫古器則好事賞鑒，兩擅其長，其所收藏至今爲世所重。〔註165〕」可見，孫承澤對書畫古器的鑒賞力是比較好的，並且得到了時人的認可。綜合上面兩方面，可以看出，孫承澤擅長的主要是在藝術、地理、文獻等諸方面，而對於經學的研究其實並不是十分出色的。而我們接下來將要論述的對象正是他經學類的一種——《詩經朱翼》，從上面對他整體創作狀況和優缺點的認識，似乎我們已經可以對《詩經朱翼》的水平、地位有一個大致的定位。對於《詩經朱翼》，其實《四庫總目》也有一個提要，現引錄如下：

> 承澤初附東林，繼降闖賊，終乃入於國朝。自知爲當代所輕，故末年講學，惟假借朱子以爲重。獨此編說詩，則以「小序」、《集傳》並列，而又雜引諸說之異同，窺其大意，似以《集傳》爲未愜，而又不宜訟言，故輒預模稜，不置論斷，紛紜糅亂，究莫名其指歸，首鼠兩端，斯之謂矣〔註166〕。

顯然，與上面的分析還是非常切合，給出的評價不高，多負面之語。但這段話還給我們一個感覺就是，孫承澤做學問與爲人一樣，首鼠兩端，沒有定則。換句話說，這段評價從介紹他人開始就已經定下了基調，後面對《詩經朱翼》的評價並沒有脫離這個藩籬，相反，正是在這個基調上進行評價的。所以，在某種意義上說，這個評價還有待驗證，因爲它已經滲入了評價者明顯的主觀傾向〔註167〕。

總之，對於孫承澤的《詩經朱翼》，在他的作品系列和當時的研究狀況中，我們已經可以作出初步的定位和評價，當然，這種定位和評價，我們其實主要根據的是四庫館臣的意見，雖然如上所說，會有他們主觀的因素，但仍不失爲重要參考。所以，筆者仍然把它作爲《詩經朱翼》研究的出發點，下文將圍繞這個點進行辯駁、闡發和論述。

108。

〔註165〕孫承澤，硯山齋雜記（《文津閣四庫全書》本）〔M〕，北京：商務印書館，2005：47。

〔註166〕永瑢等，欽定四庫全書總目〔M〕，北京：中華書局，1965：144。

〔註167〕戴維，詩經研究史〔M〕，長沙：湖南教育出版社，2001年，第522頁，「這是紀曉嵐筆因人而恥其學，並非持平之論」。

二、《詩經朱翼》文本研究

要對《詩經朱翼》有一個相對客觀的評價，首先還是得回到《詩經朱翼》的文本自身。通讀《詩經朱翼》，應該說，它的特點還是比較明顯的。

1. 問題的提出：是專宗朱子，還是「小序」、《集傳》並列

根據四庫提要，「故（孫承澤）末年講學，惟假借朱子以爲重。獨此編說詩，則以「小序」、《集傳》並列，而又雜引諸說之異同」〔註168〕，這裡提到了兩個信息，一是孫承澤自知身爲貳臣，爲人所輕，所以末年是以朱子爲自重，尊朱崇朱，以獲得一批理學派的認同〔註169〕；二是一直以朱子爲重的孫承澤在《詩經朱翼》這本著作中，卻「一反常態」，論詩是「小序」、《集傳》並列，並且還引用了其它各種不同的說法，而因爲受第一個心理因素的影響，「以《集傳》爲未愜，而又不宜訟言，故戴預模棱，不置論斷，紛紜糅亂，究莫名其指歸，首鼠兩端」〔註170〕，最終紛紜複雜，失去了比較明晰的自己的觀點和傾向，使人摸不著頭腦。總之，照《四庫提要》看來，《詩經朱翼》並非專宗《集傳》，恪守朱子，而是《小序》、《集傳》並列，而是雜引諸說，概括而言，其實是頗能代表清初《詩經》學發展趨勢的「漢宋兼采」之學。

洪湛侯先生的《詩經學史》論清前期的《詩經》研究，「看到的是『詩經宋學』的日漸衰微，『詩經清學』的逐漸崛起」，並且認爲在清前期近八十種《詩》學著作中，「居然看不到一部像宋元時期那樣堅守朱學尺寸不逾的作品。清前期被視爲《集傳》一派的書籍，都不是專門疏釋或闡述《詩集傳》的論著。有些《詩》家。名爲宗朱，實則自抒己見。例如孫承澤《詩經朱傳翼》」〔註171〕，把孫承澤《詩經朱翼》列爲宋學衰微的典型例證，認爲他「名爲宗朱，實則自抒己見」。後面又說「孫（承澤）、姜（兆錫）、應麟和王承烈，或借朱子以自重，或借宗朱以攻毛、鄭，雖敷衍成文，終究內容平淺，無甚可觀〔註172〕」，再次提到孫承澤「借朱子以自重」，結合上文，可以看出他對孫承澤及其《詩經朱翼》的評價其實正是繼承《四庫總目提要》的觀點〔註173〕。

〔註168〕永瑢等，欽定四庫全書總目〔M〕，北京：中華書局，1965：144。

〔註169〕劉仲華，試論清初降臣孫承澤與理學家的學術交往〔J〕，唐都學刊，2007，23（6）。

〔註170〕永瑢等，欽定四庫全書總目〔M〕，北京：中華書局，1965：144。

〔註171〕洪湛侯，詩經學史〔M〕，北京：中華書局，2002：469。

〔註172〕洪湛侯，詩經學史〔M〕，北京：中華書局，2002：469。

〔註173〕當然，在繼承之外，我們也應看到他的論述與《提要》的區別，首先，《四庫》

因此，他不認爲《詩經朱翼》是專宗朱子之書，相反，它體現的是「詩經宋學」的式微，「詩經清學」的崛起，所以，實際上還是與清初「漢宋兼采」相聯繫。

與此相對立，另外一本詩經學史類著作——戴維《詩經研究史》，則以孫承澤的《詩經朱翼》爲宗《集傳》之學的代表。他說：「清初《詩經》學界，已普遍表現出漢宋兼采的形勢，但還有部分人恪守朱《傳》，爲之作疏作注，反對漢學，其主要代表是孫承澤《詩經朱傳翼》以及康熙御定《詩經傳說彙纂》。〔註174〕」

那麼，到底《詩經朱翼》是專宗朱子還是「小序」、《集傳》並採？這個問題是研究《詩經朱翼》的核心問題，弄清楚了它，我們就能把握《詩經朱翼》的「內在精神和靈魂」，從而對《詩經朱翼》有一個最爲直觀又最爲重要的認識。

就筆者看來，《詩經朱翼》其實是專宗朱子之學，它的確是清初《詩經》學界宗《集傳》之學的代表。這在《詩經朱翼》的文本本身已經給出了答案。

2. 宗朱的具體表現

《詩經朱翼》對朱子的推崇，首先從題名就可以看出來。翼，乃用的「輔助」之意〔註175〕。他有另外一本重要的經學著作——二十卷的《五經翼》，也是以「翼」命名，此書乃是雜取前人對《易》、《春秋》、《詩》、《春秋》、《禮》諸經論著的序跋編纂而成，選擇了在他看來對五經理解比較重要的一些著作和篇目，集諸經序論以闡發五經，「翼」用的正是這個義項。同樣，《詩經朱翼》之「翼」也是爲了輔助闡發，只是不同的是，他闡發的對象變成了單獨一經之《詩經》，他闡發的途徑不再是集合前人諸經序論，而主要是通過朱熹《詩集傳》和一些前人觀點，以及他自己的一些串釋。所以，「朱（傳）翼」在這裡其實有兩層含義，一是以朱子《集傳》「翼」《詩經》，二是通過孫承澤的引述闡發「翼」朱傳。

雖然認爲晚年的孫承澤以朱子自重，但對於《詩經朱翼》其實他用的是轉折語氣，其實否定了他這本書「以朱子自重」。還有對於洪先生所說的「名爲宗朱，實則自抒己見」，這裡的「自抒己見」顯然與《四庫》所說的「齦齦模棱，不置論斷，紛紜糅亂，究莫名其指歸，首鼠兩端」是矛盾的。

〔註174〕戴維，詩經研究史〔M〕，長沙：湖南教育出版社，2001：521。

〔註175〕古代漢語詞典編寫組編，古代漢語詞典〔M〕，北京：商務印書館，1998：1862。

當然，第二層含義是第一層含義的深入，我們進行了進一步的延伸，就
孫承澤自己的主張看來，主要是第一種含義。這種以經論經（以朱傳翼《詩
經》）的方式是孫承澤一向比較認可的一種方式。在康熙六年所作的《孔易》
自序中，他就明確提出了要「以經還經，以聖證聖」〔註176〕，《詩經朱翼》的
創作沿用了這種理念，這在他康熙十一年的自序中可以看出來：

> 朱子注經之法，不以己意解經，而以經還經。余顧學焉，不敢
> 以己意衍傳而以傳還傳。俾學者觀小序之說如是，朱子之說如是，
> 上合之於經文，固有不費詞說洞然於心而無疑者矣〔註177〕。

所謂「以經還經」，是指朱熹解釋《詩經》時能回到《詩經》文本自身，簡潔
明瞭，不牽強附會；所謂「以傳還傳」，是指在《詩翼》的寫作過程中，回到
朱熹《詩集傳》本身，不作過多的個人衍生發揮。在孫承澤看來，回到《詩
經》文本，回到《詩集傳》本身，就已經能把握住詩歌內在的眞意，不需要
過度的闡述發揮，所以能「不費詞說卻洞然於心」。這其實是完成了一個闡釋
的循環，首先他認爲只有朱熹的《詩集傳》是回到了《詩經》文本自身，在
這個條件下，當然，只要也只有回到《詩集傳》，就能也回到《詩經》。所以，
在自序的最後，他說道，「故翼朱者翼經也，吾黨其共勉焉。」〔註178〕正是這
個互爲條件因果的闡釋循環，孫承澤爲通過翼朱來解釋《詩經》找到了一個
正當的理由和有力的支撐。

所以，通過對《詩經朱翼》題名的解釋，認識到背後他的理論支撐系統，
應該說已經比較明瞭地體現出《詩翼》對朱子的推崇了。

其次，從《詩翼》的詩學觀點和理論來看。在《詩翼》卷首的《朱子詩
旨》中，雖然是對朱子詩旨的闡釋，我們還是能看到孫承澤對一些詩學理論
問題的看法，從而能瞭解他個人一些詩學觀點和趨向。

一方面，孫承澤對毛詩、大小序都提出了懷疑和否定。他說：「本朝三十
餘家，無非推尊毛鄭，崇尚小序，學者惑於同，而忘其異，遂信其傳之之果
的也。」而毛萇所謂的傳於子夏之說，承澤從年齡的推算上予以了否定，而

〔註176〕孫承澤，孔易（《四庫未收書輯刊》本）〔M〕，北京：北京出版社，2000：5
　　　　～6。
〔註177〕孫承澤，詩經朱翼（《四庫全書存目叢書》本）〔M〕，濟南：齊魯書社，1997：
　　　　437～438。
〔註178〕孫承澤，詩經朱翼（《四庫全書存目叢書》本）〔M〕，濟南：齊魯書社，1997：
　　　　438。

「陸機雖撰毛公相傳之序，上接子夏，而又與《釋文》無一人合。其僞可知。愚是以於毛詩尤不能不疑也。」〔註179〕而更重要的一點在於毛詩的禮義說，在孫承澤看來，正是對於禮義的拘泥，使毛詩對《詩經》的闡釋過於牽強附會，他說道：

> 情者性之用也，情至於窮而性見矣，故曰：「思無邪」，思者，由情反性之路也，此聖人教人學詩之要，非謂詩盡無邪也。毛氏不達其解，而曰「變風發乎情，止乎禮義。」夫止乎禮義，固亦有之，然豈皆止乎禮義者哉？操說如此，故篇篇必求止乎禮義，穿鑿迂滯不通〔註180〕。

戴維對這段話予以了積極的評價，他認爲，孫承澤對《毛詩》解詩務求止乎禮義而致穿鑿的分析，擊中要害，宋儒攻毛時，還沒有如此深中《毛詩》之弊，揭示其穿鑿原因。〔註181〕所以，他在自序中對毛氏充滿了批判，曰：「嗟乎！五經皆以垂教，聖人於《詩》尤諄諄焉。乃三百篇之旨。一夫障之，千有餘歲，不明於天下。昔王輔嗣以棄象之說亂《易》，范甯斥之謂罪深於桀紂。蓋桀紂罪在一時，輔嗣罪流後世也。毛氏之罪，豈在輔嗣下。」〔註182〕

對於大小序，孫承澤也是非常不認可的，大序方面，他「以爲近於勸百諷一而止乎禮義，則又信大序之過者。夫子慮上林侈矣，然自天子蕩然而思以下，猶實有所謂諷也。《漢廣》知不可而不求大車，有所畏而不敢，則猶有所謂禮義之止也。若《桑中》、《溱洧》則吾不知其何詞之諷，而何禮義之止乎？」〔註183〕主要是對大序「勸百諷一而止乎禮義」而致穿鑿附會的做法非常不滿。而《小序》更是破碎不堪，委曲遷就，穿鑿附合，「其後，三家之傳又絕，而毛說孤行，則其牴牾之迹，無復可見，故此序者，遂若詩人先所命題，而詩文反爲困序以作，於是讀者傳相尊信，無敢擬議，至於有所不通，則必爲之委曲遷就，穿鑿而附合之，寧使經之本文繚戾破碎，不成文理，而

〔註179〕孫承澤，詩經朱翼（《四庫全書存目叢書》本）〔M〕，濟南：齊魯書社，1997：444。

〔註180〕孫承澤，詩經朱翼（《四庫全書存目叢書》本）〔M〕，濟南：齊魯書社，1997：435～438。

〔註181〕戴維：《詩經研究史》，長沙：湖南教育出版，2001：522。

〔註182〕孫承澤，詩經朱翼（《四庫全書存目叢書》本）〔M〕，濟南：齊魯書社，1997：435～438。

〔註183〕孫承澤，詩經朱翼（《四庫全書存目叢書》本）〔M〕，濟南：齊魯書社，1997：41。

終不忍明以小序爲出於漢儒也。愚之病此久矣。」〔註184〕

我們看到，他對毛詩、大小序批判的思路其實與朱熹對它們的看法是一致的，都試圖把《詩經》從毛詩的系統中脫離出來，從大小序的附會中剝離出來，還原《詩經》的本來面目，這種一致的思路，當然可以看做是對朱子的支持、贊同和辯護。所以，另一方面，孫承澤一再地表達了對朱子詩論的贊同，對朱熹予以了極高的評價，他說：「昔者朱子破千載之惑，退黜小序，刪夷纏繞，作爲《詩傳》，自詩之湮沒經幾何年，而一旦洗出本義，明白簡直，可謂駿切。」〔註185〕他還引用了一些別人這樣的評價，如宋儒王應麟曰：「朱公《集傳》，宏意眇指，卓然千載之上」〔註186〕，又如元儒吳師道曰：「（詩）至於朱子灼見其謬，汎掃廓清，本義顯白……詩一正於夫子而制定，再正於朱子而義明，朱子之功，萬世永賴。〔註187〕」這種對朱子的推崇，當然是和前一方面他的詩學理論觀念是相輔相成的，不論怎樣，我們知悉了他對毛詩及其序的反對，他對朱子的肯定表彰，所以，從這一點看來，他也不可能像《四庫》館臣所說「《小序》、《集傳》並列」，而應該是專宗朱子。

其三，從文本體例來看。孫承澤的《詩翼》一般是首先列出小序及朱子之說，經常也會引用他人的詩旨的看法，然後會對詩句內容意義進行串釋，最後，如有必要，也還會引用一些人的看法對詩篇某個方面進行評價。可能這種體例選擇，也是《四庫》認爲他「以『小序』、《集傳》並列，而又雜引諸說之異同」、「觖預模棱，不置論斷，紛紜糅亂，究莫名其指歸，首鼠兩端」的原因，因爲這種並列排列式的對舉，如又沒有自己鮮明的觀點，很容易讓人覺得雜亂無章，沒有路數。但實際上，瞭解了孫承澤的用意，我們會有不同的結論。至於「雜引諸說之異同」之論，下文論文本內容會舉出例子，這裡先按下不表，先解決關於「小序」、《集傳》並列的問題。上文已經提到孫承澤對小序的反對批判，那麼爲什麼在《詩翼》文本的寫作過程中，孫承澤還是會把二者並列。這個問題從以下兩點能得到解釋。首先，雖然孫承澤對

〔註184〕孫承澤，詩經朱翼（《四庫全書存目叢書》本）〔M〕，濟南：齊魯書社，1997：42。

〔註185〕孫承澤，詩經朱翼（《四庫全書存目叢書》本）〔M〕，濟南：齊魯書社，1997：43。

〔註186〕孫承澤，詩經朱翼（《四庫全書存目叢書》本）〔M〕，濟南：齊魯書社，1997：42。

〔註187〕孫承澤，詩經朱翼（《四庫全書存目叢書》本）〔M〕，濟南：齊魯書社，1997：44。

小序頗有微詞，但他對小序採取的是一個謹慎的態度，「愚之病（小序）久矣。然猶以其所從來也，……故既頗採以附傳中，而復並爲一編，以還其舊，因以論其得失。」〔註 188〕因爲對小序並不能完全予以否定，他還是把其採入文本中，作爲參考，並能「因以論其得失」。還有一點涉及到孫承澤在《詩翼》體例選擇過程中的用意問題。他在自序中有明確的表述：「余注詩有年，凡三易稿。始取《小序》與朱子之說，並列每篇之首，定其是非，通章大義，業已了然。又就《集傳》略爲推衍，以暢其旨……俾學者觀《小序》之說如是，朱子之說如是，上合之於經文，固有不費辭說，洞然於心而無疑者矣。」〔註 189〕這其實又與上文所論孫承澤「以經還經」的理念相聯繫，在孫承澤看來，並列兩者，顯現兩家的本來面目，然後稍作辨正，「定其是非」，自可以使讀者對這個問題有一個清晰的看法，而不需要再長篇大論。而在實際的文本中，孫承澤其實是一直在稱許朱子對《詩經》各篇主旨的認識，所以，最後，《小序》其實成了一個反襯，它鮮活地表現了毛詩的牽強，表現出朱子的眞知灼見，成爲一種對比的表現方式而已，根本不是爲了說明、表現孫承澤對小序的體認、贊同，所以，根本也就不是四庫館臣所謂的「『小序』、《集傳》並列」，當然，所謂「鼠首兩端」的批評也是不符合實際的。

其四，回到文本本身，宗朱的表現也是比比皆是。

首先，從觀點上看，按照體例，在「序曰」之後，以「朱子曰」的形式，直接採用了《詩序集傳》和《詩集傳》的觀點。直接採自《詩序集傳》的，如《鵲巢》篇，朱子曰：文王之時，《關雎》之化行於閨門之內，而諸侯蒙化以成德者，其道亦始於家人，故其夫人之德如是而詩人美之也。直接採自《詩集傳》的，如《河廣》篇，朱子曰：宣姜之女，爲宋桓公夫人，生襄公，而出歸於衛，襄公即位，夫人思之而義不可往，蓋嗣君承父之重，與祖爲體，母出與廟絕，不可以私反，故作是詩。有時會把《詩序集傳》與《詩集傳》的觀點結合起來。如《大車》篇，朱子曰：非刺大夫之詩，乃畏大夫之詩。周衰，大夫猶有能以邢政治其私邑者，故淫奔者，畏而歌之，如此然其去二南之化則違矣，此可以觀世變也。第一句其實出自《詩序集傳》，後面則來自

〔註 188〕孫承澤，詩經朱翼（《四庫全書存目叢書》本）〔M〕，濟南：齊魯書社，1997：42。

〔註 189〕孫承澤，詩經朱翼（《四庫全書存目叢書》本）〔M〕，濟南：齊魯書社，1997：435～438。

《詩集傳》。

　　另外，在一些其它的關於《詩經》的重要觀點上，也是因襲《詩集傳》。如關於鄭衛淫詩的問題，在《鄭風》之後，他直接引用了《詩集傳》的觀點：「鄭衛之樂，皆爲淫聲。然以詩考之，衛猶爲男悅女之詞，而鄭皆爲女惑男之語。衛人猶多刺譏懲創之意，而鄭蕩然無復羞愧悔悟之萌，故夫子論爲邦，獨以鄭聲爲戒而不及衛，蓋舉重而言也。」後又曰：「近世論詩者，言夫子惡亂雅樂者，惡其聲非惡其詩，不知聲者詩之聲也，寧有聲淫而詩不淫者，此特回互序文，非篤論也。《集傳》定諸篇爲淫詩，劉須溪所謂其識甚遠也。」從這種引述本身可以見出孫承澤對朱子觀點的認同。

　　第二，在材料的使用上，許多也是直接摘自《詩集傳》。如《清人》篇，有一段背景材料，「時狄侵衛，衛在河北，鄭在河南，恐其渡河來侵，故使高克將兵於河上，禦之。《春秋》閔公二年，冬十一月，狄入衛，鄭棄其師是也。」這段材料一字不動地摘自《詩集傳》。也有的在文字次序上略有改動的。如《時邁》篇的最後，有一段歷史材料，「《魯語》曰：金奏《肆夏》、《樊遏》、《渠》，天子以享元侯也。《肆夏》，《時邁》也；《樊遏》、《渠》、《執競》，《思文》也。即《周禮》九夏之三，而其六夏亡矣，是以《頌》不能具。」這段話「《渠》、《執競》」次序是錯誤的，應該前後調轉，正確的應該是《樊遏》，《執競》也；《渠》，《思文》也，有可能是誤筆，或是排版出現了錯誤。

　　第三，《詩翼》也引出了其他人的一些看法、觀點，即《提要》所說的「雜引諸說之異同」，但實際上，它的引用主要著力點還是與朱子觀點的「同」，這些引用大部分其實還是爲了支持、說明、解釋朱子的觀點。如《無將大車》篇，序曰：《無將大車》，大夫悔將小人也。朱子曰：此序之誤，由不識興體而誤，以爲比也。此亦行役勞苦而憂思者之作。後面接著引用了戴岷隱的觀點，曰：詩意未嘗及小人，非悔將小人也。世既亂矣，力微而輒重，無益於事。同樣是批判小序，反過來說，就是加強、贊同朱子之論。又如《楚茨》篇，在列出小序和朱子對於詩篇題旨的看法之後，有引述徐氏的觀點，曰：「此與下三篇，朱子以爲豳雅。豳何以有雅？想周家既王，追述公劉古公時，力農奉祭之事而歌之也。」這是在對朱子所謂的「豳雅」之說進行補充解釋和說明。在此詩的最後，又引用了輔氏的看法，曰：「朱子以《楚茨》之詩，精深宏博，說盡此詩之義。誠敬之至，威儀之敕，鬼神之享，福壽之報，此其所謂精深也。禮樂之備，品物之豐，逮及之遍，施及之遠，此其所謂宏博也。」

同樣也是對朱子所論進行贊同、解釋、說明。

應該說，《詩翼》在小序和朱子所論之外，的確還引用了其他很多人的看法，但他們的作用，似乎就如拱衛月亮的眾星一樣，只是增添月亮的光芒，更加突出朱子的觀點。所以，雖然雜引諸說，也還是在維護朱子的觀點，並沒有出現《提要》所說的「紛紜糅亂，究莫名其指歸」的局面。

第四，《詩翼》在列出眾家之言外，其實孫承澤在音韻、訓詁、名物考證等諸多方面，都幾乎是空白，他主要做的就是串釋詩意，在簡潔明瞭的朱子《詩集傳》解釋的基礎上，把詩意串聯起來，進行必要的展開，補充說明，以使人們更好的理解詩篇。這與他《春秋程補傳》的創作意圖其實有點相似，在此書的序言中，他說，「（其書）終非完編，而又詞義高簡，後學未能盡窺。余於是廣集諸儒之說，妄爲補之。其高簡者重複申明，缺略者細爲繕補。然一探諸儒之長，不敢輕慮一得，至於探微索隱，刪煩芟蕪，頗費苦心，歷寒暑而書成〔註190〕」。朱熹的《詩集傳》自然不存在因爲不是完編而需要繕補的問題，但《詩翼》著眼的可能還是《詩集傳》「詞義高簡，後學未能盡窺」的問題，所以要「廣集諸儒之說」、「一探諸儒之長」、「探微索隱」，重複申明，串聯文意，使《詩集傳》內在的眞意被更多人瞭解，而不是僅僅成爲「臨場沙獵，僅備科舉之用」〔註191〕的科舉之書。總之，在展開、補充、串聯文意這一點上，它依然是以朱熹《詩集傳》爲基礎和旨歸。

最後，賦比興的論定上，也主要是以朱熹《詩集傳》爲參考的。但有十二篇例外。它們是《摽梅》、《北門》、《伐檀》、《匪風》、《東山》、《常棣》、《伐木》、《采芑》、《維天之命》、《武》、《棫樸》、《車舝》，它們的情況可以分爲四類，一類是有一聯或數聯存在出入，如《摽梅》、《北門》、《匪風》、《東山》、《常棣》、《伐木》、《采芑》、《棫樸》等篇；一類是全篇的賦比興標示都與《詩集傳》不一致，如《伐檀》；一類是存在缺略的情況，如《武》、《車舝》；還有一種則是有誤增，如《維天之命》。爲什麼會有這些出入，原因不是很清楚。缺略和誤增的情況還比較好解釋，有可能是筆誤，但對於前兩種情況，似乎應該是作者主觀能意識到的，這裡只能存疑不論。但不論怎樣，這些篇目在

〔註190〕孫承澤，詩經朱翼（《四庫全書存目叢書》本）〔M〕，濟南：齊魯書社，1997：
　　　　1～2。
〔註191〕孫承澤，詩經朱翼（《四庫全書存目叢書》本）〔M〕，濟南：齊魯書社，1997：
　　　　435～438。

三百零五篇《詩經》中所佔的比重還是很低的，可以看出，在賦比興的問題上，孫承澤也是因襲朱子。在《詩翼》卷首《朱子詩旨》的論述中，孫承澤有提到「六義」的問題。曰，「於是詔太師教以六詩，是以詩之爲教最居其先，然其所以爲教者，未有訓詁傳注之克說，不過曰此爲風、此爲雅頌、此爲比興、此爲賦而已，使學者循六義而歌之，玩味其詞意而涵泳其情性。〔註192〕」但後來《詩經》訓詁傳注之學日盛，六義之別反堙，直到程朱才重新認識到其重要性，「故朱子亦以爲古今聲詩條理無出於此，是以《詩集傳》每章之下分別比興賦之三義，而風雅頌姑從其舊。〔註193〕」可以看出，孫承澤對賦比興的問題其實是有清晰地思考的，對朱子在這方面作出的努力他也是有清楚地認識的，所以，在他的《詩翼》中，同樣標舉每章每篇的賦比興的問題，根據的其實主要就是《詩集傳》。

綜上所述，《詩翼》宗朱崇朱的傾向是非常顯明和突出的。

而有些論文所說的孫氏開疑朱風氣之說（「雖未訟言『集傳』，所引他說，雖未置論斷，卻足明己意」），立論並不嚴密。論文舉的例子是《詩·小雅·采薇》，他說，「『序與』『朱子曰』之後便列輔廣之論，以下申述均爲輔氏之意，不言「集傳」，復論他說，孫氏用意甚明，則無須苛求其未明駁朱子矣。結以謝疊山語，非朱之意益明」〔註194〕。而實際上，根據《詩翼》的文本，序曰：「《采薇》，遣戍役也。文王之時，西有昆夷之患，北有獫狁之難，以天子之命，命將率遣戍役以守衛中國，故歌《采薇》以遣之，《出車》以勞還，《杕杜》以勤歸也。」朱子曰：「此詩未必文王之詩，以天子之命者，衍說也。」可以看出，朱子所言，只是否定了詩序把詩作認定在文王之時而已，並沒有對遣戍役的內容進行否定。而後面輔氏和結尾謝疊山所言，也只是就君子、先王能夠深刻的體察戍役者的苦衷，使民悅而歸順之，並沒有涉及《小序》和《詩集傳》不同的關鍵問題——《采薇》是否爲文王時之詩？所以，這個例子並不能說明《詩翼》疑朱。所以本篇論文後來做結論時，也可能意識到它的牽強，最後他評價孫承澤說，「仍爲清初官方詩經學之代表，與統治者聲

〔註192〕孫承澤，詩經朱翼（《四庫全書存目叢書》本）〔M〕，濟南：齊魯書社，1997：43。

〔註193〕孫承澤，詩經朱翼（《四庫全書存目叢書》本）〔M〕，濟南：齊魯書社，1997：43。

〔註194〕陳國安，清初詩經學特徵及其個案研究〔J〕，深圳大學學報（人文社會科學版），2008，25（4）。

氣一致，維護『集傳』，隨處可見，不滿『毛詩』，不遺餘力。」〔註195〕

三、孫承澤《詩經朱翼》與錢澄之《田間詩學》的比較研究

（一）宗朱的原因分析

如果我們要追溯他宗朱崇朱的原因，至少可以從以下三個方面進行分析：其一，如果從他的經學理論體系和研究理路上看，孫承澤秉承和推崇的正是程朱理學，傾心於宋學。《宋五先生學約》論述的對象是宋代周濂溪、程明道、程伊川、張橫渠、以及朱晦菴五人，貫穿的正是清晰的宋代理學的發展軌迹。而在《尚書集解》一書中，力斥馬融、鄭康成，《四庫》提要認爲他是「欲尊宋學，故不得不抑漢儒」〔註196〕。而宋學中的傑出代表當然就是程朱二人，孫承澤對他們二人自是尤爲推重，對於程伊川，孫承澤有《春秋程補傳》一書，因爲在孫承澤看來，「自伊川程子之《傳》出而《春秋》之旨始明。其書者事不盡憑三傳而不盡離三傳，取義不盡拘數例而不盡屛數例，隨事窮理，因理正性，當日之功罪見矣。」〔註197〕但程傳《春秋》由於黨論的關係沒有完成，不是完編，孫承澤於是廣集諸儒之說，爲之作補，「其高簡者重複申明，缺略者細爲繕補〔註198〕」。探微索隱，歷寒暑而成《補傳》；對於朱子，則有《考正晚年定論》二卷，此書針對王陽明《朱子晚年定論》一書而作，「乃取朱子《年譜》、《行狀》、《文集》、《語類》及諸儒辯駁成書」，認爲「朱子年愈晚而事學愈力，辟邪愈堅，寧有一字合於陸氏，一言涉於自悔者？」〔註199〕，這當然是爲了維護朱子理學的純粹性和崇高性。

對於本書，有兩種截然不同的評價，錢馥《書考正晚年定論後》認爲其「考訂精確，陽明先生不能不服」〔註200〕。而《四庫》提要則認爲，「《考正晚年

〔註195〕陳國安，清初詩經學特徵及其個案研究〔J〕，深圳大學學報（人文社會科學版），2008，25（4）。

〔註196〕顧廷龍主編，《續修四庫全書》編纂委員會編，續修四庫全書〔M〕，上海：上海古籍出版社，2002：261。

〔註197〕孫承澤，春秋程補傳（《四庫全書存目叢書》本）〔M〕，濟南：齊魯書社，1997：1～2。

〔註198〕孫承澤，春秋程補傳（《四庫全書存目叢書》本）〔M〕，濟南：齊魯書社，1997：1～2。

〔註199〕孫承澤，考正晚年定論（《四庫全書存目叢書補編》本）〔M〕，濟南：齊魯書社，2001：1。

〔註200〕孫承澤，考正晚年定論（《四庫全書存目叢書補編》本）〔M〕，濟南：齊魯書

定論》初出之時，羅洪先致書守仁所辯，何叔京、黃真卿二書已極爲明晰，是書特申而明之大旨，固不出羅書之外。至謂守仁立身居家並無實學……尤門戶之見矣。〔註201〕」這裡無意要對兩種說法分出高下對錯，其實不論其書質量好壞，都可以見出孫承澤對朱子的推崇和維護，孫承澤是無法忍受王陽明對他所景仰尊崇的朱熹作出那種論斷的，他必須把朱子的理學與陸、王心學進行明確的區分，以保證理學的純一和獨立。因此，孫承澤對朱熹是尤其尊崇和信奉的，他自己曾明確表明他是「師法朱子者也」〔註202〕，這種傾向在《宋五先生學約》中其實就有表現，此書主要是「合朱晦菴《近思錄》及高景逸《朱子節要》二書稍加衰益而成，其類仍存《近思錄》之舊」〔註203〕，可見其實還是以朱子的著作爲中心。所以，孫承澤「平生以尊崇朱子得名」〔註204〕。

　　《詩經朱翼》作爲他在《詩經》方面的經學類著作，自然與上面所說的經學理路和方向是密切相關的，依然推崇宋學，推尊朱子，所以在《詩翼》的自序中，他明確反對《毛詩》及宋代宗毛之作，如《詩記》、《詩輯》等，而對朱子的《集傳》則讚譽有加。當把《詩翼》放在他的經學著作的體系中，結合他的經學觀點和傳承，我們可以找到他在《詩翼》中推尊朱子的原因。這是從經學體系、脈絡而言。

　　其二，就是上文《四庫》提要所明確強調和說明的，「承澤初附東林，繼降闖賊，終乃入於國朝。自知爲當代所輕，故末年講學，惟假借朱子以爲重」〔註205〕。由於氣節有虧，而在學術上力尊程朱，這不僅是能將晚年生活沉浸在經史之中，贏得「老爲經生」、「所學甚正」的口碑。更重要的是，在心理上也提供了一種絕佳的自我認同和肯定的機會，成就的是「不朽之盛事」，因爲，儒學在傳統社會中既是一種可以供學習的知識體系，更是一種包含道、術在內的價值體系。它不僅爲人提供了價值理念，也爲解決人生中的焦慮提供了方法和途徑。而著書立說，尤其是對儒家經典的研究詮釋，也是士人向

社，2001：26。
〔註201〕孫承澤，考正晚年定論（《四庫全書存目叢書補編》本）〔M〕，濟南：齊魯書社，2001：26。
〔註202〕四庫未收書輯刊編纂委員會編，四庫未收書輯刊〔M〕，北京：北京出版社，2000：5～6。
〔註203〕孫承澤，宋五先生學約（《清代稿本百種彙刊》本）〔M〕，臺灣：文海出版社。
〔註204〕顧廷龍主編，《續修四庫全書》編纂委員會編，續修四庫全書〔M〕，上海：上海古籍出版社，2002：261。
〔註205〕永瑢等，欽定四庫全書總目〔M〕，北京：中華書局，1965：144。

社會宣佈自己價值理念，並實施自己價值理想的有效途徑〔註206〕。正是這種強烈的內在推動力，晚年的孫承澤總是日不釋卷，勤於著述，即使臨近去世，目力不及，還撰輯《益智錄》二十卷。所以他的創作，真可謂至死不衰，如他自己所言，「余幼爲諸生，老爲經生」。〔註207〕所以力尊程朱，積極著述，有外在客觀環境和條件的影響、壓迫，是含有某種逼不得已，帶有某種功利性的「轉向」〔註208〕，從而使他的生活變得更有意義。這是從心理動機而言。

其三，如果回到當時的時代，考慮到當時的學術氛圍和趨向，再來考慮孫承澤對程朱理學推崇的原因，也許也能作出一些「有意思」的探索。這是一個很複雜的問題，雖然筆者在本文中總是嘗試對時代學術方向和路數作出描述，但總是不那麼容易和簡單。因爲一個時期的學術風貌很難是單一的、平面化的，何況是明末清初這個特殊的歷史交合點，更是複雜，撲朔迷離。就孫承澤推尊理學，尊崇朱子這個問題而言，我們就能作出兩種不同的解釋。

一方面，就官方學術倡導而言，我們知道，在清初，清政府一直把朱熹宋學視爲正宗，理學尊之，科舉用之，居於當時官方學術的統治地位。於《詩經》，自然也是取法於朱子《詩集傳》，視之爲正統。孫承澤力尊程朱，獨取朱子《詩集傳》，是不是爲了保持與這種主流《詩》學方向的一致？另一方面，就士大夫的學術主張而言，「尊程朱的學術選擇是不是反映了明清易代之際眾多士人在反思現實之後重構學術發展的追求〔註209〕」？正如陸隴其曾說：「每論啓、禎喪亂之事，而追原禍始，未嘗不歎息痛恨於姚江，故斷斷然以爲今之學非尊程朱、黜陽明不可。〔註210〕」

奇妙的是，這兩者竟然達成了一致，那麼孫承澤究竟是屬於哪一種情況？應該說，孫承澤其實乃是受兩者的綜合影響。這是與孫承澤作爲「貳臣」的身份是緊密相關的，明朝和清朝對於他來說，都有特殊的意義，他是無法斷然對抗清朝的政策的，但他也無法割捨對明朝的依戀，所以他這種矛盾的、

〔註206〕劉仲華，論清初降臣孫承澤與理學家的學術交往〔J〕，唐都學刊，2007，23（6）。

〔註207〕張青，館藏孫承澤的四部書稿本述略〔J〕，圖書情報論壇，2003，3。

〔註208〕這裡的「轉向」，指的是因爲貳臣的特殊身份，選擇放棄仕途上的追求，轉而在學術上獲得成就和滿足。

〔註209〕劉仲華，清初降臣孫承澤與理學家的學術交往〔J〕，唐都學刊，2007，23（6）。

〔註210〕陸隴其，魚堂文集（《文津閣四庫全書》本）〔M〕，北京：商務印書館，2005：509。

雙重的心理狀態共同決定了他的觀點、理論和作品取向，這在下文會有詳細的論述。這裡要解決的一個問題在於，經過明清反思的士大夫怎麼會與官方統治者達成學術路數的一致？我們知道，在本文中，如對錢澄之、王夫之論述的時候，一直在強調他們經過明亡的反思，最後要宗經復古，推崇漢代，開始出現漢宋兼采的現象。這是清初一部分人反思的結果，他們多是遺民，觀點比較激烈，可以看出，他們比上面所說的反思之後尊程朱之人，更進一步。上面劉仲華先生所說的反思的士人，其實是與統治者聲氣一致的傳統的理學家，他們力尊程朱，把明亡的原因歸之於心學，在打擊心學的同時，以維護他們理學的正統地位。不能說他們的說法不對，或認為這不是反思的結果，但他們的反思是有限度的，更多地是在維護他們自己所尊崇的理學，而不是著力於長遠的學術的重建和轉型。而孫承澤力尊程朱，結交的正是當時魏裔介、魏象樞、熊賜履、陸隴其、刁包等這樣一批著名的理學家〔註211〕，在與他們的論學往來中，當然肯定深受他們這種「學術反思」的影響。

（二）比較和評價

上面我們分析了《詩翼》宗朱的表現和原因，現在回到正題，把它放在比較的視野中進行評價。

在《詩翼》的自序中，雖然孫承澤一再地表達了希望能探求顯現《詩集傳》真正的價值，而不是只能「臨場沙獵，僅備科舉之用」，但他努力探微索隱的結果似乎並沒有達到「傳」類著作〔註212〕的高水準。他一味宗朱崇朱，切合的仍然是當時統治者的旨趣和科舉考試的規則，最後還是回到了那個時代功利性的需要，仍為清初官方詩經學之代表，在學術的創新方面，與錢澄之、王夫之相比較，則遠遠不足，在訓詁、考證、音韻、字義的辨析，或者從另一個角度的文學分析，都是非常薄弱。他雖然雜引諸家，但從數量上說，並不及《田間詩學》取徑之廣，從質量上言，似乎更多地是列舉掊合，並沒有進行自己的辨析和說明，不論是材料和觀點有許多直接摘自《詩集傳》，缺少新意，他所做的只是在《詩集傳》的基礎上，使詩意明晰貫通，這種簡單的串釋最終讓我們在《詩翼》中，總是很少看到屬於他自己的觀點，從而使

〔註211〕劉仲華，論清初降臣孫承澤與理學家的學術交往〔J〕，唐都學刊，2007，23（6）。

〔註212〕杜澤遜：《文獻學概要》把文獻分為：作、傳、編三類，「傳」類著作主要是闡述經義經旨。

整部書喪失了真正屬於自己的骨架。從缺乏自己觀點和新意方面說，《提要》所言「觚預模棱，不置論斷，紛紜糅亂，究莫名其指歸」是有幾分道理的。在清初，《詩經》學開始出現「漢宋兼采」的現象並逐步向「詩經清學」的方向發展的時期，他固守宋學朱子，並沒有融入這個前進的潮流中，是顯得保守的。而王夫之、錢澄之他們的遺民《詩》學，與之相比，則不論在思想上、感情上、學術取向上更是顯得激進，更具改革的力度。但筆者這裡無意要對他們的《詩經》學研究做出評判，分出高下，本章引入貳臣孫承澤更大的目的在於，是要通過比較，顯現詩學主張和他們不同身份的關聯性，換言之，《詩翼》的保守，固守朱子是不是與他貳臣的身份有關？他貳臣的身份是不是限制了他在《詩經》學的傳述方面，也不能向遺民一樣過於激進和趨向改革？

貳臣是一個非常複雜的群體。當他們做出選擇歸順的決定之後，他們的心理就墜入了一個永遠得不到救贖和解脫的狀態。從外部壓力來說，到了清朝局面穩定之時，當政者對他們也是嗤之以鼻，時人也是輕視異常，如四庫館臣攻詰貳臣，意氣下語，就非常多見，從上面他們對《詩翼》的評價即可見一斑。而對於他們自己，內心的痛苦也非常人可以理解，失節失貞的問題一直會煎熬他們的內心。明朝和清朝就如雙刃，一方面，他們無法斷然對抗清朝當政，另一方面，對於明朝的情感關聯，就如兒子對於母親，永遠割捨不斷，這種進退維谷的局面會讓他們無路逃遁，有雙面性。

就孫承澤而言，他對清朝並非全無感情，在《天府廣記》人物卷，他提及自己被李自成俘虜勸降一事，他說「余死在旦夕，幸皇清大兵入關，逆賊宵遁，余潛回上林，養屙村落」，後蒙清朝「補史科都給事」，「荷蒙再生，以至今日」〔註213〕。可以看出，孫承澤最不願意的是被降大順，所以，對於清朝的搭救、成全和擢用，他是含有感激之情的。順治十一年退休賦閒在家，直到康熙十五年，他的表現也是積極而又低調的，積極地埋頭撰述，低調地做人做事，閉門不出，息影山林，沒有明顯的觸犯當政的行為，所以，從他退休直到他去世，他並沒有受到為官時的所謂的「陳名夏」案的影響，死時，還是被「賜祭葬如例」〔註214〕，還是安享晚年，有一個好結果。因此，從大的方面來說，他對清朝是沒有明顯的不滿和抵制的。

〔註213〕孫承澤，天府廣記〔M〕，北京：北京古籍出版社，1982：486。
〔註214〕王鍾翰點校，清史列傳〔M〕，北京：中華書局，2005：6598。

　　但這不能說他對故明就沒有了任何的情感瓜葛，相反，他對明朝其實一直念念不忘，但這種感情和心緒是非常隱秘的。就以上面所引的《天府廣記》的材料而言，它其實是出自卷三十四，人物卷二的《成德傳》。成德是與孫承澤志同道合的朋友，在1644年李自成攻破北京之時，成德與另一位「同志」馬士奇同時自殺，孫承澤也試圖「自縊」「投井」，但都被救出，後面才有上文清朝的所謂的「搭救」和延用，但就在上文所言之後，他又說道，「一籌莫展，老病告休二十餘年，無所補益於世。今見兩公手簡，從容就義，臨危猶辱推及，慚愧欲死。〔註215〕」他的「慚愧欲死」除了二人「臨危猶辱推及」之外，其實更有對沒有忠實明朝的不安和愧疚。至於他說的「老病告休二十餘年，無所補益於世」，也並非全然如此，至少他著作等身，卷帙浩繁，更重要地是，在這些著作中，有很大一部分是暗含他對明朝的顧念的。我們根據前文所作的他的著作分類，一一予以說明，首先，如他的史料類著作，《思陵勤政記》、《思陵典禮記》記載的主要是明朝崇禎朝的朝政文獻；《山書》是應康熙四年八月上諭的號召所輯成的有關天啓崇禎時行禍事迹及奏疏諭旨；《學典》所載「皆歷代建學設官行禮講學科舉之事，自虞訖明，分年編成，惟前代僅居八卷，而明代之事多至二十二卷……明代一切章疏，毫無關於學典者，乃一概濫入〔註216〕」；《春明夢餘錄》、《天府廣記》則都是記載有明一代都城掌故的。這些都很好地保存了有明一代的文獻資料。第二，關於他的地理類著作，《春明夢餘錄》、《天府廣記》已經有說明，現在來看他的另外兩部，《九州山水考》名則記《禹貢》所載之山水，而其中也是「多附論時事，引明代諸人議論事實以相證佐，如水利海運之類，與經義多不相關，蓋借事抒議，不專為注經設也〔註217〕」；《河紀》紀黃河遷徙始末，截取的卻也是「明弘治年至崇禎十五年有關黃河、運河之事，以及明代官員治水奏疏、防河對策」〔註218〕等等。第三，關於他的志人類著作，《益智錄》記載了「起周訖明凡聖賢名人言行可錄者，銓次為二十卷，而載明人事居三之一」〔註219〕；《畿輔人物志》主要記載的也是明代開國至崇禎 120 人的事迹，魏裔介的序言道出了其

〔註215〕孫承澤，天府廣記〔M〕，北京：北京古籍出版社，1982：486。
〔註216〕孫承澤，學典（《四庫全書存目叢書》本）〔M〕，濟南：齊魯書社，1996：345。
〔註217〕孫承澤，九州山水考（《四庫全書存目叢書》本）〔M〕，濟南：齊魯書社，1997：299。
〔註218〕馬寧主編，中國水利志叢書〔M〕，揚州：廣陵書社，2006 年。
〔註219〕孫承澤，益智錄（《四庫全書存目叢書》本）〔M〕，濟南：齊魯書社，1996：371。

創作的動機：「若夫畿輔一代之人物，即繫明室一代之盛衰」〔註220〕。由此，他五大類著作中有三類與明代是有密切關聯的，從記載明代人物，到保存明代史料，到對明人明事的議論闡發等等，都清楚地顯現出他的明代「情結」。剩下的主要還有兩類著作，一種是藝術類，主要是對書畫古器的賞鑒，關涉的主要是鑒賞的眼光和水平，還有就是賞鑒語言的到位，孫承澤語言雅潔、裁次精審，還是很受時人推崇，就對象的關係，這一類很難進行過多的主觀干預。一種是經學類，這一類我們很難說他有明顯的明代情結，從《宋五先生學約》、《尚書集解》到《詩經朱翼》、《考定晚年定論》、《春秋程補傳》更多的是體現出尊崇宋學的傾向。但非常有意思的一點在於，四庫館臣對於這種傾向和前面著作體現出來的明代情結同樣冠之以「門戶」之名。如對於《學典》大量濫入的明代章疏，他們發出感慨曰：「蓋門戶之見既深，無往不用其標榜也。〔註221〕」又《益智錄》對於承澤「爲萬曆天啓間諸人傳尤詳，然其門戶深固大抵以異同爲愛憎，以愛憎爲是非，不必盡協於公道也〔註222〕」，同樣，對於他的尊崇宋學，也是以門戶之論論之，如《尚書集解》對於孫承澤「尊崇朱子得名，而是書篤信古文，與朱子獨異」的現象，解釋爲「承澤堅持門戶又並排斥之耳」〔註223〕《考正晚年定論》對他尊崇朱子而菲薄守仁，認爲他「拾他事以快報復之私，尤門戶之見矣。〔註224〕」對於故國的關切和堅持宋學，似乎並不是一件事情，卻同樣以「門戶」批評之，反過來理解，可以說，至少在四庫館臣看來，這兩件事情都不合時宜。那麼，這兩件事情有沒有相關的聯繫？這可能又要回到陸隴其說的那句話：「每論啓、禎喪亂之事，而追原禍始，未嘗不歎息痛恨於姚江，故斷斷然以爲今之學非尊程朱、黜陽明不可。〔註225〕所以，尊朱，一方面，我們可以說他是與統治者聲氣一

〔註220〕 孫承澤，畿輔人物志（《續修四庫全書》本）〔M〕，上海：上海古籍出版社，2002：615。

〔註221〕 孫承澤，學典（《四庫全書存目叢書》本）〔M〕，濟南：齊魯書社，1996：345。

〔註222〕 孫承澤，益智錄（《四庫全書存目叢書》本）〔M〕，濟南：齊魯書社，1996：371。

〔註223〕 孫承澤，尚書集解（《續修四庫全書》本）〔M〕，上海：上海古籍出版社，2002：261。

〔註224〕 孫承澤，考正晚年定論（《四庫全書存目叢書補編》本）〔M〕，濟南：齊魯書社，2001：26。

〔註225〕 陸隴其，三魚堂文集（《文津閣四庫全書》本）〔M〕，北京：商務印書館，2005：509。

致，但也可以從另一個角度說，是他心念明朝，心念改革的表現，雖然這種表現不是激進的，不是顯白的〔註226〕，但也是他們學術重建努力的表現，也是他從明朝滅亡的慘痛結果中反思的結果。正是在這一點上，四庫館臣對上面兩種傾向都論之以「門戶」之見，都對貳臣大肆攻詰。

所以，即使《詩翼》宗朱，與王夫之、錢澄之的詩學宗旨取向很不一致，但我們同樣能看到他的遺民情結，但同樣的情結，正是因爲他們一爲貳臣，一爲遺民，一要順應清朝，一完全可以趨向明朝，卻選擇了不同的宗向。至於《詩翼》文本中這種情感的表露，陳國安先生的論文中舉了所謂「寄託懷抱」的一例：如《詩·秦風·蒹葭》結以按語：「此詩蒹葭蒼蒼，白露爲霜，喻秦人肅殺景色也。其時西周人物尚有存者，顧不屑爲時用，故爲人所企慕想望如此。使周東秦霸之時，無此一詩將不成世界矣。夫子錄之，寓意遠矣。」與其云「夫子寓意遠矣」，不如說孫氏寓意晦深矣。按語中家國之思已溢紙表。秦，周之故地。「西周人物」「不屑爲時所用」，無怪乎四庫館臣譏其「降闖賊」，「入國朝」「爲當代所輕」，此正其至痛處。竊以爲承澤精研經史，佯宗朱子，乃不得已爲之，而故國之念，卻時有泄漏〔註227〕。但實際上，就孫承澤而言，他對清朝是有感激之情的，他的生活處境也讓他很少直白的表露出他的故國之念，雖然上面我們列出了他眾多的作品中的明朝情結，但其實他們多是客觀的明朝史料的堆積，並沒有很多的主觀感情的顯露，即使這種主觀感情已經深潤其中，所以，在《詩翼》中我們其實很少能看到上面類似的例子，而這首《蒹葭》也只是「似有朱明舊臣心曲」而已。在這中感情的表露上，孫承澤的《詩翼》與王夫之、錢澄之激烈的感情表達是非常不同的。所以，他們雖同有明朝情結，但具體表現並不相同，同中寓不同，不同中又有同的，呈現這種複雜和交叉才是比較符合實際的，也是筆者比較的眞正目的所在。

上面我們就故明情結的問題，討論了孫承澤作爲貳臣在眾多作品中的曲折的表現，及其在《詩翼》的表現上與錢澄之、王夫之的不同。我們現在再就《易》學在《詩經》中的應用和滲透爲例，來做孫承澤與錢、王二人的比較。在有關錢澄之和王夫之二人遺民《詩經》學的表現中，筆者花了大量的

〔註226〕更爲激進一點的觀點是：清代也有一些人改革、反思的方向是認爲，朱明之亡，乃空談理學之過，故要疑朱難宋，宗漢復古。

〔註227〕陳國安，清初詩經學特徵及其個案研究》〔J〕，深圳大學學報（人文社會科學版），2008：4。

篇幅論述了他們《詩經》學研究中《莊》、《易》的滲透，探討他們以《易》解《莊》，以《莊》聯《騷》的全新的學術迴環，探討他們如何把莊子作爲儒門別傳，納入儒家體系，那麼，孫承澤的《詩翼》有沒有同樣的表現？首先，對於《莊》《騷》的引用、闡發在《詩翼》中是幾乎沒有的，這是一個不同。其次，關於《易》學，其實孫承澤有一部著作——《孔易》。在《孔易》的自序中，他說：「謂讀《易》而求解於三聖，不如求解於孔子。蓋孔子於《易》固無一字不解者，十翼中以大象解羲之畫，以象解文之象，解周之爻」，「眞心體會大義了然，覺孔子之《易》與三聖之《易》靡一不合也」〔註228〕。實際上，就像王夫之把莊子納入到儒家陣營一樣，《孔易》強調的是《易》與儒家思想的關合。《易》作爲儒家經典，其實再證明它的儒家意義其實不是什麼新論。但與王夫之、錢澄之他們一樣，共同的一點在於，他們都把平衡、調解自己內心衝突的東西，強調它們與儒家思想的聯繫，王夫之強調《莊子》來源《易》，錢澄之強調《離騷》與《詩》的聯繫。孫承澤「束髮受易」〔註229〕，晚年更是「日抱大易，讀於荒崖」〔註230〕，《易》其實也是他用來撫平心緒的對象，而《孔易》也是在強調《易》與孔子的關聯。他們三人都對《易》非常瞭解熟悉，所以《詩翼》也一樣，在文本中間有一些引用《易》來進行闡述的例子。但他們三人用《易》，各有風格，王夫之多深入使用易理；錢澄之用的比較簡單，但一般是直接引用《易》辭，在對文字進行解釋說明；孫承澤一則用《易》數量不多，二則多是引用了一些別人用《易》釋詩的成說，他自己並沒有回歸到《易》本身。據不完全統計，《詩翼》中涉及以《易》解詩的有五例：《關雎》、《樛木》、《新臺》、《下泉》、《白駒》，其中，只有《新臺》一篇是他自己把詩篇與《易》相聯繫，但用的是一個非常常用的易理，他說：「《二南》變而爲《邶》，猶泰變爲否也。」其餘的四篇都是在引用別人之說時，涉及易理。最爲典型的還是《關雎》一例。《關雎》在列小序及朱子之言後，就引用了「鄒氏曰，《二南》之首，《關雎》何居？說者曰，夫婦人倫之始，故《易》上經首乾坤，下經首咸恒，《書》美釐降，《春秋》譏不親

〔註228〕參考《孔易》自序，羅琳主編《四庫未收書輯刊》本，北京：北京出版社，2000年，第5～6頁。

〔註229〕參考《孔易》自序，羅琳主編《四庫未收書輯刊》本，北京：北京出版社，2000年，第5～6頁。

〔註230〕參考《孔易》自序，羅琳主編《四庫未收書輯刊》本，北京：北京出版社，2000年，第5～6頁。

迎，皆是義也。」所以，後面孫承澤串釋第一句「關關雎鳩，在河之洲，窈窕淑女，君子好逑」時，就說道：「蓋能敬則能自強不息，純亦不已，所以爲乾之健也；能淑則足以配至尊，奉宗廟所以爲坤之順也。故曰，窈窕淑女，君子好逑，言能體坤道之順以承乾也。」在最後，他又引用了「《詩記》曰，后妃之德，坤德也。關關雎鳩，在河之洲。擬諸形容者也。窈窕淑女，君子好逑，詠歎其眞王者之良匹也。唯天下之至靜，爲能配天下之至健也。」看的出來，解釋《關雎》有以易解詩的脈絡，這種解釋在《詩集傳》本身是沒有的，是孫承澤通過引用而發揮的。這是就《易》在他們《詩經》研究中運用的不同而言。第三，因爲他們不同的身份，其實《易》對於他們三人的意義也並不是一樣的。錢澄之和王夫之坎坷的經歷，艱辛的生活，痛苦無處安頓的心靈，讓他們與《易》其實更加接近，更能體會到內在的《易》理，《易》對於他們也有更大的安撫心靈的意義。但孫承澤雖然也痛苦，但他的生活卻要安適的多，晚年退休他在退谷置辦了別墅，《庚子銷夏記》有一段描繪，可以看做他晚年生活的一個縮影：

> 庚子四月之朔，天氣漸炎。晨起坐東籬書舍，注《易》數行。閉目少坐，令此中澹然無一物，再隨意讀陶韋李杜詩，韓歐王曾諸家文，及重訂所著《夢餘錄》、《人物志》諸書，倦則取古柴窯小枕，偃臥南窗下，自烹所蓄茗，連啜數小盂。或入書閣整頓架上書。或坐藤下撫摩雙石。或登小臺望郊壇煙樹，徜徉少許，復入書捨取法書名畫一二種，反覆詳玩，盡領其致，然後仍置原處，閉扉屏息而坐。家居已久，人鮮過者，然亦不欲晤人〔註231〕。

這是典型的文人雅居的生活，與錢澄之常受飢餓的威脅，要出遊求食的困頓，與王夫之隱居山林，孤獨淒苦，還經常受兵賊的逼迫，而四處避難是非常不同的，而這種生活的差異與他們不同的選擇密切相關，而因爲不同的身份，不同的生活，著述因而呈現不同的風格也是非常自然的。所以，上段提及的《易》對於孫承澤而言，沒有太大的心理觸動力，而對於逃難中的錢澄之和王夫之而言則有非常特別的意義，所以，在用《易》的深度上，他們是有區別的。

〔註231〕參考孫承澤：《庚子銷夏記》自序，文津閣四庫本，北京：商務印書館，第481頁。

第五章　錢澄之《田間詩學》
的地位和影響

第一節　《田間詩學》在明清詩學中的地位

　　「《六經》本先王舊典，但後儒治經學，咸隨世俗之好尚爲轉移」〔註1〕。一個時期，一個朝代，形成相對穩定盛行的一代風尚，從而一代有一代之經學，從而也形成了一條隨著時間推移的連貫而又富有變化的發展脈絡。對於《詩經》學來說，從西漢的魯、齊、韓、毛四家到東漢末開始專崇毛、鄭之學，再到宋代首開疑經辨僞之風氣，棄《序》言詩，雜採毛、鄭、三家《詩》，專務新奇，發展到元明兩代，則以朱熹《詩集傳》爲典範，尺步繩趨，同時，把《詩經》作爲文學作品來解讀的風氣也逐漸興盛，到「晚明的《詩經》著述，其中幾乎有半數以上與文學研究有關。他們的目光早已不在經義本身，而在於對《詩經》表現什麼，如何表現的探討上」。〔註2〕但這種趨勢，到清初有一個削弱和斷裂，並沒有順勢發展壯大。「清代經學凡三變。國初，漢學方萌芽，皆以宋學爲根柢，不分門戶，各取所長，是爲漢、宋兼采之學。乾隆以後……說經皆主實證，不空談義理，是爲專門漢學；嘉道以後，……是爲西漢今文之學。」〔註3〕對應到《詩經》學，則經歷了由雜採漢宋到咸宗漢

〔註1〕劉師培著，陳居淵注，經學教科書〔M〕，上海：上海古籍出版社，2006：28。
〔註2〕劉毓慶，從經學到文學：明代《詩經》學史論〔M〕，北京：商務印書館，2001：361。
〔註3〕皮希瑞，經學歷史〔M〕，北京：中華書局，2004：249～250。

詁再到斥《毛詩》而宗三家《詩》的過程。清代《詩經》學的這種脈絡流變爲學界所公認，戴維、夏傳才、洪湛侯等都採用這個線條來闡釋清代《詩經》學的發展。

　　當我們到坐標繫時間縱軸的發展脈絡梳理清楚，很明顯，我們很快能爲錢澄之《田間詩學》進行定位。處於明末清初的錢澄之，他的《田間詩學》力宗小序，博采眾家，注重考證、訓詁，還是比較明朗地體現出「漢宋兼采」的風格特點。同時，我們也要看到，這裡梳理的《詩經》學發展變化的過程，其實是在抓取當時的主流風格和特點，如上文提到的以文學的視角闡釋《詩經》，在明末已發展的比較成熟，但到了清代它並沒有很快形成高潮，成爲主流。相反，明代的這種強大的發展勢頭在清初還有一個削弱（主要原因乃在於明清鼎革。清初崇尚實學，通經致用，對於明代這種翻新出奇的義理之學並不推崇，甚至反對抑制。）雖然這種傾向和著作並沒有消失，但它們只是清代《詩經》學發展的「小家」「低聲部」，一直沒有蔚爲大觀，成爲眾人推崇的「大家」，直到晚清方玉潤的《詩經原始》才發出一聲「吶喊」。也就是說，錢澄之《田間詩學》並非這種「低聲部」的一員，他是在清代《詩經》學發展的主流脈絡中「搏動奮鬥」的一份子。《田間詩學》鮮明體現出明末清初《詩經》學「漢宋兼采」的特色，作爲一個典型和代表，我們在《田間詩學》身上能看到清初《詩經》學的大致風格。

　　可是，如果對清初《詩經》學進一步聚焦，回到坐標系的橫軸，把《田間詩學》與其同時代的其它的一些《詩經》學著作相比，我們可能能更加全面瞭解《田間詩學》的地位。

　　清初詩經學家可以分爲三類，其一爲明遺民，其二爲貳臣，其三爲清代出生成長之經學家。〔註4〕清代出生成長之經學家，如慧周惕、陸奎勳等，兼采漢宋，既不拘泥，又能求眞求是，在通達中求創新，是乾嘉漢學大家之先導。但如果從年齡上來看，他們與錢澄之還是存在一定的差距的，雖同在清初，但所處的具體時代背景還是有一些差異。應該說，在前兩類中進行比較會更加貼近，因爲他們都經歷了明、清兩代，都經歷了易代之巨變。我們還是先從外圍貳臣開始，逐層剝筍式地進行比較。應該說，與貳臣相比，錢澄之《田間詩學》更能體現出遺民的哀思、憂憤和反思。貳臣在改旗易幟的同時，也必須跟隨統治者的政策、方向，不能完全自由地闡發自己的詩學思想。

_____

〔註 4〕陳國安，論清初詩經學〔J〕，蘇州大學學報（哲學社會科學版），2007：6。

清初至康熙年間，清政府一直極力倡導程朱理學，以宋學爲正宗，於《詩經》學則尊朱熹《詩集傳》爲正宗、典範。許宗魯評價曰：「凡今人誦詩讀書，已取正於朱子。曰是則是，非則非，無非趨向大賢以爲準的。」〔註5〕以降臣孫承澤爲例，他的《詩經朱翼傳》力尊朱子，處處維護《集傳》，雖然並不排除「他自知爲當代所輕，故末年講學，唯假借朱子以爲重」〔註6〕的心理動機〔註7〕，但更大的可能是，作爲貳臣，他必須與官方詩經學保持一致。陳國安先生在他的論文中就評價他「仍爲清初官方詩經學之代表，與統治者聲氣一致，維護『集傳』，隨處可見，不滿『毛詩』，不遺餘力。」〔註8〕眞正契合官方學術的傾向性和制約性，讓他的學術反思力度和批判力度大爲減弱，創新變革精神自然削弱不少。錢澄之《田間詩學》相比這種拘泥一家之言，一味迎合遵從統治者政策的《詩經》學著作，顯然在《詩經》學史上更具開拓力，更能代表時代之變化，學術之新變。另外，在彰顯時代精神，矯正空疏學風，體現明末清初特殊複雜的時代學術風貌上，它更有代表性和學術意義。

　　可是，如果進一步聚焦，在遺民群體內部對錢澄之《田間詩學》進行定位，也許《田間詩學》的這種創新性和代表性會不再那麼突出，一再強調的他作爲遺民而治《詩經》所呈現的獨特樣貌特點的光環，也會因爲背景的過於明亮而顯得黯淡和失去光彩，甚至似乎變得黯然失色。因爲其它的遺民《詩經》學做的同樣出色甚至更好。上一章以個案的形式詳細比較了錢澄之與王夫之的詩學，在理論、概念的系統性、以詩解詩的文學性、遺民反思的深廣度等方面，錢澄之就無法與王夫之企及。遺民詩經學名家還有陳子龍、賀貽孫、朱鶴齡、陳啓源等人。陳子龍的《詩問略》「有影響近百年詩經學家之功（尤其遺民詩經學家）」〔註9〕。賀貽孫（字子翼，號孚尹，江西永新人）的詩經學論著，主要是《詩觸》六卷，據卷首「水田居《詩觸》凡例」，他「從序說」，「取古《序》之發端一語」，考校諸說，參伍己見，毛、鄭、朱說，不主一家，這種主序又博采眾家，漢宋兼采的風格與錢澄之《田間詩學》非常

〔註5〕參考謝啓昆：《小學考》卷三十二，《續修四庫全書》本，上海：上海古籍出版社，2002年，第417頁。

〔註6〕永瑢等，欽定四庫全書總目〔M〕，北京：中華書局，1965：144。

〔註7〕劉仲華：《試論清初降臣孫承澤與理學家的學術交往》言其「由於氣節有虧，力尊程朱以自重」。《唐都學刊》，2006年。

〔註8〕陳國安，清初詩經學特徵及其個案研究〔J〕，深圳大學學報（人文社會科學版），2008：4。

〔註9〕陳國安，論清初詩經學〔J〕，蘇州大學學報（哲學社會科學版），2007：6。

類似，但《詩觸》最大的不同在於他像王夫之《詩譯》一樣，乃承繼晚明以文學釋詩一派，對詩作的評點非常獨到細緻；更爲有名的還是朱、陳二人，劉師培《經學教科書・近儒之〈詩學〉》曰：「又吳江朱鶴齡作《詩通義》，雜採漢宋之說，博而不純。陳啓源與鶴齡同里，商榷《毛詩》作《毛詩稽古編》，雖未標漢學之幟，然考究制度名物，尚能明晰辨章」，這樣的評價顯然是繼承了江藩《漢學師承記》的論述：

> 國朝崇尚實學，稽古之士崛起。然朱鶴齡之《通義》，雖力駁廢《序》之非，而又採歐陽修、蘇轍、呂祖謙之說，蓋好博而不純者也。鶴齡與同里陳啓源商榷「毛詩」，啓源又著《稽古編》三十卷，惠徵君定宇亟稱之。其書雖宗鄭學，訓詁聲音以《爾雅》爲主，草木蟲魚以《陸疏》爲則，可謂專門名家矣！然其解「西方美人」，則盛稱佛教東流，始於周代。至謂孔子抑薿三皇而獨聖於西方。解「捕魚諸器」，謂廣殺物命，恬不知怪，非大覺緣果之文，莫能救之，妄下斷語，謂庖犧必不作網罟，吁，可謂怪誕不經之談矣！以佛說解經，晉宋間往往有之，然皆襲其說而改其貌，未有明目張膽若此者也。〔註10〕

江藩批評了朱鶴齡《通義》「博而不純」之外，對啓源《稽古編》「以佛說解經」，也大爲不滿，而劉師培對二者則暗含褒貶，還是比較傾向後者。而四庫館臣對它們二者的評價分別爲：《通義》「專主小序，而力駁廢序之非。所採諸家，於漢……要其大致則彬彬矣。」〔註11〕後者駁宋申毛，「堅持漢學，不容一語之出入，雖未免或有所偏，然引據賅博，疏正鮮明，一一皆有本之談，蓋明代說經，喜騁虛辨，國初諸家始變爲徵實之學，以挽頹波，古義彬彬，於斯爲盛，此編尤其最著也。」〔註12〕對於江藩所極爲批判的「西方美人」條、「捕魚諸器」條，則認爲乃「白璧之瑕，固不必爲之曲諱矣。」〔註13〕對二者都贊之曰「彬彬」，從整體上看，還是都給予了較高的評價。

上面我們花了大量的筆墨來論述朱鶴齡、陳啓源二人之《詩經》學及其從江藩到四庫到劉師培的評價，旨在說明他們二人在當時的影響，在當時《詩

〔註10〕江藩，漢學師承記・宋學淵源記〔M〕，上海：上海書店出版社，1983：142。
〔註11〕永瑢等，欽定四庫全書總目〔M〕，北京：中華書局，1965：131。
〔註12〕永瑢等，欽定四庫全書總目〔M〕，北京：中華書局，1965：132。
〔註13〕永瑢等，欽定四庫全書總目〔M〕，北京：中華書局，1965：132。

經》學界的地位，雖然他們三者由於各人的立場不同做出了不同的評價，但從這些評價本身，我們已經清楚看到了二人在清初《詩經》學史上的重要地位，受人矚目，卓然大家。所以，即使在現在的《詩經》學著作中，他們也是無法避開的論述對象。夏傳才《詩經研究史概要》在同類著作中已經比較概括簡單，還是用了一小節闡述了陳啟源的《毛詩稽古編》，認為「它表示在《詩經》研究中，漢學與宋學已經完全分開，並且致力於用漢學推翻宋學」〔註14〕洪湛侯先生說：「專宗漢學，取法毛、鄭，高舉復古旗幟以為號召能深切影響當世者，當推康熙時的朱鶴齡和陳啟源」，〔註15〕而戴維的《詩經研究史》更是用整整一節的篇幅對他們二人進行介紹，最後做出結論：「陳啟源《毛詩稽古編》是一本從宋學牢籠下完全復古的著作，在清初《詩經》學界是非常重要的，曾得到著名經學家惠棟的極力推賞。清代復古思潮就在這本著作的啟動下，進入到轟轟烈烈的全面漢學復古時代，其說雖可商榷處不少，但篳路藍縷，功不可滅。」〔註16〕錢澄之《田間詩學》與之相比，似乎又稍遜一籌，在當時以及現在的影響方面，《田間詩學》的聲名遠遠不及。究其原因有二：首先，最重要的一點在於，朱鶴齡《通義》雖還漢宋兼采，但陳啟源《稽古編》已高舉鮮明的漢學復古旗幟，不再停留於博而不純的層次，體現出鮮明的方向和特色，他標示著清代《詩經》學的發展階段和進程，有很大的社會號召力和影響力，陳啟源在敘例中明確表示為「推求古經本旨以挽其弊」；而從主觀治學方面考慮，錢澄之回到鄉里，為生活所迫，大部分時間還是外出遊食，雖然《田間詩學》從康熙乙卯（1675）開始，到己巳年（1689）花了十幾年的時間「七易其稿」才完成，但這期間錢澄之並沒有全身心地投入，而朱、陳二人卻一直潛心著述。朱「入國朝，屏居著述，晨夕一編，行不識途路，坐不知寒暑。」〔註17〕而陳「性嚴峻，不樂與外人接，惟嗜讀書。晚歲研精經學，尤深於《詩》〔註18〕」。即使這樣，陳啟源《毛詩稽古編》還是歷經十四年，三易其稿而成，應該說，錢澄之所處的主客觀環境與它還是存在一定差距的。

〔註14〕夏傳才，詩經研究史概要〔M〕，北京：清華大學出版社，2007：142。
〔註15〕洪湛侯，詩經學史〔M〕，北京：中華書局，2002：461。
〔註16〕戴維，詩經研究史〔M〕，長沙：湖南教育出版社，2001：502。
〔註17〕王鍾翰點校，清史列傳〔M〕，北京：中華書局，2005：5443。
〔註18〕王鍾翰點校，清史列傳〔M〕，北京：中華書局，2005：5443。

　　總之，錢澄之是清初《詩經》學「漢宋兼采」的傑出代表作品，說「代表」，《田間詩學》力主小序，兼采眾家，自是呈現出典型的「漢宋兼采」的風格；說「傑出」，《田間詩學》於名物考證、字義訓詁、地理考辨以及遺民精神的貫穿，在眾多方面的突出表現，與一味專宗朱學的官方《詩經》學還是要進步的多，更具開創性、反思性和變革性；說「人物」，是因爲如果要放在眾多遺民的《詩經》學背景中，相比較王夫之、顧炎武（古音說）以及陳啓源這樣的「大家」「大作」，眞的只能算一部「作品」而已。

第二節　《田間詩學》對遺民學術及遺民《詩經》學史的意義

　　本文對《田間詩學》的觀照，貫穿始終的一個重要的視角和維度就是對遺民身份的定位和分析。從第一章的寫作背景和時代背景開始，「遺民」就已經無可避免地進入闡釋的文本空間，這是因爲，要理解錢澄之，要理解《田間詩學》，我們必須在他在的歷史存在中開始我們理解活動的起點，這就有如站在歷史形成的地平線上，展望理解現實的人生。這個地平線決定了錢澄之的理解視野，他不可能超越這個視野去理解人生〔註 19〕，而我們也只能回到這個視野，回到「天崩地解」的明末清初，回到明清鼎革之際，於行藏出處選擇成爲「遺民」的士人中間，對時代、對個人進行深入的「同情之瞭解」，才能讓錢澄之及其《田間詩學》重新成爲有血有肉的生命個體，向我們傾訴，揭示眞正的歷史和傳統。所以，對《田間詩學》的文本研究，除了對它訓釋的要點分析歸納、條分縷析之外，又著重論述了他歷史參照、禮學色彩、引據印證的方法，以及漢宋兼采、遺民底色的風格，接著又引入王夫之、孫承澤的《詩經》學研究與錢澄之《田間詩學》進行比較，在更爲寬廣的比較的體系中凸顯《田間詩學》的特點，凸顯遺民治《詩經》的特色，從而點面結合比較準確客觀地在中國《詩經》學史上對《田間詩學》進行定位，從而能在清初三朝九十年的《詩經》學研究中，合理評價《田間詩學》的地位。

　　可是，對遺民身份的突出和強調，面臨兩大問題：首先就是個人遺民身份與其學術研究到底存在怎樣的聯繫，是不是已經緊密到形成一定的風格和特色？還是更多地應該由學術歷史傳承的本身來解釋，歸之爲繼承和創新，

〔註19〕殷鼎，理解的命運——解釋學初論〔M〕，北京：三聯書店，1988：258。

或者說，僅僅就是他們的學術主張而已，與他們的遺民身份並無多大關聯。這是一個難以截然進行回答的問題，因爲任何一個個體都活在歷史之中，「而歷史佔據個人的方式正是語言，語言並不是一種工具，它保持著歷史、文化和傳統，個人在接受理解語言的同時，已經接受了歷史給予他的『先見』」〔註20〕所以，誰也沒有辦法否認一個人的著述是在沒有任何學術基礎和傳承（「先見」）中撰寫而成的，這就像無源之水，無根之木，根本是不可能的。因此，我們無法否認《田間詩學》的學術根源，而它對前代成果的傳承也是顯而易見的。從《田間詩學》的凡例中可以清楚地見到他徵引的書目、涉及的主要人名，以及大致比例數據，也包括他個人創見的形式、範圍和比重，所以，顯然，《田間詩學》呈現的詩學觀點和風格，是站在前人的肩膀上形成的。但反過來，我們承認這種學術的傳承並不等於否認遺民身份介入的影響。個人身世與著作的關聯早在孟子「知人論世」論中就已經開啓了淵源，而錢澄之遺民的身份更是有至關重要的影響。相比宋遺民，明清之際的遺民已有非常強烈的身份自覺意識，他們批判反思的力度也大爲加強，進而浴血戰鬥，退而含淚著述是許多明遺民經歷的人生軌迹，當著述打上遺民的烙印，就成爲表達的工具，傾瀉了憤慨，記錄了反思，形成獨具面貌的方法和風格，這是他們所特有的，雖然他們可能各自不同，有每個個體的特點，但這個群體包含的一些共性，又是明顯的，有如眾人從不同的路徑出發，卻到達同一個地方，這並非簡單的遇合，只有從身份的特性才能找到其中的關鍵。所以，說僅僅是個人的學術主張而已，過於簡單化。而明遺民經歷了人生的慘痛，生命的考驗，抉擇的體認，尤其砥礪名節，發憤圖強，再加上他們的學識魄力和深刻的思考體悟，他們很多成長爲清初的學術精英。顧、黃、王爲其中體系博大、尤爲傑出的代表，他們的學術主張引領一代學術潮流，完成了學術的轉型和開創。梁啓超先生把清初學術思潮分爲四期，他認爲清初啓蒙期「是對於舊思潮初起反動之期。此期之重要人物，其精力皆用於破壞，而建設蓋有所未遑。其建設之主要精神，在此期間必已孕育，此期之著作，恒駁而不純，但在淆亂粗糙之中，自有一種元氣淋漓之相。」〔註21〕雖然淆亂粗糙，駁而不純，卻也「元氣淋漓」，具開創之功，評價的還是比較周全。由此，就引出了要面臨的第二個問題，遺民學術的價值和意義問題。

〔註20〕殷鼎，理解的命運——解釋學初論〔M〕，北京：三聯書店，1988：258。
〔註21〕梁啓超，清代學術概論〔M〕，上海：世紀出版社，2005：2。

論及明末清初遺民學術，很快就可以發現，學術界存在兩種極爲不同的評價，褒貶分明，趨於極端。一種是對明末清初這個歷史轉折點，對遺民充滿了認同和肯定。劉夢溪先生在《中國現代學術要略》中有一段文采斐然，充滿感情的闡述：「中國兩千多年來的學術流變，有三個歷史分際點最值得注意：一是晚周，二是晚明，三是晚清，都是天崩地裂、社會轉型、傳統價值發生危機、新思潮洶湧競變的時代。初看起來，明清易代似乎與春秋時期以及清末民初大有不同。實際上明清之際文化裂變的深度和烈度，絲毫不讓於另外兩個時期，而就學術思想的嬗變而言，更隱蔽，更婉曲，更悲壯。」〔註22〕他又說：「明清易代既是我國社會歷史的轉折點，也是理解華夏學術思想嬗變的一個樞紐。陳寅恪標舉的『我民族獨立之精神，自由之思想』，在明清之際表現得最見力度，而這也就是中華學術思想的精華和走向現代的方向。晚清之學術變革在某種意義上可以看作是明清之際思想嬗變的繼續和重演」，對明清之際的學術變革予以了充分的肯定，認爲它是中華學術思想的精華，並且與中國的現代化相聯繫，而這種把明末清初學術嬗變與晚清乃至近現代相聯繫的觀點其實並不少見，且不說國內許多學者的看法，日本學者溝口雄三都認爲，「如果就中國來看中國的近代歷程，」那麼明末清初政治上的君主觀的變化，與經濟上田制論的變化，「應被視爲清末變化的根源」，「從這裡尋找中國近代的萌芽，決不是沒有根據」〔註23〕，而潘承玉則在前不久剛出的論卓爾堪的新書中，進一步對明遺民這個特殊群體給予了極高的評價，他說：「眞正的文學作品都是夾縫人生和邊緣狀態心靈激情的產物。中國文學史上最艱難的士人的人生夾縫，就是明清易代之際；最邊緣狀態的士人心靈，就是入清不仕的明末遺民」〔註24〕，雖然這裡是就文學創作而言，但他對明遺民這個群體的認同還是盈滿字裏行間。但當我們對遺民深刻的學術反思和堅定的民族氣節予以表彰讚揚的同時，明遺民狹隘的封建忠君觀念也在許多社會思想批評中被予以批評和否定〔註25〕。葛兆光先生把他們這種「愚笨」的

〔註22〕 劉夢溪，中國現代學術要略〔M〕，北京：生活・讀書・新知三聯書店，2008：137～138。

〔註23〕 趙園，明清之際士大夫研究〔M〕，北京：北京大學出版社，1999：11。

〔註24〕 潘承玉，清初詩壇：卓爾堪與《遺民詩》研究〔M〕，北京：中華書局，2004：3。

〔註25〕 李瑄，明遺民群體心態與文學思想研究〔M〕，成都：巴蜀書社，2009：3 基於現代思想對封建忠君觀念的批判，認爲他們堅持對故明的忠貞沒有意義；基於中華民族的多民族融合思想，指出他們排斥清朝的狹隘無益；基於對知

忠君思想解釋爲他們把自己賴以安身立命的「文明」與自己所屬的「民族」、「國家」相聯繫、等同，形成一條他們永遠解不開的奇特聯想鏈條。〔註 26〕緊接著對這種思維方式的批判之後，他又說：「這些對於舊時政治的激烈批判和沉痛反思，這些思想表達的全部合理性，卻建築在民族命運的激憤和故國哀思的感情上，本身未必是理想的思索和冷靜的分析」，「這些本來相當深刻的批判思想卻彷彿奠基於流沙，一旦他們所由產生的社會生活變化和情感基礎崩潰，它也將隨之瓦解並喪失信眾。」〔註 27〕可以看出，它在對偏激的民族主義立場和觀點進行批判的同時，他也開始把批判的矛頭指嚮明遺民的「批判精神和自我反思」，認爲這種思考及其思想，終會隨著刻骨銘心的亡國歷史記憶的消解而消解，而亡國歷史終是會隨著時間的流逝而流逝的。當把他們批判和反思的最後歸宿歸之爲沒有任何價值和意義的一種虛無，只是曇花一現的基於流沙的大廈，在歷史的長河中隨後瞬間就坍塌、瓦解、消亡。我們不禁要追問，與民族主義緊緊相連，與遺民的反思和批判密切聯繫的相對應的他們的學術成果和著述的意義何在？遺民學術究竟有沒有價值，有多大的價值？

　　還是先回到《詩經》，回到清初像《田間詩學》一樣，由遺民創作的一批《詩經》學研究著作上，上文已經說過，清初其實存在三大類的創作主體，除了明遺民，還有貳臣及在清代出生成長的一批作家，但真正開創風氣，引領潮流的還是遺民《詩經》學，他們一方面扭轉了晚明用文學的眼光研究《詩經》的風氣，另一方面，在反對宋、明以來空談心性、義理的同時，又重新開始重視考證名物制度，樸實說理，一洗空疏之病，努力做到「經世致用」，於治學的方法，尤爲強調「博古通今」，最後漸成「漢宋兼采」之風氣，雖博而不純，卻開創了新的路數，指明了未來發展的方向，再到「漢詁」，再到「三家《詩》」。擴大一點，相對應的，清代經學同樣經歷了這種變化。

　　而在古代中國，經學與整個學術又是血濃於水，劉毓慶先生在《從經學到文學》一書的自序中，說到：「中國學術史的變化，最根本的體現，就在於

　　　　識分子社會責任感的要求，認爲他們對個人道德的堅守，遠不如直接參與現
　　　　實政治能夠給社會帶來實際的益處。
〔註 26〕葛兆光，中國思想史第二卷，七世紀至十九世紀中國的知識、思想與信仰
　　　　〔M〕，上海：復旦大學出版社，2000：384。
〔註 27〕葛兆光，中國思想史第二卷，七世紀至十九世紀中國的知識、思想與信仰
　　　　〔M〕，上海：復旦大學出版社，2000：386。

對經典的闡釋。而對經典闡釋的變化，又體現著中國主流文化精神與主流意識形態的演變。」〔註 28〕那麼，明遺民對清初經學研究路數和風格的影響，自然，也就對清代學術的淵源流變產生莫大影響。因為他們生活在清初，這是一個奠定基調，決定方向的時代，這是後來發展的基礎。所以說，雖然明遺民學術充滿遺民情結，滿含激憤亡國哀思，但他們的反思和批判以及這種反思批判的成果決非海市蜃樓，會瞬間消亡，經不起時間的流逝；也並不會隨著遺民群體的消失，統治秩序的確定，以及社會的安定而變得沒有任何意義；當然更不會因為沾染了民族主義的氣節，而隨著學術的進步而被後代學術完全覆蓋摒棄。相反，實際上，它們開啟了清代學術的轉變，奠定了清代學術的基調，影響了整個清代學術。

〔註 28〕劉毓慶，從經學到文學：明代《詩經》學史論〔M〕，北京：商務印書館，2001：21。

結　語

　　「明清易代既是我國社會歷史的轉折點，也是理解華夏學術思想嬗變的
一個樞紐。」〔註1〕而最能體現明清易代對於學術文化的影響，莫過於通過遺
民的著述，錢澄之作爲明末清初的遺民，他的《田間詩學》正是他所處特殊
時代以及作者特殊身份認同下的產物，也是體現明清詩經學轉變的一個優秀
個案。文章試圖通過分析他的生平遭際和學術觀點，並與同時代的人進行對
比研究，來觀照明末清初這種價值轉型的特殊時代對於《詩經》研究的影響，
進而更爲深入地體會明代詩經學向清代詩經學的過渡與轉變。

　　回顧整篇文章的寫作，筆者在以下幾個方面做出了一些努力，得出了一
些結論，也存在一些不足：

　　一、錢澄之《田間詩學》的文本本身的研究。試圖對《田間詩學》的注
釋體例進行概括、總結，並歸納出他進行注釋的原則和方法。在這個部分，
主要是進行條分縷析並運用文章的例子進行說明。因爲錢澄之《田間詩學》
從本質上說，還是運用的是傳統的注疏體，所以，雖然本文運用了現當代訓
詁學的一些理論成果，但是，在具體的歸納總結過程中，還是顯得有點零散
和呆板。

　　二、錢澄之《田間詩學》的理論研究。主要是對《田間詩學》體現的詩
學理論和風格進行概括。在詩學理論方面，主要是根據《田間詩學》卷首的 6
篇總論進行論述的，在詩樂關係方面，錢澄之主張「入樂」說，應該說沒有
什麼問題，但論《周南》、《召南》之「南」，筆者根據各方面材料，否定了錢

〔註 1〕劉夢溪，中國現代學術要略〔M〕，北京：生活・讀書・新知三聯書店，2008：
　　　137～138。

澄之所謂的「古樂」說，而更傾向於認爲它也只是一種音樂曲調。在風格方面，歸納爲四個風格：漢宋兼采、繁複創新、遺民底色、平民風格，應該說都帶有濃厚的時代色彩和個性色彩。

三、對於究竟錢澄之作爲遺民，對於他的《田間詩學》有沒有影響，有多大的影響的問題，文章也嘗試做出了一些回答。其實，最明顯的當然是《田間詩學》風格特點中其中有一個就是「遺民底色」，但《田間詩學》注釋方法上所使用的「歷史參照」、「禮學色彩」、「參照《易》《莊》」，都是與他的這種身份認知有密切的關聯的，而《田間詩學》呈現出的「漢宋兼采」風格，更是這種身份在那個特殊時代的一個集中的反映，實際上，它是對詩經學研究路數的一個反撥，因爲，其實在明代中後期《詩經》文學研究的方向就已經比較明朗，而從文學闡釋又轉變到重視訓詁考證，正是有其內在的時代因素，這在文中有具體論述。

四、文章列出一章進行錢澄之《田間詩學》與遺民王夫之、貳臣孫承澤的《詩經》學著作的比較研究，一方面，當然是爲了通過貳臣與遺民的反向對比，進一步凸顯遺民身份對他們《詩經》學研究的影響，另一方面，則希望在遺民群體內部也做出一些比較，可以見出，即使同是遺民，他們的詩學理論和水平也還是相同中又有不同。至於選擇王夫之，一是他的地位已經得到了大家的認可，通過與這樣一個卓有成就的人物進行對比，更能見出錢澄之《田間詩學》所處的地位，有比較大的對比價值；二是對於王夫之的研究，也比較豐富和深入，能比較方便地汲取前人研究的一些成果。但事物都是具有兩面性，這兩個長處在論文的寫作過程中也同時創造出相當大的難度，因爲王夫之的卓越成就，他關於《詩經》的著作又比較多，所以，比較的難度比較大，比較的維度也相當多，本文主要是抽取了一些前人研究中沒太涉及的緊扣《詩經》的方面，然後總結出一些特點，雖然有所創見，但有時還是覺得自己水平有限，一方面是容易流於表面，沒辦法深入；另一方面是王夫之的著述過多，關於他的研究成果也太多，沒辦法全面地閱讀和吸收，所以，在寫作的過程中也很難從容地駕馭。與孫承澤的比較，主要是抓住是否推崇朱熹《詩集傳》這個中心論題展開的，因爲讀者可能對孫承澤的瞭解不多，文章盡可能地結合他的人和書做出一個比較全面的論述。

五、本文是通過以點帶面的方法，以個案研究來突顯整體的形式來對明清《詩經》學研究的轉型做出論述，筆者盡量努力把宏觀和微觀進行有機的

結合，但這種辦法所得出結論是不是完全可靠還是有待進一步的研究。由於能力、時間、精力的限制，筆者也沒辦法對明末清初的《詩經》學著作做一個全面地梳理、排查，或者是對明末所有遺民的《詩經》學著作做一個全面地閱讀，要做這種工作也面臨很多問題，包括明末清初時間概念的界定、「遺民」概念的界定等等，限於筆者現在的能力和學識，顯然進行這樣宏觀的研究還是很有難度。所以，在文中，筆者也盡量以謹慎的態度做出結論。

參考文獻

一、專 著

1. （漢）鄭玄注，（唐）賈公彥疏，趙伯雄整理，周禮注疏〔M〕，北京：北京大學出版社，1999 年。

2. （宋）朱熹集注，詩集傳〔M〕，上海：上海古籍出版社，1982 年。

3. （清）錢澄之撰，諸偉奇等輯校，所知錄〔M〕，合肥黃山書社，2006年。

4. （清）錢澄之撰，諸偉奇校點，田間詩集〔M〕，合肥：黃山書社，1998年。

5. （清）錢澄之撰，殷呈祥校點，莊屈合詁〔M〕，合肥：黃山書社，1998年。

6. （清）錢澄之撰，朱一清校點，田間詩學〔M〕，合肥：黃山書社，2005年。

7. （清）錢澄之撰，彭君華校點，田間文集〔M〕，合肥：黃山書社，1998年。

8. （清）錢澄之撰，吳懷祺校點，田間易學〔M〕，合肥：黃山書社，1998年。

9. （清）錢澄之撰，湯華泉校點，藏山閣集〔M〕，合肥：黃山書社，2004年。

10. （清）魯可藻等，領表紀年〔M〕，杭州：浙江古籍出版社，1985 年。

11. （清）皮錫瑞著，周予同注釋，經學歷史〔M〕，北京：中華書局，2004年。

12. （清）永瑢等，四庫全書總目〔M〕，北京：中華書局，1965 年。

13. （清）方玉潤撰，李先耕點校，詩經原始〔M〕，北京：中華書局，1986年。

14.（清）孫詒讓，周禮正義〔M〕，北京：中華書局，1987 年。

15.（清）王夫之，詩廣傳〔M〕，北京：中華書局，1981 年。

16.（清）王夫之，詩經稗疏〔M〕，長沙：嶽麓書社，1996 年。

17.（清）王夫之，薑齋詩話〔M〕，長沙：嶽麓書社，1996 年。

18.（清）王之春撰，汪茂和點校，王夫之年譜〔M〕，北京：中華書局，1989 年。

19.（清）孫承澤，詩經朱傳翼（《四庫全書存目》本）〔M〕，濟南：齊魯書社，1997 年。

20.（清）孫承澤，庚子銷夏記（《文津閣四庫》本）〔M〕，北京：商務印書館，2005 年。

21.（清）孫承澤，春明夢餘錄（《文津閣四庫》本）〔M〕，北京：商務印書館，2005 年。

22.（清）孫承澤，春秋程補傳（故宮珍本叢刊）〔M〕，海口：海南出版社，2000 年。

23.（清）孫承澤，考正晚年定論（《四庫存目叢書》本）〔M〕，濟南：齊魯書社，2001 年。

24.（清）孫承澤，孔易（四庫未收書輯刊）〔M〕，北京：北京出版社，2000 年。

25.（清）孫承澤，元朝典故編年考（《廣州大典》本）〔M〕，廣州：廣州出版社，2008 年。

26.（清）孫承澤，元朝人物志（清代稿本百種彙刊）〔M〕，臺灣：文海出版社。

27.（清）孫承澤，山書（《續修四庫全書》本）〔M〕，上海：上海古籍出版社，1995 年。

28.（清）孫承澤，學典（《四庫全書存目叢書》本）〔M〕，濟南：齊魯書社，1996 年。

29.（清）孫承澤，河紀（《四庫全書存目叢書》本）〔M〕，濟南：齊魯書社，1996 年。

30.（清）孫承澤，河紀（《中國水利志叢刊》本）〔M〕，揚州：廣陵書社，2006 年。

31.（清）孫承澤，五經翼（《四庫全書存目叢書》本）〔M〕，濟南：齊魯書社，1997 年。

32.（清）孫承澤，益智錄（《四庫全書存目叢書》本）〔M〕，濟南：齊魯書社，1996 年。

33.（清）孫承澤，九州山水考（《四庫全書存目叢書》本）〔M〕，濟南：齊

魯書社，1997 年。

34. （清）孫承澤，尚書解（《四庫全書存目叢書》本）〔M〕，濟南：齊魯書社，1997 年。

35. （清）孫承澤，硯山齋雜記（《文津閣四庫全書》本）〔M〕，北京：商務印書館，2005 年。

36. （清）孫承澤，宋五先生學約（《清代稿本百種彙刊》）〔M〕，臺灣：文海出版社。

37. （清）孫承澤，天府廣記〔M〕，北京：北京古籍出版社，1982 年。

38. （清）江藩，漢學師承記·宋學淵源記〔M〕，上海：上海書店，1983 年。

39. （清）姚際恒撰，顧頡剛標點，詩經通論〔M〕，上海：中華書局，1958 年。

40. （清）廖大聞等修，桐城續修縣志〔M〕，臺北：成文出版社，民國 64 年（1975）。

41. （清）朱彬，禮記訓纂〔M〕，北京：中華書局，1996 年。

42. （清）孫希旦，禮記集解〔M〕，北京：中華書局，1989 年。

43. 鄧之誠，清詩紀事初編〔M〕，上海：上海古籍出版社，1965 年。

44. 沈雲龍，桐城耆舊傳〔M〕，臺北：文海出版社，1966 年。

45. 馬其昶，桐城耆舊傳〔M〕，臺北：文海出版社，1969 年。

46. 趙爾巽等，清史稿〔M〕，北京：中華書局，1976 年。

47. 陳乃乾，清代碑傳文通檢〔M〕，臺北：文海出版社，民國 66 年（1977）。

48. 馬宗霍，中國經學史〔M〕，臺北：臺灣商務印書館出版，民國 68 年（1979）。

49. 謝國楨，增訂晚明史籍考〔M〕，上海：上海古籍出版社，1981 年。

50. 任道斌編，方以智年譜〔M〕，合肥：安徽教育出版社，1983 年。

51. 孫靜庵著，趙一生標點，明遺民錄〔M〕，杭州：浙江古籍出版社，1985 年。

52. 趙園，艱難的選擇〔M〕，上海：上海文藝出版社，1986 年。

53. 錢穆，中國近三百年學術史〔M〕，北京：中華書局，1986 年。

54. 林慶彰，明代考據學研究〔M〕，臺北：臺灣學生書局，民國 75 年（1986）。

55. 楊松年，王夫之詩論研究〔M〕，臺北：文史哲出版社，民國 75 年（1986）。

56. 錢仲聯，清詩紀事〔M〕，南京：江蘇古籍出版社，1987 年。

57. 王鍾翰點校，清史列傳〔M〕，北京：中華書局，1987 年。

58. 殷鼎，理解的命運：解釋學初論〔M〕，北京：三聯書店，1988 年。

59. 謝正光編，明遺民傳記索引〔M〕，上海：上海古籍出版社，1992 年。

60. 嵇文甫，晚明思想史論〔M〕，北京：東方出版社，1996 年。

61. 朱光潛，文藝心理學〔M〕，合肥：安徽教育出版社，1996 年。

62. 梁啓超，中國近三百年學術史〔M〕，北京：東方出版社，1996 年。

63. 何冠彪，明清人物與著述〔M〕，香港：香港教育圖書公司，1996 年。

64. 顧誠，南明史〔M〕，北京：中國青年出版社，1997 年。

65. 何冠彪，生與死：明季士大夫的抉擇〔M〕，臺北：聯經出版事業公司，1997 年。

66. 周明初，晚明士人心態及文學個案〔M〕，北京：東方出版社，1997 年。

67. 馮天瑜，明清文化史散論〔M〕，武漢：華中理工大學出版社，1998 年。

68. 吳承學，晚明小品研究〔M〕，南京：江蘇古籍出版社，1998 年。

69. 李澤厚、劉綱紀，中國美學史〔M〕，合肥：安徽文藝出版社，1999 年。

70. 袁行霈，中國文學史〔M〕，北京：高等教育出版社，1999 年。

71. 李學勤主編，毛詩正義〔M〕，北京：北京大學出版社，1999 年。

72. 趙園，明清之際士大夫研究〔M〕，北京：北京大學出版社，1999 年。

73. 李靈年、楊忠、王欲祥主編，清人別集總目〔M〕，合肥：安徽教育出版社，2000 年。

74. 季羨林，清代文學研究〔M〕，北京：北京出版社，2001 年。

75. 葛兆光，中國思想史導論：思想史的寫法〔M〕，上海：復旦大學出版社，2001 年。

76. 劉毓慶，從經學到文學：明代〈詩經〉學史論〔M〕，北京：商務印書館，2001 年。

77. 戴維，詩經研究史〔M〕，長沙：湖南教育出版社，2001 年。

78. 顧廷龍主編，《續修四庫全書》編纂委員會編，續修四庫全書〔M〕，上海：上海古籍出版社，2002 年。

79. 嚴迪昌，清詩史〔M〕，杭州：浙江古籍出版社，2002 年。

80. 洪湛侯，詩經學史〔M〕，北京：中華書局，2002 年。

81. 吳承學、李光摩編，《晚明文學思潮研究》，武漢：湖北教育出版社，2002 年。

82. 王國良，明清時期儒學核心價值的轉換〔M〕，合肥：安徽大學出版社，2002 年。

83. 蕭萐父，許蘇民，王夫之評傳〔M〕，南京：南京大學出版社，2002 年。

84. 王利器，呂氏春秋注疏〔M〕，成都：巴蜀書社，2002 年。

85. 趙建章，桐城派文學思想研究〔M〕，北京：北京圖書館出版社，2003 年。

86. 何宗美，明末清初文人結社研究〔M〕，天津：南開大學出版社，2003年。

87. 馮浩菲，中國古籍整理體式研究〔M〕，北京：高等教育出版社，2003年。

88. 張啓成，詩經研究史論稿〔M〕，貴陽：貴州人民出版社，2003年。

89. 夏傳才，董治安主編，詩經要籍提要〔M〕，北京：學苑出版社，2003年。

90. 謝明揚：《明遺民「怨」「群」詩學精神——從覺浪道盛到方以智、錢澄之》〔M〕，臺灣：大安出版社，2004年。

91. 潘承玉，清初詩壇：卓爾堪與《遺民詩》研究〔M〕，北京：中華書局，2004年。

92. （日）清水茂，清水茂漢學論集〔C〕，北京：中華書局，2004年。

93. 鍾彩鈞、楊晉龍主編，明清文學與思想中之主體意識與社會：學術思想篇〔C〕，臺北：中央研究院中國文哲研究所，2004年。

94. 姚尚友，無可大師〔M〕，北京：東方出版社，2004年。

95. 謝國楨，明清之際黨社運動考〔M〕，上海：上海書店出版社，2004年。

96. 陳平原，從文人之文到學者之文：明清散文研究〔M〕，北京：生活・讀書・新知三聯書店，2004年。

97. 程俊英，詩經譯注〔M〕，上海：上海古籍出版社，2004年。

98. 彭林編，清代經學與文化〔M〕，北京：北京大學出版社，2005年。

99. 洪湛侯，徽派樸學〔M〕，合肥：安徽人民出版社，2005年。

100. 四庫全書出版工作委員會編，文津閣四庫全書〔M〕，北京：商務印書館，2005年。

101. 郝桂敏，宋代《詩經》文獻研究〔M〕，北京：中國社會科學出版社，2006年。

102. 章太炎，劉師培等，中國近三百年學術史論〔M〕，上海：上海古籍出版社，2006年。

103. 謝國楨，明末清初的學風〔M〕，上海：上海書店出版社，2006年。

104. 何宗美，明末清初文人結社研究續編〔M〕，北京：中華書局，2006年。

105. （美）牟復禮，（英）崔瑞德編，劍橋中國明代史1368～1644年〔M〕，北京：中國社會科學出版社，2006年。

106. 崔海峰，王夫之詩學範疇論〔M〕，北京：中國社會科學出版社，2006年。

107. 周兵，天人之際的理學新詮釋王夫之《讀四書大全說》思想研究〔M〕，成都：巴蜀書社，2006年。

108. 陳逢源，朱熹與四書章句集注〔M〕，臺北：里仁書局，2006 年。

109. 李桓輯，國朝耆獻類徵〔M〕，揚州：廣陵書社，2007 年。

110. 轟付生，晚明文人的文化傳播研究〔M〕，北京：中國戲劇出版社，2007 年。

111. 夏傳才，詩經研究史概要〔M〕，北京：清華大學出版社，2007 年。

112. 張暉，易代之悲——錢澄之及其詩〔M〕，北京：人民文學出版社，2014 年版。

二、單篇論文

（一）公開發表論文

1. 錢撝祿，錢田間先生年譜〔J〕，國粹學報（史篇外），1911（75～79）。

2. 劉天行，末遺民錢澄之的詩歌〔J〕，雲南師範學院學報，1980（6）。

3. 何鵬，試談錢澄之的文藝思想〔J〕，藝譚，1982（3）。

4. 陳祖武，錢澄之著述考略〔J〕，文獻，1984（21）。

5. 馬亞中，留得真詩在人間〔J〕，江淮論壇，1985（3）。

6. 趙永紀，錢澄之的詩和詩論〔J〕，阜陽師院學報，1986（1）。

7. 王俊才，錢澄之評述〔J〕，河北師院學報，1988（2）。

8. 何長江，試論錢澄之的田園詩及其陶詩之意象比較〔J〕，天津教育學院學報，1991（3）。

9. 龍向洋，明清之際《詩經》文學評點論略〔J〕，信陽師範學院學報（哲學社會科學版），2002（5）。

10. 孫之梅，明清人對「詩史」觀念的檢討〔J〕，文藝研究，2003（5）。

11. 郭全芝，清代樸學家的《詩》疏困境〔J〕，江淮論壇，2003（5）。

12. 雷慶翼，王船山《詩經稗疏》治學方法管窺〔J〕，船山學刊，2003（4）。

13. 雷慶翼，評王船山《詩經稗疏》〔J〕，衡陽師範學院學報，2003（5）。

14. 湯華泉，錢澄之《藏山閣存稿》編集流傳考述〔J〕，文獻，2003（1）。

15. 汪學群，錢澄之的經世易學〔J〕，中國社會科學院研究生學報，2003（4）。

16. 張銘，錢澄之詩歌創作的藝術成就〔J〕，安慶師範學院，2004（4）。

17. 趙慶元，趙春燕，錢澄之《田間詩集》評析〔J〕，安慶師範學院，2004（5）。

18. 趙慶元，吳娜，情真·詞達·氣暢·自然——錢澄之《田間文集》探析〔J〕，阜陽師範學院學報，2004（4）。

19. 寧宇，清代《詩經》學的發展階段及主要派別〔J〕，泰山學院學報，2005（4）。

20. 何海燕,從《四庫全書總目》看清初《詩經》研究之狀況——兼談《總目》治《詩》思想對清中後期《詩經》研究的影響〔J〕,湖北大學學報(哲學社會科學版),2005(3)。

21. 寧宇,清代詩經學研究百年回顧〔J〕,山東社會科學,2003(3)。

22. 張青,館藏孫承澤的四部書稿本述略〔J〕,圖書情報論壇,2003(3)。

23. 陳國安,清代詩經學研究綜述〔J〕,蘇州大學學報(哲學社會科學版),2004(5)。

24. 李劍波,清代詩學的話語分析〔J〕,文學評論,2005(1)。

25. 袁愈宗,從《詩廣傳》看王夫之的詩情觀〔J〕,船山學刊,2005(2)。

26. 徐志嘯,《薑齋詩話》詩學價值論〔J〕,北京大學學報(哲學社會科學版),2005(6)。

27. 張少康,陽明心學與王夫之的《薑齋詩話》〔J〕,民族藝術研究,2006(4)。

28. 黃語,錢澄之前期交遊考〔J〕,廈門教育學院學報,2006(4)。

29. 何海燕,由《田間詩學》二南邶鄘衛風看錢澄之說詩〔J〕,淮北煤炭師範學院學報(哲學社會科學版),2006(6)。

30. 張永義,以莊繼易:錢澄之的莊學觀〔J〕,中山大學學報(社會科學版),2006(5)。

31. 諸偉奇,錢澄之的《所知錄》〔J〕,安徽史學,2007(3)

32. 陳國安,論清初詩經學〔J〕,蘇州大學學報(哲學社會科學版),2007(6)。

33. 陳國安,論清代詩經學之發展〔J〕,江蘇大學學報(社會科學版),2008(4)。

34. 李瑞智,論錢澄之田園詩的藝術特色〔J〕,甘肅高師學報,2008(4)。

35. 潘冬,錢澄之《詩》學觀探析〔J〕,新西部,2008(24)。

36. 劉仲華,試論清初降臣孫承澤與理學家的學術交往〔J〕,唐都學刊,2007(6)。

37. 何海燕,清代《詩經》考據學派《詩》學宗旨論析〔J〕,湖北大學學報(哲學社會科學版),2007(5)。

38. 張洪海,試論明末《詩經》評點中的以詩評《詩》〔J〕,涪陵師範學院學報,2007(3)。

39. 何海燕,清代以文學說《詩》文獻述論〔J〕,中國典籍與文化,2007(2)。

40. 袁愈宗,王夫之《詩廣傳》成書年代考〔J〕,衡陽師範學院學報,2007(4)。

41. 涂波,《詩廣傳》主旨新探〔J〕,船山學刊,2007(1)。

42. 邵炳軍,論南宋《詩》學革新精神的基本特徵——以朱熹《詩集傳》爲

代表〔J〕，江海學刊，2008（3）。

43. 程碧花，關於《詩廣傳》成書年代的若干質疑〔J〕，語文學刊，2008（16）。

44. 潘冬，錢澄之《詩》學觀探析〔J〕，新西部，2008（12）。

45. 袁愈宗，論《詩廣傳》的思想內容〔J〕，衡陽師範學院學報，2008（1）。

46. 陳國安，論清代詩經學之發展〔J〕，江蘇大學學報（社會科學版），2008（4）。

47. 李瑞智，論錢澄之田園詩的藝術特色〔J〕，甘肅高師學報，2008（3）。

48. 王珏，王夫之《詩經稗疏》訓詁舉例〔J〕，遵義師範學院學報，2009（3）。

49. 魏春春，從《詩經稗疏》看王夫之的《詩》學闡釋學方法——兼與雷慶翼先生商榷〔J〕，蘭州學刊，2009（12）。

50. 馬育良，王夫之對朱熹性情論的反思及其「興觀群怨」新說〔J〕，合肥學院學報（社會科學版），2009（3）。

51. 任慧，王夫之《唐詩評選》的選詩標準及評點方法〔J〕，文獻，2009（2）。

52. 曾玲先，再談王船山《詩廣傳》對《詩經》的解讀〔J〕，衡陽師範學院學報，2009（2）。

53. 楊年豐，錢澄之研究綜述〔J〕，蘇州大學學報（哲學社會科學版），2009（6）。

54. 潘冬，錢澄之《詩》學思想探析〔J〕，凱里學院學報，2009（2）。

55. 陳國安，明遺民詩經學著述五家論略〔J〕，南京社會科學，2009（4）。

56. 董玲，郝敬的經學與理學〔J〕，江漢論壇，2009（7）。

57. 張銘，錢澄之的詩歌創作主張〔J〕，安慶師範學院學報（社會科學版），2009（1）。

58. 張暉，錢澄之《田間詩集》版本及佚詩〔J〕，文學遺產，2009（6）。

59. 陳友冰，錢澄之創作論稿〔J〕，安徽農業大學學報（社會科學版），2010（1）。

60. 歐麗麗，淺析錢澄之詩歌中的民族情結〔J〕，內蒙古農業大學學報（社會科學版），2010（2）。

61. 夏正亮，論錢澄之對陶淵明的接受〔J〕，湖北師範學院學報（哲學社會科學版），2010（5）。

62. 張瑞傑，試論錢澄之對桐城派的影響〔J〕，長治學院學報，2010（1）。

63. 張瑞傑，錢澄之「情道」觀在散文創作中的體現〔J〕，西昌學院學報（社會科學版），2010（1）。

64. 楊年豐，試論錢澄之《藏山閣集》的詩史精神〔J〕，深圳大學學報（人文社會科學版），2010（5）。

65. 李波，明代桐城《莊子》研究〔J〕，安慶師範學院學報（社會科學版），2010（5）。

66. 宋健，論道盛弟子對《三子會宗論》的再闡釋：以方以智、錢澄之、屈大均爲中心〔J〕，南京師大學報（社會科學版），2010（1）。

67. 宮丹丹，錢澄之中後期交遊考〔J〕，淮南師範學院學報，2010（2）。

68. 姜克濱，血與火的史詩：論錢澄之歌行〔J〕，黑龍江社會科學，2011（1）。

69. 陳欣，論錢澄之的楚辭觀與方法論〔J〕，學術交流，2011（10）。

70. 趙春燕，陳佩文，錢澄之生平考證及後期之「客隱」〔J〕，廣播電視大學學報（哲學社會科學版），2011（2）。

71. 張暉，文體與遺民心境的展現——以錢澄之的晚年著述爲例〔J〕，中山大學學報（社會科學版），2011（4）。

72. 紀曉建，琅石戶經聲遠，破案焚香誦楚辭：由《藏山閣集》看錢澄之哀民傷世情懷〔J〕，中國韻文學刊，2012（1）。

73. 周懷文、經麗麗，風人之旨誰可獨得——略論毛奇齡對朱熹「淫詩」說的批判〔J〕，合肥學院學報，2012（3）。

74. 謝陽明，錢澄之的遺民晚景——以《田間尺牘》爲考察中心 A，//蔡英俊、林玫儀等，臺灣學術新視野：中國文學之部（二）〔C〕，臺北：五南圖書出版有限公司，2007：987～1011。

75. 張暉，詩與史的交涉——錢澄之《所知錄》書寫樣態及其意涵之研究 A，//曹虹、蔣寅、張宏生主編，清代文學研究集刊（第三輯）〔C〕，人民文學出版社，2010：302～330。

（二）學位論文

1. 陳景聚，姚際恒、崔述與方玉潤的《詩經》學「簡論」〔D〕，西安：西北大學，2004年。

2. 張銘，錢澄之詩歌研究〔D〕，西安：安徽大學，2004年。

3. 趙春燕，錢澄之《田間詩集》研究〔D〕，蕪湖：安徽師範大學，2006年。

4. 譚景芳《錢澄之及其詩歌研究》〔D〕，臺灣：銘傳大學，2005年。

5. 許曉燕，錢澄之閩粵桂詩歌研究〔D〕，合肥：安徽大學，2007年。

6. 張燕榮，錢澄之及其詩歌研究〔D〕，漳州：漳州師範學院，2007年。

7. 楊靜，理學背景下的《詩集傳》闡釋學研究〔D〕，蕪湖：安徽師範大學，2007年。

8. 郗曉莉，錢澄之及其《藏山閣詩存》研究〔D〕，廣州：暨南大學，2008年。

9. 程碧花，王夫之《詩廣傳》研究〔D〕，福州：福建師範大學，2008年。

10. 羅金燕，王夫之《詩廣傳》闡釋思想和闡釋方法研究〔D〕，福州：福建師範大學，2008 年。

11. 高美平，王夫之《詩經稗疏》研究〔D〕，北京：首都師範大學，2009 年。

12. 李鍾武，王夫之詩學範疇研究〔D〕，上海：復旦大學，2004 年。

13. 袁愈宗，《詩廣傳》詩學思想研究〔D〕，濟南：山東師範大學，2006 年。

14. 肖建原，王夫之對老莊思想的研究〔D〕，西安：西北大學，2008 年。

15. 寧宇，清代文學派《詩》學研究〔D〕，濟南：山東大學博士學位論文，2004 年。

16. 何海燕，清代《詩經》學研究〔D〕，武漢：華中師範大學博士學位論文，2005 年。

17. 陳國安，清代詩經學研究〔D〕，蘇州：蘇州大學博士學位論文，2008 年。

18. 潘冬，錢澄之《田間詩學》研究〔D〕，貴陽：貴州大學碩士學位論文，2008 年。

19. 李兆祿，清前中期《詩經》文學詮釋史論〔D〕，濟南：山東師範大學博士學位論文，2009 年。

20. 楊年豐，錢澄之文學研究〔D〕，蘇州：蘇州大學博士學位論文，2010 年。

21. 馮曉睿，錢澄之《田間詩學》研究〔D〕，南寧：廣西大學碩士學位論文，2013 年。

22. 周挺啓，錢澄之《田間詩學》研究〔D〕，上海：華東師範大學博士學位論文，2013 年。

23. 陶有浩，錢澄之易學思想研究〔D〕，蘇州：蘇州大學博士學位論文，2014 年。

附　錄

錢氏世系表〔註1〕

少典──81世〔註2〕→武肅王鏐（開國之祖〔註3〕）→文穆王元瓘→儼

〔註1〕 錢氏世系的傳承在錢澄之《田間文集》三篇文章中有考述，它們是《譜系考》
　　　　《宗派考末議》《先考敬修先生鏡水府君行略》，特別是自武肅王至錢志立的
　　　　世系傳承在最後一文中的開端有簡潔而又明晰的論述，蘇州大學張瑞傑的碩
　　　　士論文正是以這三篇文章爲基礎作出了錢氏世系簡表，但因爲錢澄之論述的
　　　　簡略，中間有許多省略，所以張瑞傑的簡表也有許多缺略，本文在它們的基
　　　　礎上，又根據樅陽縣青山村錢家戴莊錢葉勤先生家所藏的《吳越錢氏七修流
　　　　光宗譜》，對於其中缺省的部分做出補充，完成了上面相對詳細的世系表。
　　　　樅陽錢氏《吳越錢氏七修流光宗譜》家譜三十八卷，修於民國癸亥（1923年），
　　　　鏡水公之裔孫錢奕珠評價此譜説，「該譜上至少典、黃帝，至武肅王父寬公爲
　　　　遠祖八十世。近祖至武肅王鏐至遷皖桐始祖以下奕葉立尼門子孫，上下四千
　　　　餘年，一脈相承，秩序井然，無訛無錯，是樅陽境內保管最全、最好、難得
　　　　的錢氏家譜」。（參考錢氏聯誼網 www.qsly.org）
　　　　此譜的準確性其實參照錢澄之上面三篇文章就可以看出，詞譜的記載與它們幾
　　　　乎沒有出入，《先考敬修先生鏡水府君行略》一文中記載的自武肅王至錢志立的
　　　　世系傳承，從人名到世系傳承的代數都沒有任何差訛，應該説此譜是可信的，
　　　　其實錢澄之有感於世系的紛亂複雜，他自己就對流光譜進行過續修，《吳越錢氏
　　　　七修流光宗譜》應該正是在錢澄之所修正之譜的基礎上繼續續修而成的。
〔註2〕 《田間文集》卷二十八《譜系考》「吾家譜自武肅王修《大宗譜》，文僖公繼
　　　　之修《慶系譜》，其後家族益繁，支分派別，各自有譜。吾家自淳安遷桐城，
　　　　所傳有《流光譜》，則淳安端淩公所修也。其自武肅以前八十一世，下逮文穆
　　　　諸子忠懿王及所爲十房，世序皆同。」錢氏宗譜有《大宗譜》《慶系譜》《流
　　　　光譜》三種，但它們自少典經八十一世至武肅的世序是沒有差異的。
〔註3〕 《田間文集》卷二十八《譜系考》：「武肅王爲開國之祖。武肅以下，則皆以
　　　　始遷分派者爲祖可也。」

→昭聰→隱之（新安始祖〔註4〕）→九敘→鐙→思齊→守贊→臻→嶨（淳安之
祖〔註5〕）→大椿→艾→烈（桐城始祖〔註6〕）→安二→和一→必壽→時→誨
→績→鵬→如岳→元吉→巨中→志立→秉鐙

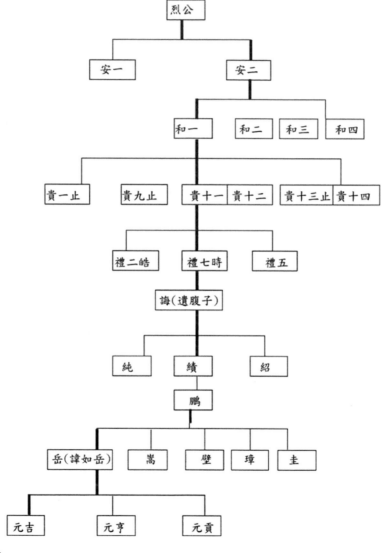

續上表

〔註 4〕《田間文集》卷二十八《譜系考》：《流光譜》稱：「隱之公以寺丞守新安，遂
居歙之汝溪，是爲新安始祖。」
〔註 5〕《田間文集》卷二十八《譜系考》：「吾譜則應以嶨公爲始遷淳安之祖。」
〔註 6〕《田間文集》卷二十八《譜系考》：「吾祖（指烈公）於宋末由浙水泛宅浮大
江而上，止於桐城之東鄉虯漕里，遂定居焉。」

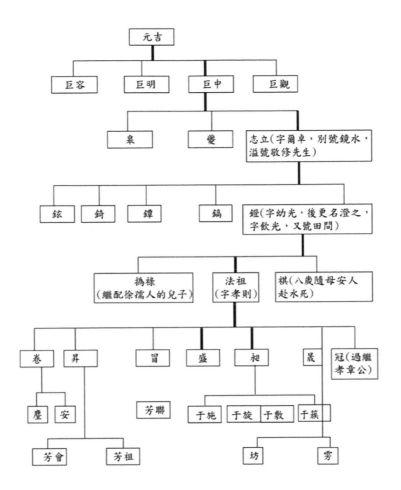

錢澄之年譜

凡　例

　　一、本譜寫作著力於為讀者提供一份全面並相對客觀的錢澄之的年譜。
正如諸偉奇先生在《錢澄之全集》後記中所說「所收年譜僅編至錢澄之六十
一歲而止，不全；又系譜主之子所作，或有失客觀。今日既編纂全集，則當
撰成新譜。」

　　二、錢澄之的生卒年有 1611、1612 和 1693、1694 年等不同的說法，根
據《田間文集・田間家公傳》（錢品三藏本，錢氏振風學社校印，宣統二年仲
秋）記載：「公生萬曆壬子四月二十九日巳時，享壽八十有二，卒於康熙癸酉
九月初一日子時」，又據《吳越錢氏七修流光宗譜》記載，「生萬曆壬子四月

廿九，卒康熙癸酉九月初一，葬周家山余家灣月形」，作爲錢氏後代，他們的記錄應該更準確可信，所以本年譜生卒年也定於：生於明萬曆四十年壬子四月二十九日，卒於清康熙三十二年癸酉九月初一日。

　　三、本譜以時間爲線索，綜之以詩、文、尺牘、以及歷史。錢澄之本人就有很強的年譜意識，他在《生還集自序》中說：「該集寫於國難之際，其間遭遇之坎壈，行役之崎嶇，以至山川之勝概，風俗之殊態，天時人事之變移，一覽可見。披斯集者，以作予年譜可也。詩史云乎哉！」其實，除了《藏山閣詩存》起到年譜和詩史的作用，他的《所知錄》更是有很強的歷史意識，而《田間詩集》《田間尺牘》等雖不能再稱爲詩史，卻也是處處標明時間，起到年譜的作用。所以，他的詩作爲本譜創作的主要依據。錢澄之至南明行朝的那段時間，正是晚明歷史上最爲複雜迷離的時期，所以，這一段的年譜還參考了他的《所知錄》，以及《南明史》《小腆紀年》等別的歷史著作。這段時間他對歷史、政治問題也多有闡發，因此，《藏山閣文存》中有關的文篇也一併列出。晚年爲著述刊刻的問題，錢澄之與諸友書信頻繁，晚年年譜中則還參照《田間尺牘》。

　　四、由於錢澄之本身強烈的存史意識，他的詩作一般都是按時序排列，他的詩學理念也注重自然眞實，所以其詩篇名稱本身也提供了關於其行藏出處的眾多有效信息，所以本譜的寫作引用了眾多的詩篇篇名。這些詩篇都來自他的詩集《藏山閣集》《田間詩集》，《行腳詩》爲前者的最後一篇，其後的都來自後者，爲了行文簡約，恕不在年譜正文一一標明詩篇出自的書名，在此說明。而對於詩句的引用，主要是爲了揭示具體時間、地點以及事由，包括體現其心理狀態、思想感情以及現實生活。

　　五、本譜運用了「注」和「按」兩種形式：「注」主要作注解，解釋說明。「按」補充說明一些相關背景材料，必要時發表自己的一些言論。

　　六、年譜、詩篇中所涉及的地名，有古今地名變遷的則在「注」中說明。

　　七、本譜的寫作，前六十一年參考了錢掁祿《錢公飮光府君年譜》（以下簡稱《年譜》），特別是 25 歲之前的事情由於資料缺乏主要由此年譜節錄而成。最後二十年的活動，錢品三有簡短的《錢公飮光府君年譜按》，蕭穆先生有一段概述——《記田間先生年譜》，樅陽歷史文人欄以「田間後裔」的筆名也刊載了這段時間的年譜（www.qsly.org），它們三者是後二十年年譜寫作的重要參考。

壬子　明萬曆四十年 1612 年　1 歲

四月二十九，錢澄之出生。

髡殘（介丘）生。（據周亮工《賴古堂集》卷二十《與張瑤星書》）

方文（爾止）生。（據方文《嵞山集》）

孫臨（克咸）二歲。（據《汗青閣集》及《桐城耆舊傳》）

金堡（道隱）二歲。（據陳垣《清初僧諍記》）

方以智（密之）二歲。（據任道斌《方以智年譜》）

黃宗羲（太沖）三歲。（據黃宗羲《黃梨州自撰年譜》）

張怡（瑤星）五歲。（據方苞《白雲先生傳》）

徐孚遠（闇公）十四歲。（據陳乃乾、陳洙《徐闇公年譜》）

覺浪（道盛）二十一歲。（據陳垣《清初僧諍記》）

瞿式耜（起田）二十四歲。（據《粵行紀事》及《浮山文集前編》卷九《嶺外稿》卷下《壽留守相公六十序》）

黃道周（幼玄）二十八歲。（據莊起儔《漳浦黃先生年譜》）

丙辰　明萬曆四十四年 1616 年 5 歲

王母童孺人卒。（據《田間文集》中《先考敬修先生鏡水府君行略》）

戊午　明萬曆四十六年 1618 年　7 歲

「從舅氏龍九達公發蒙，與侄因之同讀。」「是冬，與方氏議婚」（據錢撝祿《錢公飲光府君年譜》）

辛酉　明天啟元年 1621 年　10 歲

錢澄之從龍谷祥舅公。

王夫之三歲。（據王之春《船山公年譜前後編》）

壬戌　明天啟二年 1622 年　11 歲

錢澄之從親遊浮山華嚴寺。據《浮山示山足上座》。

甲子　明天啟四年 1624 年　13 歲

谷祥歿，從兄浮玉代之。冬，從大伯父伯玉讀。

丙寅　明天啟六年 1626 年　15 歲

錢澄之與方氏完婚。

與孫克咸結交，後來二人同遊西泠，賦詩唱和不絕，兩人友情深厚，每

抵足深談，感懷時事，直至唏噓泣下。（按 孫臨，字克咸，後改字武公。）（參見《田間文集》卷二十一《孫武公傳》，第 406 頁）

丁卯　明天啟七年 1627 年　16 歲

錢澄之隨祖父爲白下游，寓清涼寺，有《秋夜不寐》詩，自此，同三伯父讀書。

戊辰　明崇禎元年 1628 年 17 歲

錢澄之參加在鄉里石屋寺組織的文社。

己巳　明崇禎二年 1629 年　18 歲

六月，祖母歿，冬葬祖母於宅後麥園。

庚午　明崇禎三年 1630 年　19 歲

錢澄之與方以智相識，二人志同道和，成爲一生的摯友。

按，方以智，字密之，號曼公。與陳貞慧、冒襄、侯方域等人一起參加復社，人稱明末四公子。

辛未　明崇禎四年 1631 年　20 歲

「辛未年二十歲。府君至皖，見阮霧靈翁，大爲稱許。是秋，作《海棠賦》」（據錢攟祿《錢公飲光府君年譜》）

冬，長子法祖生。（據《田間文集》中《先妻方氏行略》）

壬申　明崇禎五年 1632 年　21 歲

入潘次魯、方聖羽組織的中江文社。後方以智告知中江社是由阮大鋮操縱的，才從中退出，並與閹黨劃清界限。

與孫克咸訂交。（據《田間文集》中《孫武公傳》）

甲戌　明崇禎七年 1634 年　23 歲

隨祖父遊上海，過白門，拜謁孔玉衡。冬，回裏。劉用潛希望他能明年入署讀書。

乙亥　明崇禎八年 1635 年　24 歲

正月，流賊至，三伯、四伯偕錢澄之東下，錢澄之入劉用潛上海署中讀書。回裏，過婁東，謁張西銘。

丙子　明崇禎九年　清崇德元年 1636 年　25 歲

與左子直、子忠、子厚讀書龍眠山中。

注，龍眠山在舒城縣城西南 40 公里，舒城、桐城二縣分界處。形如臥龍，故名。山分東、西支，東龍眠屬桐城縣，西龍眠屬舒城縣。

丁丑　明崇禎十年　清崇德二年 1637 年　26 歲

春，賊大至。闔家渡江，避於烏落州，賊退，始回。五月，復至，再往。是年，長子長痘。冬，生次子。

戊寅　明崇禎十一年　清崇德三年 1638 年　27 歲

【時事】清三路攻明，一指易州（河北易縣），一指河北雄縣，一指安肅（河北徐水），連陷北直隸 48 城。三邊總督洪承疇大破李自成，李自成走依張獻忠，張獻忠謀殺之，李自成奔（河南）淅川。

「鍵戶讀書，會方仁植以中丞撫楚，密之自楚回，邀府君至白門共事。」《同方密之江行紀事》。據《江上懷友》二人乘船前往，路上目睹了官兵的暴行。據《官兵行》、《漕卒行》。

八月——十二月，金陵大旱。《金陵涸》「今年八月不雨至臘月，秦淮流乾清溪竭。」

流寓白門復社諸生，對避寇於白門納俠談兵的阮大鋮厭惡至極，作《留都防亂公揭》驅逐之。錢澄之有《阮大鋮本末小紀》。

九月十八日，成寶慈被逮。據《成寶慈侍御被逮北上》、《讀石齋先生有作》。

因為家中流賊眾多，錢澄之搬家到舞鸞鄉。據《避寇移家舞鸞鄉》。

己卯　明崇禎十二年　清崇德四年　1639 年　28 歲

【時事】清軍陷山東 16 城，入濟南。明軍大破闖王李自成於函谷，李自成奔鄖陽。

元日，《元日寓中試筆》

「往白門（注，江蘇省南京市的別名。六朝皆都建康（今南京市），其正南門為宣陽門，俗稱白門，故名。）館於葉鼎仲家」《雨中上牛首》（注，牛首，在江寧府南，上有二峰相對，晉王導稱為「天闕」，又名天闕山）據《牛首訪鐵漢上人》。

冬歲試卷置之第三。

庚辰　明崇禎十三年　清崇德五年 1640 年　29 歲

【時事】明北京（河北）、南京、河南、山西、陝西、浙江大旱大蝗。東閣大學士楊嗣昌督師擊變民。張獻忠入四川，李自成入河南。

「正月，入城，留龍眠山中，與三左同事。」

按，「三左」指左子直，左子忠，左子厚。

錢澄之父親錢志立病重，病中還與錢澄之說《易》，日後錢澄之《田間易學》即是這種家族學術傳統的成果。不久，病歿。何文端公為之作墓誌銘。（參見《田間文集‧先考敬修先生鏡水府君行略》）《紀哀》42 首《又二首》「跼蹐終餘齡，負盡平生志。」

是年，大潦，農田盡沒，禾苗盡毀。《廬居雜感》、《又十首》、《哀吟八章》寫盡生活的困窘無奈。《感時》、《大水歎》、《伯仲歎》「旱田水大禾爛死，晚收擔石盡輸官。」

辛巳　明崇禎十四年　清崇德六年 1641 年　30 歲

【時事】清軍圍（江寧）錦州，明進兵遭伏，死傷無數。李自成陷洛陽，執福王朱常洵，剁為肉醬，雜鹿肉食之，號「福祿酒」。張獻忠陷襄陽（湖北襄樊）。

「春，同左子直東下到戴（指戴功甫）館，與方奕於同事。」（據錢撝祿《錢公歈光府君年譜》）

九月十三，葬其父於宅後之來園山。（參見《田間文集‧先考敬修先生鏡水府君行略》）

隨之，流賊竄至，錢澄之從池州回到家中，據《秋浦酬孔仲石魚酒見餉》、《移家白門紀事》（即《南徙紀事》）「客子在秋浦，遙見光燭天。跟蹌渡江返，舉家涕泗漣。」攜家眷搬往白門，租石城門一寡婦家度日，生活貧困窘迫。《移家白門紀事》「雖無門與扉，次第竹可編。入門乏床褥，爛漫睡一氈。朝寒不能起，坐擁衾中綿。客至無榻施，席地草綿芊。汲井缺瓶緪，日午未炊煙。小兒叫索飯，苦遭嚴母鞭。」

「除夕，方瞿庵約流京諸子張戲夜宴，遂達天明。」（據錢撝祿《錢公歈光府君年譜》）

在南京，認識方授。受方授等人所託，編選《過江集》。（據《田間文集》中《方處子留墓表》《文學劉臣向墓表》）

壬午　明崇禎十五年　清崇德七年 1642 年　31 歲

【時事】清軍陷松山，洪承疇降，清軍直抵山海關。李自成功（河南）開封，決黃河水灌之，城陷。南攻，又陷（河南）南陽，抵荊州（湖北江陵）。

清軍第五次入塞，直抵山東（兗州）。據《雜感》。

明闖王李自成攻開封，決黃河水，城陷。《大梁行》（注，「大梁」，戰國魏都，即今河南開封。）「夜半陷城官不死，死者盡是大梁民。」

「移居城北，與吳鑑在、劉臣向比屋而居，仍踐奕於約，為三子授經。」《又青園夜坐示方奕於》「避亂白門北，門對鍾山青。」「胡為方壯盛，終歲守一經。努力策奇勳，上勒燕然銘」。

何文端歿，復社公祭，錢澄之作祭文。

往謁仲馭，二人談詩作文，相交甚歡。

秋試闈，不中，自此不復事帖括。（據《田間文集》中《先妻方氏行略》）

癸未　明崇禎十六年　清崇德八年 1643 年　32 歲

【時事】清軍自兗州還功北京。清帝皇太極卒，福臨嗣位。李自成陷承天（湖北鍾祥）、（湖南）常德。北上，陷西安。張獻忠陷（湖北）黃州，稱西王。陷武昌（湖北武漢），執楚王朱華奎，沈於長江。

「仲馭請終養得允，解任歸，錢澄之送之，握手約東下共事，未幾，聞太夫人之訃，因附方瞿庵舟，與奕於同入松江，晤夏瑗公先生、臥子、闇公，因便道過嘉善，兩君入武林」。（據《雲間夏瑗公先生招飲即事》）

注，武林，在浙江杭縣。《省志》武林山者，靈隱天竺諸山之總名也，杭州舊稱武林，以山得名。

「錢澄之留仲馭家，與爾玉、爾斐、彥林、仲芳、魏子一、子存交」。據《到武塘訪家仲馭廬居》、《訪家爾斐村墅》、《魏子一招飲席上有贈》。

「仲馭病，廬居咳血，不能讀書，錢澄之遂由武康、湖州至杭州，為昌化之遊」。據《武康道中即事》、《古殿歌贈武康令朱白石》、《自武康入杭道逢雷雨寄懷方奕於及門人子山》、《昌化道中》、《經臨安入餘杭即景》。

「返寓湖上，與奕於、瞿庵、孫克咸、姚繩光流連詩酒者兩月，於陸麗京昆仲、嚴子餐昆仲、范文白、沈甸華、徐世臣諸子稱莫逆交。」據《湖上書懷呈陳臥子司理》（名大樽，字子龍）、《同朱雲子望子沈君牧孫克咸夜泛孤山》、《武林送陸大麗京之江右》、《憩韜光庵同繩先克咸題竹上》（韜光，唐僧名）。

「九月，弔岳墳，有詩，傳誦遍吳越間」。據《九月弔岳墳》、《拜先祠》。

與孫克咸遊天竺寺，觀飛來峰。據《同克咸靈隱天竺即事》、《飲飛來峰下同克咸醉後限韻題壁上》。

「九月盡，仍至嘉善，仲馭病起，尋前約」。據《南園雜詠同仲馭作》、《彥林家伶散為健兒因予強奏數闋》、《自武林回宿家爾玉疏圃》。

「適吳鑑在自閩至，中道奴挈資去，擬附府君歸。府君因勸仲馭明年並約鑑在同事，願分百金各半與為館穀，仲馭許之，遂同返白門。冬，與吳鑑在等編選《過江詩略》」據《江行暮雨有懷白門諸友》、《冬雷行》（11 月）、《留都大閱》。

甲申　明崇禎十七年　清順治元年 1644 年　33 歲

【時事】正月，李自成於西安稱天王，國號順。3 月，李自成陷北京，朱由檢登萬壽山自縊死。李自成稱帝，明寧遠總兵吳三桂降。繼而聞其愛妾陳圓圓入宮，大憤，引兵還山海關。李自成擊之，吳三桂遣使赴清請師，清軍遂入山海關。順軍大敗，李自成棄北京，奔山西。5 月，明福王朱由崧於南京即位，為安宗。兵部尚書史可法督師江北，馬士英任東閣大學士，封左良玉為南寧侯。6 月，清軍遣將入山東、河南、山西。7 月，清軍底定山西，李自成奔西安。8 月，清帝世祖福臨遷都北京。11 月，西王張獻忠於成都稱大西國王，國號西。

按，錢撝祿《年譜》中稱這一年「是時雖在難中，而製作甚多，仲馭以事入白門，相公留居息園，每讀府君詩一首，輒歎曰『才子也！』」甲申年，這個意義攸關之年，是一個具有劃時代的「歷史分際點」，對於明遺民更是意味沉重，所以，錢澄之「製作甚多」非常自然，但這個敏感的年份，也有著特殊的歷史意味，從《藏山閣集·生還集》的現存詩作來看，卻幾乎全為乙酉年的作品，並沒有明顯的甲申年的詩作，這當然有可能是散佚了，但更可能與這一年特殊的歷史有關，內容過於敏感，很有可能在後來編選的過程中，予以刪除了。

所以，這一年的年譜無法再用作品進行參照勾連，只能通過《年譜》記載略為勾勒如下：

錢澄之同吳鑑在過揚州，下嘉興，與錢仲馭三人閉戶南園讀史作詩。3 月，得到甲申之變的消息，痛哭，計劃迎立事宜，欲立潞王，而馬士英早已擁戴福王在南京即位，在這個敏感的政治問題上，錢澄之被阮大鋮抓住把

柄，從此牽連進黨禍，開始奔波逃難。

　　在混迹逃難的過程中，遇黃石齋先生的船經過閶門，兩人有了第一次交談，黃勸錢「學《易》以遠害全身，授以所著《象正》。」後來錢澄之的《田間易學》顯然深受其影響。

　　除夕前數日，方安人攜子女到嘉善，錢澄之回到嘉善與他們相聚，住在仲馭南園的小閣中。

乙酉　明弘光元年　隆武元年　清順治二年1645年　34歲

　　【時事】正月十八日，清豫親王多鐸佔領西安。2月，清多鐸攻（陝西）潼關，李自成棄西安，南奔武昌（湖北武漢）。明左良玉自武昌起兵清君側，順長江東下討馬士英。4月，馬士英盡撤江北禦清守軍入衛南京、左良玉至九江，病卒。其子左夢庚引軍西還。尋降清。清陷揚州，史可法戰死。清屠城。5月，清陷南京，斬朱由崧。5月初四，李自成行至湖北通山縣境九宮山下，遭到當地地主武裝的襲擊，被擊殺。6月，清政府下剃髮令。明魯王朱以海於紹興稱監國。明唐王朱聿鍵於福州稱帝，是爲紹宗。8月，清陷（江蘇）江陰，屠城。10月，朱聿鍵遣給事中劉中藻頒詔紹興，監國朱以海不受，自是二人如水火。11月，朱聿鍵移駐建寧（福建建甌）。督師黃道周行軍至婺源，被清軍俘獲，斬於南京。

　　春天，爲避黨禍，錢澄之安置家眷避居南園，自己則往來於吳門、雲間（注　舊時松江府的別稱。松江府約爲今上海市吳淞江以南直至海邊的整個區域。府治在華亭縣，即今上海市松江縣。西晉文學家陸雲，字士龍，華亭人，對客自稱「雲間陸士龍」，後人因此稱松江爲雲間）。據《詠史》、《春興》、《落花歎》、《長干行》、《蕩子行寄方直之》。

　　針對南渡三案（1644年12月的大悲案、假太子案，1645年初的童妃案），錢澄之創作傳疑詩三首《假親王》、《假後》、《假太子》，有雜文《南渡三疑案》。（據《南明史》，三案其實乃某些東林復社黨人借之興風作浪，對弘光帝進行人身攻擊。錢澄之有詩句「黨人爲主使，大獄事羅織。」）

　　4月，清陷揚州，史可法被俘遇難，5月，清軍攻佔南京，初十，弘光帝朱由崧逃出南京，於蕪湖投靠靖國公黃得功，因爲部下叛變，黃得功被箭射中，後自刎而死。錢澄之有紀念二人的《二忠詩》。

　　馬士英護衛鄒太后到達杭州，請潞王監國。6月初八，潞王朱常淓就任監國。初九，按照馬士英的意見，派陳洪範同清軍議和。錢澄之在嘉興與他相

遇，認為「以此請和，必不見聽。當乘此兵勢，返旆梟二監之首，號召三吳，東南響應，堅壁以戰，然後議和可耳。」有《哀越詩》。

很快，潞王降清。清政府下剃髮令，貝勒博洛以書幣招降商周祚、劉宗舟、徐石麟及相公四人（據錢撝祿《錢公飲光府君年譜》），錢澄之為相公作了回書，即《寓武水為家塞庵閣學覆貝勒書》。（據《藏山閣集》第 391 頁），「信中批駁了清所謂『清取天下取之於賊非取之於明』的謬論，引經據典，巧設譬喻，指出清人所為無信無義，名為入室驅盜，實乃盡『主人所有』而竊據之，其行為與『大盜』無異。」（據湯華泉《藏山閣集》整理說明，第 8 頁）

按，相公：即錢士升（1575～1652），字抑之，號御冷，晚號塞庵，明嘉善人。萬曆四十四年殿試第一（即狀元），授翰林修撰。崇禎中累官禮部尚書，兼東閣大學士，參預機務，議切時政，以此失帝意，引罪乞休。

閏六月，錢棅起義兵，錢澄之參與。《藏山閣集·吳廷尉鑑在傳》「乙酉夏，南都失守，三吳鼎沸，仲馭（即錢棅）承相國命起義兵，予兩人皆入其軍。」又據《小腆紀年附考》，也記載了吏部郎中錢棅起兵之事。《三吳兵起紀事答友人問》「薙髮令朝下，相顧為髮悲。三吳同時沸，紛紛起義師。」此輩本烏合，一潰豈復支。」「日費千黃金，空養搖櫓兒。」

八月十七日，錢棅、吳鑑在留舟中，錢澄之與徐闇公、孫克咸前往沈聖符家。舟行途中，突聽河內一駁聲，仲馭被清兵擊中，鑑在僥倖逃出，而仲馭舟上錢澄之的家人一同遇難，其妻方氏，女兒瑤池以及兒子孺琪皆亡，只有大兒子法祖僥倖活命。有《悲憤詩》。（可參考《田間文集·先妻方氏行略》）為了收屍，錢澄之滯留於村中，第二天，清兵又至，錢澄之攜其子投一枝庵，後又奔往沈聖符家中。據《震澤》、《重過沈聖符村居》。

九月，「而沈聖符鄉人有自新安帶魚山家信回者並約府君輩，大兒（指法祖）為其說所動，堅欲行，錢澄之遂偕之行。至孝豐，新安已破，乃間道入昌化。」

按，新安，不指蘇北的新安，而應該指安徽南部的「新安衛」，所以錢澄之的路線是一路往南，由震澤→孝豐→昌化。

據《夜渡》、《曉涉》、《莫村雨飯武康秀才莊》、《山行》、《過昌化感舊》。

困於昌化，後由穆修玄出資，隨之往閩。至衢州，遇韋劍威。聽人說入關需有撫院批文，錢澄之猶豫不能決，卜之關廟，不吉，錢澄之留於韋劍威

家中，穆修玄則與之分別繼續前進。《睦州道上示新安穆秀才修玄》、《衢州遇韋劍威》、《送別穆修玄入大安關》「故人茲獨往，慚愧遠來情。」在衢州，朱潤生把錢澄之亡婦方氏的絕命詩付梓，和者甚多，錢澄之有酬謝詩。《酬朱潤生》幾日後，徐欽玉又邀錢澄之同行，又卜之，乃與韋劍威、徐欽玉一起前行，度過仙霞關，買船下閩溪。據《同韋劍威徐欽玉度仙霞關》、《閩江即事》。

「九月盡，隨金中丞使者至孝豐，聞新安失守，改從間道轉入行在。」（據《藏山閣集》第 371 頁。）

10 月底，至福建行在，有《擬上行在疏》。與徐孚遠、徐鳴時、吳德操三人一起爲首輔黃道周舉薦，值朝廷破格用人，直接赴吏部參加考試，名列第一，鑑在排在第七（後得知縣，被派往長汀）。他被當時宰相曾櫻看中，任以吉安推官。據《初達行在》、《放歌贈吳鑑在》、《授官後呈黃石齋曾二雲兩師》、《藏山閣集》有《寄黃石齋閣部老師書》。

12 月，於福州迎春。《福州迎春歌》「福州臘月天氣佳，迎春看春人如花」上書給熊魚山、黃道周《上熊魚山先生書》、《寄黃石齋閣部老師書》。在給黃道周的書中，錢澄之指出「在關外，聞行朝開儲賢館，應以老師領其事，莫不踴躍重妍足開，思得自致於門下。及至，別有司之者，而老師反出關治軍旅之事，即人人失望，而疑朝廷任用之乖方也。老師之自請出關，無兵無餉，徒以一二老書生自隨，講論道德，將欲以忠義激發人心，而收破虜之功耶？」明確表達了他對朝廷用人之方的批判，對黃道周的處境也有非常清醒的認識。從他的描述我們看出黃道周的出征一開始其實就意味著是一個悲劇。很快，十二月，黃道周被清軍圍攻，被俘被殺。

12 月 31 日，與方蘊修、劉遠生、劉客生度歲芋園。（注，芋園驛在福建侯官縣境）《入虔次芋園驛同方蘊修守歲劉中丞遠生昆仲寓中》，據《藏山閣集·與開少御史書》「奉別後，度歲芋園，即以元日首路，燈節始出閩關，入贛州。」

丙戌　明隆武二年　監國元年　清順治三年 1646 年　35 歲

【時事】二月十九日，清廷命多羅貝勒博洛爲征南大將軍，與固山額眞圖賴領兵南下，進攻浙江、福建。五月十五日，博洛軍隊進攻杭州。這年夏季浙江久旱不雨，錢塘江水涸流細，清軍全線出擊。五月二十九日晚上，魯監國朱以海航海奔浙江舟山。六月初一，清軍佔領紹興。七月十六日攻破金華。

三月二十四日，金聲桓等部攻克吉安。隨即由江西都督金聲桓部，支持總兵柯永盛部合兵向贛南推進。明督師萬元吉計劃在皂口據險扼守，然而兵無固志，紛紛南逃。六月初八，清軍前鋒抵贛州城下，於十月初四日，攻破贛州。

八月，清軍入仙霞嶺，陷延平，朱聿鍵奔汀洲（今福建長汀），於二十八日被俘遇害。九月十九日進至福州，百姓剃髮留辮。十一月，明桂王朱由榔於廣東肇慶稱帝，唐王朱聿於廣州稱帝。十二月，清軍陷廣州，朱聿自縊死。

西王張獻忠焚成都，出川北，欲入陝西，至四川鹽亭遇清軍，被殺。

丙戌元旦，錢澄之與新任江西巡撫劉廣胤（後改名遠生）一同出閩，別陳道掌、朱永祐，《飲陳道掌留別》、《奉別朱文園先生入虔》，中途經過芋園驛。據《丙戌元旦同遠生芋園驛作》，於閩江上又遇上冰雹，《閩江冰雹歌》「閩江正月氣鬱然，日午天南赤血凝」。

入虔州，至虔州道署（錢澄之由于吉安被圍，沒法赴任，只好同劉遠生一起，借虔州道署行事），章貢水漲。《同遠生中丞入虔道上雜作》、《江漲》、《鄰舟聞同鄉人聲》「虔州城樓初擊鼓，泊船檣並江頭估」，據《虔署》、《嵯峨寺茶話》。

注，【虔州】隋開皇九年（589 年）以南康郡改置，治所在贛縣（今江西贛州市西南，後徙今贛州市。）

三月初五，洪承疇勸降不成，錢澄之的老師黃道周於南京被殺。《哭漳浦師》。

三月二十四日，金聲桓等部攻克吉安《江西贈延安劉客生臥病》「吉州烽火暗天涯」

「四月初六日，北兵漸近皂口，元吉退入贛。十四日，北兵至贛，隔水而軍」，撫州陷。（據《所知錄》第 29 頁）據《從軍口號》、《虔州即事》、《從軍行》、《虔州行》。

錢澄之離開江西，再次進入福建，由長汀到達行在延平，「復進閩，至延平」《據長汀道中示吳二明府》、《雨中吳長汀招飲城南樓》、《清流道中寄李介止學憲》、（清流屬汀州府）《白蓮驛七夕》、（白蓮驛在延平府將樂）《自將樂放舟寄吳長汀》。

五月，殺假官沐堅、李之秀，其後都督陳謙稱奉魯監國使命入閩，被御使錢邦芑劾以「以閩要浙，以浙要閩」，也被斬於市，鄭芝龍救之不得，伏屍

大哭。（據《所知錄》第34頁）於丙戌六月作《陳將軍》「今年二豎冒官職，即時賜死冤誰呼？從來亂國用重典，將軍觀望那得免」。

六月，鄉試。皇上親試流寓貢生，取萬子荊、倪天弼等三十餘人，改爲萃士，照庶吉士例，送翰林院教習。（據《所知錄》第35頁）《萃士歌》。

六月初一，清軍佔領紹興，魯監國朱以海航海至舟山。

六月初八日，清軍前鋒抵贛州城下，萬元吉扁舟誓師皂口。由於贛南重要的戰略地位，除劉遠生，萬元吉（時任江西總督），本召入直的武英殿大學士楊廷麟也留在了贛州，而奉命往湖南經過贛州的楊文薦也因爲戰事緊急，入城自任城守。據《樓船行贈楊清江相公》、《贈楊幼於給諫》。

七月，隆武帝誕下元子。《越東破》「唇亡齒寒古所忌，君不聞元子之誕唇先亡！」

七月二十五日，隆武帝於午門當眾焚迎降書二百餘封。《初見朝恭記》「庭宣迎降表，帕覆出關書。中使傳燒卻，君王度有餘。」

八月，清軍偷襲章江水師，衝破廣營，擊敗滇軍，各路援軍回退，贛州城陷入孤立無援之境地。《從軍行》、《從軍口號》記錄了清軍的順利和明軍的敗退。「月照漢家營悄悄，隔河拍手唱夷歌」；《虔州即師》「急撤萬安防皂口，早催章貢下棉灘。雲南戍卒全營去，龍武新軍駐馬看。獨見尺書來幕府。誓將堅臥砥狂瀾」（萬元吉初誓死守皂口，後竟還虔）「南詔諸君去不回，狼兵才費羽書催。棉津天塹全虛險，章貢孤城回自開。」

注，《年譜》「吉安破，北兵至贛，府君辭入閩，劉乃以家眷及宦橐託府君攜付其弟客生」。按從詩作來看，贛州失事前，錢澄之並沒有離開虔州到福建。而客生本人也在虔州：《客生梓石映民遺稿成屬予爲序因題其後》「石不補官，同客生入虔」《鶺鴒行贈劉客生》「中丞開府親握兵，生也謝病臥虔城」《舟夜示客生》「就枕面烽火」，而上詩題《雩都峽夜與客生相失》其中的雩都峽正在贛州雩都縣。另外，《會昌遇姚二存御使與談虔事》「虔州我近過。」

《年譜》「逆流上雩都，客生在焉，聞撫軍與戰敗被獲，相對涕泣。次日，有人自北兵出，接撫軍書曰：『予不得死，拘於高進庫營，高吾同鄉也，善視我。我不能脫，終是一死』」。關於在雩都才與客生會面之事，無法確定，但從《雩都峽夜與客生相失》一詩來看，他倆確實在雩都峽走散。而聽聞劉遠生戰敗涕泣之事，確有詩爲證。《鶺鴒行贈劉客生》有「楚師乘勝得知武，宋人棄甲失華元」《舟夜示客生》「客淚笳聲裏，因君不忍聽」。至於「終是一死」

之說，後來證明也順利躲過。《鵓鴣行贈劉客生》「爾不聞信國被擒航海脫，李廣遭縛奪馬回？忠孝自獲神明助，中丞不死突圍來。」（已，果自圍城逸出。）

八月初一，錢澄之辭朝下縣，由順昌、將樂、沙縣至永安，（據《年譜》第 192 頁）查收催繳積穀餉銀。據《行朝遇袁太常特邱》、《延平書懷》、《行延平諸縣即事》、《延平寄客生鑒在》、《順昌中秋邀興安宗侯黃孝廉小飲》、《遊玉華洞》（在將樂天階山下）。

八月十七日，仲馭遇難一年，錢澄之的妻子方氏，女兒瑤池、次子孺琪也於去年此日震澤之難中身亡，時過一年，錢澄之寫悼亡詩以致紀念。《八月十七日哭仲馭》「去歲茲辰絕命年，錐心不敢恨蒼天」《傷心詩》「玉臺已碎懷中鏡，明月還沈掌上珠。早信靈氛逃大劫，難得因果問浮屠」。

八月二十四日，回至永安貢川鎮，延平已陷，知府王士和赴難。《自永安返至貢川聞延平信示諸吏傳》、《貢川聞王郡伯死爲位哭之》貝勒在延平，殺降官馬士英、方逢年、方國安，懸其首於黯沙灘。（據《所知錄》第 141 頁）《黯沙灘》。

由永安奔汀州，二十八日，隆武帝汀州遇難，錢澄之無法前進，被滯留于歸化胡枋村，再轉入沙縣。《入山》、《莊秀才山居》、《廣文歌》、《永安橋》、《予既別永安山中間道走汀州路阻不前諸友有招予還者兼和鄙韻見寄賦此致謝》；於丙戌十月作的《無題》「鄞江消息定如何，悵望旌旗灑淚多」「六龍此日無消息，夜半占星淚幾行」《鄞江怒詞》《鄞江感懷》《宮詞六首》皆有感於汀州隆武帝遇難之事而發也！（注鄞江，福建汀州府城東，又名汀水。）

按，錢澄之注爲東溪，誤。東溪乃建寧府東，福建北部的一條溪水，據《胡枋》。

十月初四，贛州失守。

自此，錢澄之困於村中，宿於破寺，直到「沙縣生員羅塤等聞之，遣人迎至北鄉寨度歲」《宿廢寺》、《小除夜夢亡妻》「也知破寺無燈火，誰向荒江釃酒漿。貞魄不辭關路阻，九回幽夢訴淒涼。」據《酬羅南生秀才移樽見過》、《除夕》。

丁亥　明永曆元年　監國二年　清順治四年 1647 年　36 歲

【時事】正月，明帝朱由榔奔桂林。2 月，奔全州，3 月，清攻桂林，瞿式耜固守，4 月，劉承胤劫朱由榔赴（湖南）武岡，8 月，清軍陷武岡。朱由

梛奔湖南靖州，再奔廣西柳州。12 月，朱由梛還桂林。

「寓北鄉寨，以髮未剃，終日閉戶吟詩」據《丁亥元旦》、《丁亥元旦立春》、《燈夕》、《元宵雨》、《烏鬼行》（有中予於沙縣令者，偶睹此物，竊傷其志焉）。

「時從僻徑輿入順昌橫坑竹塢」據《自茂溪過橫坑山家》、《橫坑村居紀事》。

由於大雨壞山中之屋，又返回茂溪。5 月霖雨不停，友人所借茅屋圍牆也坍塌。《大雨山中屋壞復還茂溪》、《五月四日是此村端午》、《塌牆歎》。

8 月，病臥床蓐，茂溪舉兵，當地人扶他入山避亂，中秋節在白雲庵。據《輿疾吟》、《白雲庵中秋》。

病中又逃亡至水口砦。（邵武水口寨）據《入水口砦病中雜作》、《水口砦即事》。

病癒，又返回沙縣，夜過貢川，到達永安。此時永安已被何應祐聯合蓮子峒的山賊攻破，在城內大肆掠奪。錢前往規勸，性命幾爲不保。

按，年譜詳述兩人產生、消解誤會的始末。

據《病起言志》、《沙縣書懷》、《永安舟次》、《夜過貢川》、《永安即事》、《不合行》、《蓮子峒》「蹻騰綠村雄，殺人何草草。長技在掠奪，迅若疾風掃。窟宅蓮子峒，官軍漏征討。今來張義旗，出入恣所擾。」

錢澄之只好又返回貢川至沙縣，但寓於沙縣時，又被賊人劉逖所害，經吏民的呼救，才得以保全性命。據《百折行》、《城隅臥病》、《興國寺》「野人送藥裹刀瘡。」「永安戶口甫能脫，沙縣刀頭又見全。」「當街蹴踏刀杖加，父老走泣群將嘩。」

按，丁亥之歲，雖性命幾次不保，面臨飢餓（《山中雜詩》「今晨炊已停」）、病痛、凶賊、戰亂等，但錢在輾轉流離中，創作豐富，內容涉及歷史、時事、田園等各種題材，淒慘的命運非但沒有把其壓垮，相反，激發了他的創作才情，還出現大量篇幅巨大的組詩。

戊子　明永曆二年　監國三年　清順治五年 1648 年　37 歲

【時事】二月初一，清孔有德、耿仲明、尚可喜三王領兵由湖南經廣西全州向桂林推進，明帝朱由梛倉皇逃離桂林，奔廣西南寧。正月二十七日，金聲桓、王得仁宣佈反清復明，四月，清兩廣提督李成棟反清復明。八月初一，朱由梛返回肇慶，永曆朝廷內部漸分爲吳、楚二黨。十月，明封鄭成功

威遠侯。十一月，清大同總兵姜瓌起兵降明。

一月，除夕順昌復陷，錢澄之避入山刹野廟。據《戊子元旦》、《山刹人日》、《元宵》「野廟求神語，空山見火行。」

徙鄧村，據《雨徙鄧村》。

注，鄧州，西魏置，治所在同昌縣，今四川南平縣東北。

又避往大田。據《力疾入大田紀事》、《大田道中雜作》。

三月，由大田返回沙縣。據《閏三月返自大田阻雨蕭寺書壁上》《北門行》「北門人走沙縣破，我僕散盡誰能那？」「搖手語兒勿高聲，新婦讓床草草臥。『明朝雨止雞未鳴，我昇籃輿送君過』」。

在沙縣，清兵突至，避於草木之間，竟躲過一劫。後經山人野叟的幫助，返回橫坑。而這時，當地的吏民以爲他必死於清兵之手，正爲他招魂作佛事。據《返橫坑》。

又從橫坑過將樂縣、萬安寨到邵武。據《間道奔江右發橫坑即事》、《過將樂縣》、《萬安寨》、《哀邵武》。

由黃土隘出閩至熊村，又被賊人搶掠一空。據《出黃土隘》、《熊村被掠》。

至壽昌寺，會闃然禪師。

注，壽昌禪寺，座落於江西省黎川縣洵口鎮香爐山之畔，在東南武夷山脈中斷西麓，在江西省中部東隅毗鄰福建省的區位，它在歷史上有重要的宗教意義，後來所有的曹洞宗派系，都是壽昌禪寺誕生的。

《壽昌寺禮闃然禪師》「十年行腳路茫茫，落日青山見壽昌」「閱盡艱難生死細，遮回佛手拜繩床」。

按，據錢撝祿《錢公飲光府君年譜》，錢澄之此時就已經有了皈依佛法出家的想法，但因爲亡妻和失散的兒子，被闃然大師勸止，前往廣東了此兩願。後來，因爲明朝的接連失利，而兒子和自己妻子的事情也有了著落後，錢澄之最後還是選擇了剃髮爲僧。

按，在壽昌寺，錢澄之心情比較平和，生活也稍微安定下來，創作非常豐富。據《雨後》、《香飯吟酬韞公見贈之作》、《頌壽昌花和鄧侍御壁上韻》、《看闃然師塔前除竹》、《贈智夢禪人》、《看僧移花》、《蓮池》、《即景》、《暑中同韞公過寶方寺》、《訪別峰室僧不遇》。

四月，抵建昌。《建昌守》、《旴江感事》（注，旴江，即穿過建昌府的江水）（據《所知錄》第 120 頁）在旴江，「聞松江之難及傳南中諸死事」，作《續

哀》、《廣哀》。

　　南昌被圍，又退至（江西）新城，度過中秋。據《新城令》、《留髮生》、《新城中秋即事》《客新城邀建陽王帥先飲郊外桂樹下》。

　　「久之，廣東信至」（《所知錄》第 121 頁），欣喜異常，開始由江西奔往廣東。《聞嶺南信誌喜》「羽書快捧江西捷，露布驚傳嶺表文。霧散庾關開漢月，風清瘴海失妖氛」《別城中諸友》「我生在亂離，安得久懷居？努力熏與名，勿負中興初。嚴裝去江邑，整駕赴庾嶺。」

　　由新城至廣昌，過重陽。據《自新城至廣昌途中口號》、《廣昌訪劉廣生孝廉》、《重九前夜大風雨廣生用前韻見招再和一首》。

　　過寧都到雩都，渡紫參河，到信豐。據《夜過寧都》、《發寧都入粵道上紀事》「曉到雩都縣，夕渡紫參河」「信豐小城邑，得之未爲多」據《紫參渡》。

　　「過贛州，聽聞兒子在二劉舟中，已在廣東。」據《崇化村遇虔人云以丙戌十月過韶州見小兒於二劉舟中》、《江城感事》、《虔州死節歌》。

　　過梅嶺，至南雄，見張太羹，建議出師救南昌。《初度嶺至張太羹談虔州事》「虔州自是咽喉地，天下嘔吟金與王。受困五月圍不解，援師兵盼嶺南強。我聞章貢頗負固，堅壁清野還贏糧。疑兵綴之肘可掣，且出間道趨南昌。」《過嶺有感寄輦下諸故人》。關於江西在整個戰爭局勢中的作用以及要採取的戰爭策略，錢澄之《藏山閣文存》有《擬上行在疏》、《初至端州行在第一疏》，提出「出閩、巡楚、躪贛，協和魯國，固結鄭氏」的主張，認爲「今日中興之大勢實在南昌。」

　　過韶州，遇曹素臣。許介宇贈之以舟，錢澄之沿江而下，過彈子磯、觀音岩、飛來峰，到達三水。據《曲江道上》、《過韶州知方蘊羞以丙戌秋病歿哭成》、《曲江遇曹素臣》、《謝許介宇以舟見贈》、《舟行雜詩》。

　　十月，抵達行在肇慶府，終於與失散多年的兒子法祖相見。據《喜達行在二十韻》、《到端州得兒法祖誌慰》。

　　除夕，初除膳部。《所知錄》「方行考選，核資俸，以予不及格，法自予始，屬吏部，除膳部主事」，「先是，至省時惠國欲補府君贛州推官，府君見馭屬吏猶奴隸也，力辭之，乃免。」據《除夕》。

己丑　明萬曆三年　監國四年　清順治元年 1649 年　38 歲

　　【時事】正月，清軍陷（湖南）湘潭，明武英殿大學士督師何騰蛟戰死；金聲桓、王得仁在南昌覆亡。3 月，惠國公李成棟功贛州救南昌，清江西巡撫

劉武元擊之，李成棟退屯信豐，隨後溺死於水中。4月，西王張獻忠故將孫可望、李定國等據雲南，互不爲下。孫遣使楊畏知上表朱由榔，求封爲王。

「元旦，雨，免朝，上在肇慶。」（《所知錄》第 84 頁）據《元旦雨免朝》。

1月，金聲桓、王得仁在南昌覆亡。濟爾哈郎進軍湖南，二十七日，何騰蛟被殺，濟爾哈郎又帶領主力前往征討駐於郴州地區的忠貞營，兵力不敵向南撤退，入廣西。《悲湘潭》而其制輔堵胤錫見大勢已去，從鎮峽關（即龍虎關）退入廣西，而當時鎮守關口的曹志建受朱謀㷟的挑撥，與其冰火相向。6月，堵胤錫歷經萬險，經過梧州到達廣東肇慶行在，（《明季南略》卷十二《堵胤錫始末》記 6 月 15 日到達肇慶）。他向朝廷建議安置忠貞營於廣東休整，遭到李元胤的強烈攻擊，聲稱「我輩做韃子時，渠不來復廣東，今反正後，乃來爭廣東乎？且皇上在此，他來何爲？」後來他竟把永曆帝派往忠貞營宣諭的兵部侍郎程峋殺害。《端州雜詩》「中丞本意領中樞，詔撫忠貞拜命趨。只慮兵烽窮嶺嶠，何圖時節喪崔符。馳驅未遂還朝志，溝瀆輕捐報主軀。縱使宦途多異議，無端陰計豈宜誣。」「縱使宦途多異議，無端陰計未應誣。」並且，本要入閣輔政的他，因爲遭到丁時魁、金堡等人的上疏劾奏的「喪師失地之罪」，終不見用。《端州雜詩》「忠貞部曲駐施州」，「堵公亦是濟艱材」《又十一首》「督師失勢在蒼梧」

3月，出兵攻贛州，駐兵信豐的李成棟渡河時墜馬淹死。《悲信豐》此時才得知正月已陷南昌。《悲南昌》《文存》卷一《初至端州行在第一疏》。

3月～8月，永曆朝廷一直在封滇與否的問題上爭議，不能決斷。（《所知錄》第 94 頁按據《南明史》，他們是於四月初六到達肇慶的。）西王張獻忠故將孫可望、李定國、劉文秀等據雲南，不相上下，孫可望爲了確定和鞏固自己的領導地位，轄制別的將領，遣使楊畏知、龔彝至行在，請封爲王。經過長時間討論，明封爲景國公，堵胤錫欲結外援，又擅自改爲平遼王。而慶國公陳邦傳爲了防備忠貞營，也想結好於可望，更是先派胡執恭前往矯命封秦王。可望見封爲秦王大喜，及永曆使節至，大怒，逮他們下獄。《端州雜詩》「春王朔未出關門」《又十一首》「堵相臨邊未建勳。」

4月，上御經筵。劉湘客爲講官，《劉客生詹尹直經筵講官》講究資格禮統，動以資格繩人，以資俸爲言。《端州雜詩》「故人鬚鬢已非初」，重反正，薄守節。袁彭年等侍己反正之功，出言不遜，傲氣凌人。《端州雜詩》「主恩浩蕩等閒叨」《又十一首》「霜嚴憲府凜難攀」。「未幾，有棗陽王之封，府君

乞爲副使以出。至廣州，刻《生還集》成，遊甚快，不思返矣。」《同曹素臣入羊城紀事》、《過三水驛即事有感》、《廣州雜詩》、《光孝寺即事示湛若》、《移遇陳思穀閣上校刻拙集》。

按，對於劉客生以資格繩人的作爲，錢澄之的態度即使不似《年譜》中達到兩人相罵的態度，至少也是十分憤慨鬱悶的。從他的組詩《寓懷》中可以體會到他當時的心情。所謂「新人日以前，舊人日以後。不憶舊人恩，但見舊人醜。」詠西施的「村女雖不如，同是浣紗侶……自矜榮華身，恥與憔悴伍。」詠綠竹與甘蔗的「寄言謝甘蔗，安用相凌欺。」詠玉石的「豈知明月光，照耀海內無。所遭適不幸，遂與瓦礫俱。如何終棄捐，曾不少分殊。」正是在這種鬱悶的心情中，錢澄之很快就離開端州到廣州。

6月，朝廷才得知李成棟兵敗身死的消息，永曆帝派戎政郎劉遠生持手敕前往廣州慰勞諸將，打算利用劉遠生與李成棟是陝西同鄉的關係接管兩廣總督職務，不料，李成棟原部將杜永和預先賄賂了諸將領，已掌握兩廣總督大印，開印行事。《郴州雜詩》「乍喪元戎擧國悲，軍中留後早相推。」《廣州雜詩》有詳細的記錄，永曆朝廷追贈李成棟爲寧夏王，諡忠武，賜祭九壇，葬禮極爲隆重。「鬼馬煙銷遺寶燈，佳人火化著珠襦」（甲馬數十隊以綵繪爲之，一時灰燼，愛妾數人令盛服赴火死，盡用夷禮。）

成棟死後，其舊部董方策、楊大甫各據一鎭，大甫尤爲驕悍不受管制，李元胤趁入覲的機會，「邀飲其宅，即席稱詔斬之」。（《所知錄》第97頁）據《書所聞》「楊帥風聞已就刑，天隅此日識朝廷」。

自此，庾關失守，杜永和奏請羅成耀出鎭韶州，允諾割以南韶，並賄賂以萬金。據《廣州雜詩》「鬻爵頗疑藩吏賤，輸錢爲助嶺軍裝。懸知節鉞輕難制，即恐關門棄不防。」6月，（按《小腆紀年》爲5月），瞿式耜上疏薦擧任命張同敞爲總督軍務。

七夕，同曹素臣於菩提樹下，吟詩唱和。據《菩提樹下七夕得秋字同曹素臣作》。

八月初一，焦璉部將劉起蛟出全州，敗績。

中秋，於吳中友集會於菩提樹下。據《中秋集吳中諸友於菩提樹下戲仿虎丘盛會再用秋字》。

九月，錢澄之爲瞿稼軒薦擧，離開廣州回端州進行考選。據《別羊城》、《曉望端州》。

九月初九，與曹素臣、萬子荊、潘霜鶴同登五層樓。按，根據詩的內容和所編排的位置，應為九月初九。據《九日登五層樓望越王臺同曹素臣萬子荊潘霜鶴分韻》。

十一月，永曆帝於文華殿親政。據《聞上御文華殿親政小詩恭紀》。

十二月十二日，胡一清於永州大敗，張同敞、楊國棟駐守全州，保衛粵西這個門戶。

十二月二十四日，上臨軒親試。錢澄之以第二名取中，授翰林院庶吉士。據《臨軒曲》、《榜後謁謝中堂元輔順德公》。

十二月三十日，清兵自江西經過梅嶺，攻破南雄，粵東門戶盡失。（《所知錄》第 103 頁）

除夕，同曹素臣一起在端州守歲，充滿了雄心壯志。《同曹素臣中翰守歲分韻》「徹夜吏人調玉佩，明朝班次近香爐。舍人亦在龍鱗側，共整簪裾侯曉趨。」

按，這一年，錢澄之終於脫離虎口，到達行在，雖然最開始因為所謂的「資格」，沒有被任命重要的官職頭銜，卻也讓他優游自在地與同僚朋友相聚吟遊，度過了一段極為短暫卻十分寶貴的安定日子。這也是他與永曆朝聯繫最為密切的時光。這一年，他看到了吏治的腐敗，朝廷的昏庸，黨派之間對立矛盾的細微關係，這些都在他的詩作中有形象的體現。他一度失望傷感，但在歲末，他還是吟詠出「舍人亦在龍鱗側，共整簪裾侯曉趨。」經濟抱負、建功立業之心還是在搏動。這跟他終於在年底通過臨軒親試，被授庶吉士有關，但不幸的是，很快，他的這種抱負又被新的災難所破滅，他又要開始他奔波逃難的日子了！

庚寅　明永曆四年　監國五年　清順治七年 1650 年　39 歲

【時事】正月，清軍陷韶州。二月，明帝朱由榔逃到（廣西）梧州，進入陳邦傅的勢力範圍，發起「打虎運動」（逮捕五虎：袁彭年、劉湘客、丁時魁、金堡、蒙正發）十一月，孔有德佔領桂林，瞿式耜、張同敞遇難。尚可喜、耿繼茂攻佔廣州。朱由榔在慌亂中又奔向南寧，見情況緊急，派遣使者赴貴州封孫可望為冀王。孫可望不受，仍眷戀偽敕的「秦王」封號。十二月，清攝政王多爾袞卒。

「正月元旦，上御行殿受朝賀。」（《所知錄》第 109 頁）據《庚寅元旦早朝》。

正月初三，尙可喜、耿繼茂率領清軍由南雄出發，初六日抵韶州府。羅成耀棄城而逃。初八，永曆帝登舟逃往梧州，錢澄之等隨駕扈從。《梧州雜詩》「跋扈南雄府，新年果棄關」「此將昔移鎮，吾知棄嶺逃 。」

在梧州，錢澄之被嚴起恒（即山陰師。因爲去年的臨軒之試，出自其門。）召以起草詔令，作得得體嚴謹。「於是，以庶吉士承乏誥敕，隨師舟行。」（《所知錄》第 121 頁）《周中聞新命有作》「讀書特荷臨軒寵，供職眞因視草煩」。

永曆帝到達梧州，駐蹕水殿。戶部尙書吳貞毓、禮部侍郎郭之奇、兵部侍郎程源、萬翶，戶部給事中張孝起等十四人聯名上疏揭發袁彭年、劉湘客、丁時魁、金堡、蒙正發（「五虎」）「把持朝政，罔上行私」（《所知錄》第 110 頁）的罪行，袁彭年因反正有功免予處分，其餘四人被逮，下錦衣衛拷打審訊。錢澄之勸嚴起恒力救之，二人同跪沙濱申救，沒有成功。《梧州雜詩》「虜氛還咫尺，朝局已全翻」「詔獄非仁義，況逢離亂晨。從龍寬典得，請劍小臣頻。狼狽悲同類，艱危附黨人。山陰眞相國，申救跪沙濱。」

五月，高必正、黨守素入覲，恰雲南孫可望遣使到達行在，意欲封以秦王，高必正召對使臣，大加責罵。《梧州雜詩》「廟議幾時決」《郝將軍入對歌》、《沮封篇》而吳貞毓、郭之奇、萬翶等也希望借他們兩勳之手殺「五虎」，逐起恒，把握朝政。但錢澄之在劉湘客舟中偶遇高必正，通過嚴起恒申救一直攻擊他的「五虎」的事例，勸服高必正，最終，在他面見皇上時，「立言起恒公忠無私，宜專要任。並言金堡等處分過當。」（《所知錄》第 123 頁）《梧州雜詩》「元老盈庭謗，書生一語移」起恒還朝，二日後永曆帝又就此事再次召對群臣，錢澄之也處於朝班。上問：「金堡爲君子，爲小人？」廷臣無人應答，錢澄之次日又上疏救堡。據《請寬金給事疏》、《聖得詩》、《爲金道隱給諫請改戍得允》。

不久，錢澄之改編修。但因爲病暑，請假三個月，於七月離開梧州，八月中秋到達桂林。七夕，與彭然石一起在起恒舟中。據《七夕同彭然石職方集山陰相國舟次》、《得假同朱御史不敏西上》、《中秋夜至桂林喜晤曼公鑑在》。在桂林，爲劉客生，瞿留守祝壽。《桂林壽劉客生次諸公韻》《留守生日用諸公韻》「座上稱詩同放逐，帳前行酒盡冠裳。秋成勿使催科擾，願聽農歌一舉觴。」結識張同敞，訪別山草堂，遊龍隱洞。據《別山草堂》、《龍隱洞九日》《桂林雜詩》「張髯玉堂客」。

按，張同敞，號別山，張居正曾孫。錢澄之與他的相知相識，在《所知錄》《年譜》中都有生動詳細的記錄。最初，張認爲錢乃迂闊書生，但經過幾次深談，改變了他的看法，還與錢訂交，邀錢至其居處灕江草堂，同遊龍隱洞，飲酒爲樂，精神相契，兩人結下了深刻的友誼。張無妻無子，孤身一人，自知必死，「抽一金簪縮府君髻，以明盍簪之誼；出紵絲一件，以明縞紵之交。」還贈之愛僮（劉勝斌）。

自龍隱洞回，到楊國棟居處。《遊龍隱回夜飲楊武陵宅醉作》《灕江泛舟行爲楊武陵賦》。（據《所知錄》第 126 頁）「武陵侯楊國棟，豪傑有氣概。」

按，錢澄之到桂林，對桂林幾位將帥有初步的認識和評價，除了楊國棟，還有興寧伯胡一清，「身不滿五尺，精悍之色見於眉間」「趙印選魁然雄傑，然驕蹇不法，惟擁姬妾自娛。」他強奪王寧遠（永祚）所聘之妻歸爲己有，又與胡一清爭奪將帥之職，他們之間這種複雜的內部矛盾以及養尊處優的狀態，爲後來桂林失守，瞿式耜、張同敞的敗亡留下了伏筆。

拜謝瞿留守。《小東皋即事》、《虞山歌爲留守相公賦》、《桂林雜詩》「好客瞿丞相」。

按，小東皋爲其別業。

九月十三日，清軍攻破灌陽、恭城，曹志建戰敗。（《所知錄》「九月初八日」）《南明史》另一路清軍由全州、興安進攻嚴關，構成南北合擊之勢。十月十三日，瞿式耜召集諸將開會討論戰守事宜。

十月，戰時急迫，錢澄之擬回行在，過平樂。與曼公見面，逢曼公生日，飲酒慶賀後兩人同往仙回洞訪嚴伯玉。錢澄之見嚴伯玉屯田千戶，害怕其事變投誠，逗留一日後，匆忙離開，曼公送他到昭平。（《所知錄》第 126 頁）據《同曼公樹本入仙回洞訪嚴伯玉》。

十月初十，與御史朱由楶、巡撫方復舟一起抵達平浪，距離梧州僅四十里。御史前船回，大呼「不可去矣，上駕已南！百官倉皇隨行，亂兵搶掠，無可往。」此時，廣州已失守，桂林也被攻破。（據《南明史》、《小腆紀年附考》廣州、桂林失守都應在十一月）進退無路，道路梗塞。據《到梧州界聞亂道梗》。

曹志建龍虎關潰兵上岸後發箭搶掠，錢澄之運用智謀救朱先民御史一家。

錢澄之捨舟上岸，由先民故吏導入四園洞避害，避於周材曾孝廉汝薦家中，財物盡失，據《避兵寓曾汝薦孝廉村中即事》。

猺賊興起，錢澄之又移避蒙村三家村。聽聞張、瞿遇難之事，恰瞿壽民至，錢送其前往桂林。據《送瞿壽明奔桂林》、《徙蒙村見梅寄曾孝廉》。

除夕，同林樹本、周寒山避難於三家村。據《三家村同林樹本周寒山守歲》。

辛卯　明永曆五年　監國六年　清順治八年 1651 年　40 歲

【時事】清世祖福臨親政，清軍陷浙江舟山，明監國朱以海奔（福建）金門依鄭成功。二月，清軍由柳州南下，南寧岌岌可危。孫可望派遣賀九儀、張明志引軍赴南寧護衛永曆帝，也借機逼迫朝廷承認僞敕封秦的合法性，到達後，殺害了兵部尙書楊鼎和，首席大學士嚴起恒。三月，朱由榔被迫正式承認了孫可望的秦王封號。十二月初十日，清軍佔領南寧。永曆君臣經新寧州（今廣西扶綏）、瀨湍（廣西崇左縣東）、龍英（廣西大新西）、歸順（廣西靖西）、鎮安（廣西德保）竄至桂滇交界處。

元旦，隨著永曆朝廷日益危急的形勢，錢澄之也陷入到一種難以釋懷的無奈和悲痛之中，分外孤獨。《辛卯元旦》「失路逢元旦，客心天外孤」。《又一首》「憶昨朝正端水間，新恩驟許踏高班。明星耿耿趨清禁，蔥佩鏘鏘侍御顏。殿陛鴛鴦初始序，朝廷禮樂漸知還。行宮次日烽煙塞，悵望霓旌不可攀。」

二月，孫可望遣兵至南寧，殺明大學士嚴起恒。

按，據《所知錄》嚴起恒乃自己赴水而死，《南明史》也同意此說。

二月，「北兵至梧，復自三家村徙入山，去城少遠，與舊蒼梧令周寒山爲鄰。遇同鄉甘翁尙玄，甚喜。未幾，曾孝廉字來，言新來梧州道彭爌係同鄉，密之亦在其署。數日，密之寄字招府君入城，雲來說須僧服耳」幾天後，馬蛟麟又以書幣邀請，錢澄之誤認爲這是圈套，又避入山林中，後被懷集業典史所拘留，幾經磨難才逃出虎口。

回到梧州，與曼公相聚。《遇難得釋問道入梧州尋曼公感事得愁字》曼公已爲僧。證實了瞿留守與張司馬遇難的消息，作詩哭之。《得留守及張司馬死難信》、《昭江三首》金堡投茅坪庵爲僧，釋名性因，有《上定南王書》，請求收留守公及張司馬二人之屍。

又聽聞陳邦傳以計殺焦璉，獻地乞降於清兵。據《潯州帥》。

按，從此以後，行在南移，由於音訊阻隔，錢澄之也不知更多的消息。其實，自桂林失守，行在大亂之後，錢澄之好友相繼遇難，存活的也大多避

入山林，或剃髮爲僧，錢澄之朝廷的生活經歷也宣告結束。他隨即東下輾轉至廣東、江西、福建，又回到他的家鄉——安徽桐城。

從梧州東下過端州到羊城，看望曹素臣。據《過端州感懷》、《過羊城紀事》、《羊城看曹匡石口號》、《羊城口號三首》、《清遠俠》（清遠，廣州下面的縣。）

剃髮爲僧，過瘐關進入江西贛州。（《所知錄》第 131 頁）據《虔州有懷》。

注，虔州，即現在的贛州。

「出嶺至南安，附舟至吉安，舟阻，更舟，至樟樹鎮。」到樟樹行資已盡，記起在福建寄存有東西，又轉陸路，進入福建。《到壽昌寺毀因入杉關即事》到達福建壽昌死發現已寺毀物失，闃然師已辭世，只好過水口村，留滯於邵武寶蓮庵，與岑伯、問西交往往來，遊覽天堂山。據《上天堂山訪隱主人不顧作詩而去》、《天堂山看朝嵐二首》、《岑峰贈問西禪師》兒子法祖，欲出家，錢澄之勸止。久住寶蓮庵，又有人物色其財物。於是告別寶蓮庵。行至閩關，卻又聽聞曾二雲相國殉節海上。（《所知錄》第 131 頁）《留別寶蓮靜室》「午夜梵音回客夢，半生心事付爐灰。」《哭峽江曾二雲老師》「昔歲謬叨漳浦薦，主恩特詔試天官。書生不以先容進，國士偏承破格看。一命濫參延郡幕，三年竊戴侍臣冠。同時知己捐軀盡，每念師恩淚未乾。」

到松關，送兒子出關。《行路難》重過壽昌，遇卓庵禪師，相見甚歡，由於錢澄之已剃髮爲僧，卓庵勸其前往廬山，「作字萬松坪爲主人」。錢澄之當時因爲考慮到要送別兒子，安葬妻子，沒有立即前往。據《壽昌卓庵師指入匡廬尋隱輒步來韻》。

曼公書信至，才知嚴起恒死難之信。據《曼公書至得山陰師死事信》。

到樅陽，先遣兒子往返江村。據《江程雜感》。

十二月，兒子回家後錢澄之才得知家人已「移安人旅親回葬耳」（據錢撝祿《錢公飲光府君年譜》），而四哥若士已去世，自己的媳婦，兒子的妻子方氏也待以家中，悲喜交加，決定回到久別的家中。《將歸操》「歸兮歸兮，宗祀勿墜兮，安能終老於他方？」《初返江村作》「流離避黨禍，轉徙天一涯」《到家》「辛苦天涯願已違，江村重返舊柴扉。十年事付遊仙夢，萬里塵侵學佛衣」《傷逝》悼念妻子，據《喜雪》。

除夕，一家團圓，共慶錢澄之平安歸來。據《辛卯除夕家兄弟共用還字》。

　　按，自庚寅冬十月梧州失路，迄辛卯東十二月返里，錢澄之艱危遍歷。六十四首《行路難》詳細記述了其從桂林－梧州－三家村－離開梧州－肇慶－佛山－清遠－南雄－虔州－吉安－樟樹－壽昌－水口村－松關一路顛簸流利的過程，記錄了他「如何逃難於粵西、粵東，徘徊於嶺南、嶺北，如何避兵、避『賊』、避『物色者』，如何『被掠』『被執』『失子』『僕散』『臥病』『米鹽絕』，寫盡了一個抗清義士窮途末路的艱難萬狀，同時也表現了他在精神上的痛苦絕望。這首詩可以與《生還集》一些篇章對讀，『生還』的慶幸已不見了，有的只是『黑風一夜三山失，卻望滄波痛哭回』的幻滅。」和「剛是性年四十來，不堪人事首重回」的無奈與淒涼。

壬辰　明永曆六年　清順治九年 1652 年　41 歲

　　【時事】孫可望劫明帝朱由榔由南寧赴安隆所（貴州安龍），形同囚犯。明西寧王李定國克桂林，清定南王孔有德自焚死。

　　元旦，於家中追念往事，無限感慨。據《壬辰元旦》、《還家雜感》。

　　正月，錢澄之兒子法祖入贅方氏，仲春迎回。據《小兒入贅方氏詰朝走筆示之》

　　把家交付給兒子、兒媳，錢澄之到蕪湖探訪故人舊友，中途經過樅陽輔仁會館，遇地震。據《過樅陽輔仁會館有感》、《輔仁館即事》、《地震》往來江上爲行腳僧，作行腳詩三十首。據《行腳詩上下平韻三十首》。

　　按，關於行腳詩的創作時間，有辛卯和壬辰兩種說法，根據湯華泉校記，定於壬辰春作。

　　到達蕪湖，遇曾廷聞，訪沈惕庵、湯玄翼，過俞缶庵、羅璨柯，酬張惕中，送方爾止，見張五敘。《赭山懷古》「商估渾忘朝市政，滿江帆落上蕪關。」據《遇曾廷聞蕪陽市上》、《訪沈惕庵村居》、《俞缶庵藥室》、《過羅璨柯廬居》、《訪湯玄翼郊居》、《鳩茲酬張惕中》。

　　注，鳩茲，一種鳥類。安徽省蕪湖市的象徵。源於古代蕪湖的別名爲鳩茲，土地富饒，人傑地靈。多有湖塘沼澤地區，因湖沼草叢，鳩鳥雲集，而得名鳩茲。

　　據《蕪陰送方爾止還山》、《張五敘移樽見過》，在蕪湖遙祝幼安生日。據《三家兄幼安初度寓蕪陰遙祝》。

　　四月，下冰雹。《夏雹行》「四月初夜風雨大，雷電穿窗窗紙破」。

　　五月，回到家中，度過四十歲的生日。久旱無雨。《初度日》「行年四十

逐飄萍，此日歸休夢已醒」（按 這裡的四十，應是以實歲年齡來算）「三竿竹裏三間屋，一炷香前一卷經。今歲田豐吾事濟，神巫早賜雨聲聽。」據《苦旱行》。

六月，早禾成熟，嘗新。《六月嘗新》「未死敢辭周代粟，臨夕三歎愧遺民」避暑上石屋。據《書石屋僧化衣緣簿》、《石屋》。

七夕，祈雨。《七夕同家兄作》「填河無用鵲，銀漢恐應幹。」

中秋，有《中秋五月》。

除夕，坐有遠客，在家中度歲。據《除夕》。

癸巳　明永曆七年　清順治十年 1653 年　42 歲

【時事】明鄭成功遣張名振率海軍入長江，陷京口（江蘇鎮江）而還。明封鄭成功漳國公。

元旦，日食。據《元旦日食》

居於鄉里，有大量的記述感懷之作。據《田園雜詩》、《江村雜述》、《感懷詩》等。

五月，與左子直、子厚避暑於陳默公小樓。《滌岑招隱詩同左子直子厚飲陳默公樓上》「五月暑風毒，城邑難久留……老友三兩家，僻在西北陬。」

這一年夏天，拜訪了姊姊。《暑中走椒嶺省方氏姊示諸甥》。《田間文集》有《方氏姊墓誌銘》可參看。

中秋，月食。據《中秋月食》。

秋大雨，洪水泛濫。據《秋雨歎》、《秋水歎》。

仲兄六十初度。據《叢桂謠為仲兄六十初度》。

甲午　明永曆八年　清順治十一年 1654 年　43 歲

【時事】明帝朱由榔居安隆所，日困，密詔李定國入衛。宦官馬吉翔密報孫可望，可望大怒。盡斬與謀諸臣，朱由榔否認知情，始得免。清招降鄭成功，鄭成功拒之。

正月，方密之返里為僧，錢澄之往白鹿山莊，兩人一晤即別。《聞曼公還過白鹿山莊》

春天，過龍眠左氏山居，同左子直、子厚、陳二如共飲。據《入城望龍眠書懷示左子直昆季》、《雨中同左子直子厚陳二如呼飲二如後至》、《左氏山居感懷》。「郭外諸峰久見招，西溪流漫雪初消。」

夏，孫昶出生。

「關中杜杜若相邀到樅市，問其同鄉石映昆客死事，據實以告。」據《關中杜杜若擬過草堂訊石映昆後事因出山奉晤》。

秋，到蕪湖，「賀昆銅再生，和其《再晬》詩。」據《蕪湖晚泊即事》、《讀惕庵再晬詩》。

九月，到白門，賣文為生，於竹關訪方密之，言及崇禎帝故事，涕淚縱橫。密之深究《易》理，手不停披，形容憔悴。遊雨花臺。《白門過無可師竹關》（注密之晚年為僧，得法於天界，改字無可。）「擁被夜深談《易》理，與君耐可老青山。」可參看任道斌《方以智年譜》。《金陵即事》「莫向雨花臺北望，寒雲暗淡是鍾陵。」《酬蔣潛伯客中》「作客長干寺，思親歲暮時。賣文營舖被，寄食省朝炊。夜坐寒無酒，披衣誦我詩。」「故里催科急，期君共整裝。」

由於家裏催稅甚急，經過蕪湖返回家中。據《返里哭何篤生》。

十月，大雪紛飛，作憫農詩。據《十月雪寒甚因念農者》。

很快，錢三哥幼安歿，小年錢澄之作傷懷詩。據《小年夜傷懷》。

這年冬天，「葬方安人於祖塋測，並葬大伯於曾祖塋，三伯與四伯亦合葬於祖塋右，皆同日舉行。」

文章方面，《田間文集》卷四有《與偗亭禪師論莊子書》「天界浪杖人，以為莊子為孔子之孤，而託諸老子，作託孤說，甚奇。此巧於發明老子，而借莊子為孤，以傳孔子之真者也。」

按，後來錢澄之作《莊屈和詁》，深受這種「託孤說」的影響。

乙未　明永曆九年　清順治十二年 1655 年　44 歲

【時事】明漳國公鄭成功遣元帥張名振陷舟山。清軍大舉南攻，盡復湖南、廣東之地，明西寧王李定國連敗。

暮春，陳同人前來拜訪。據《陳同人見過》。

清明，上墳思舊人，對逝去親人無限懷念。據《哭家兄幼安》。

夏天，孫昶滿周歲，家人煮酒祝賀。《昶孫試周日置酒》在麥園，為諸生講《南華》。《園居示諸生》「炎曦毒熱午偏加，茅屋深憑老樹遮」「長夏授徒無別課，獨揮羽扇講《南華》」。

秋天，方以智的父親方貞述先生辭世。《方貞述先生挽章》。（參見任道斌《方以智年譜》。）

晚秋，同方文、左子直、孫大年訪汪宗周山居。《同爾止子直不害訪瑤若山居得交字》「白酒盡拼秋晚醉，黃花肯負歲寒交」《既送爾止子直東去獨宿不害齋中》「蓬窗擁被霜風緊，茅屋吟詩蠟炬殘。」

冬，十一月末，方以智葬其父於東鄉合明山，蠻廬墓側，名之曰不擇地。錢澄之前往弔唁。方以智有《合山蠻廬詩·與西頑》。（參見任道斌《方以智年譜》）

深冬，與二何生於西園賞梅。據《老梅行示二何生》。

注，何生，公度的兒子，一度跟隨錢澄之學習。

丙申　明永曆十年　清順治十三年 1656 年　45 歲

【時事】鄭成功功將黃梧降清，薦施琅爲副將。清軍入廣西，至南寧。明李定國又敗，引軍將經安隆所（貴州安龍）入雲南。白文選與李定國共奉朱由榔走雲南。

「春，過合明山無可墓廬，其尊公有《周易時論》，無可欲爲訂正。府君因遍閱其藏本，擇其要言錄成一帙。《時論》中引據多本諸此，而祖父所注《見易》及府君閩中所著《火傳》亦因此更進一籌。」《白鹿山中酬周農父》「近喜合明倡絕學，同參莫負再生身。」《不擇地同無可師夜坐》「破戒編書日，傷心見性時。靜中一滴淚，未許俗禪知。」任道斌《方以智年譜》：「廬墓桐城合山。密之作詩，發整理先人遺著之願。重編先父《周易時論》，是書以《河圖》《洛書》爲端，以有無爲極，歸《易》於時用，以《易》貫之一切。」

按，《不擇地同無可師夜坐》一詩，《方以智年譜》歸於 1655 年，但根據詩句內容，「破戒編書日」，應爲方以智重編先父遺著之時更爲切合，所以本譜還是置於 1656 年。

夏五月，邑令石仲昭遣人相迓至城，仲昭爲映昆兄。映昆子來問其父客死處，錢澄之指示之，亦竟不往，但遣役一訪，土人不敢承，役回報以不知所在。錢澄之作詩催促他親身前往。《石公子》。

這年夏天，錢澄之作了一些家居生活的詩篇。據《暑夜聽兒子黨祐彈琴》、《夏夜雷雨不寐》、《夜》。

「秋，復至白門，寓松風閣，攜一小童，爲主人子誘之逃去。留閣上，候張瑤星，久之始至。冬盡，獨返」。據《秋夜宿秋風閣示瑤星》、《松風閣雨中醉歌》、《閣上對雨有作》、《冬夜雨花臺步月小飲》、《暮雨示澹寧》。「三尺奚奴留不住，可憐炊飯累王孫」據《臥雪懷瑤星江上》。

九月，第二個孫子晟出生。

冬，由宣城回到家中。據《送梅杓司回宣城並問君謨》。

冬至，同介丘上人陪虞山翁禮塔。據《冬至夜同介丘友蒼陪虞山翁禮塔即事》。

按，錢澄之回鄉之後，大部分日子還是在四處交遊，這種交遊並非純粹的結交朋友，遊覽山川，對於錢澄之，這是一種謀食的手段。「匪四方之志，惟衣食是求。」據《椒嶺》。他就靠賣詩文和朋友周濟艱難的維持生活。

丁酉　明永曆十一年　清順治十四年 1657 年　46 歲

【時事】明秦王孫可望攻雲南，大將白文選叛變，孫可望知人心已去，乃剃髮降清。

前半年，居家種田。《田家苦》「明年決是辭田去，還掛蒲團事遠遊。」《孤螢篇》「江村六月夜將秋，乍有乍無螢火流。」

六月，附舟東下。後半年，一直呆在南京。題姑山莊《姑山草堂詩》「秦淮九月天氣涼，江雁初飛菊有芳。」《胡星卿茅屋歌》「白鷺州接大江濱」「馴象門西起府第」《湖孰種菜歌》「金陵城東湖孰村」《湯聖弘招同嘉樹有懷飲雨花臺共用秋字》。

夏，姚經三、戴山民、孫喈公、左夏子、方山公約錢澄之談易。

九月，撝祿生。

冬至，宿南陔齋。《宿南陔齋頭》「白門棲泊近三年，曾向高齋兩度眠。檻外井溫冬至節，階前梧碧歲寒天。」

度歲於長干寺。

注，南京的大長干寺是六朝京師名寺，因在金陵長干里，故得此寺名。

戊戌　明永曆十二年　清順治十五年 1658 年　47 歲

【時事】鄭成功、張煌言，大舉北伐，入長江，直趨南京，遇颶風，船碎傷亡慘重。朱由榔奔永昌（雲南保山）。

正月，留寓長干寺。《長干塔歌》，「戊戌正月雷火擊」。

「過元日（注，元曰：農曆正月初一，即春節），即附舟回裏。」「未幾，府君遂挈予母子以下，買宅馴象門，野趣蕭然，又與老友胡星卿比鄰，晨夕過從，甚樂也。」

按，從錢澄之的詩作看，他確實很快回到了南京。《沈天士舉子索詩即

事書示》「長干二月春氣融。」但在定居馴象門之前，應在西街居住到了夏天。據《卜居西街》、《卜居西街酬搢公次德省齋見過》、《送兒子廉裕及兒子法祖回裏》。「寂寞西街屋，從今獨掩扉。」「遠路慳僮僕，炎天尙裕衣」秋天，錢澄之才又移居南郊。《移居南郊》「窗平秋後草」。至於與胡星卿晨夕過從之事，從《同陳昌箕杜蒼略閒步因訪星卿草堂待月歸途有作》可看出端倪。

重陽節，在默公家賞菊。據《重九夜集默公長干寓齋燈下看菊同小範得花字》。

遊鍾山，上牛首，過甘露寺。據《望鍾山》、《牛首重過桃花澗》、《寄牛首三茅峰老僧》、《過甘露寺》。

冬，大雪。

按，這一年，錢澄之只剩下他二哥和姐姐，別的兄弟都已去世。《麥園》「思仲氏也」；《椒嶺》「思客姊也」。

己亥　明永曆十三年　清順治十六年 1659 年　48 歲

一直呆在南京，作有許多紀事寫景詠物詩。《柳絮篇》、《雨花臺》、《金陵雜詠》等。

夏季炎熱異常，錢澄之病。《苦熱》、《病中述懷》與胡星卿上牛首，次夜宿於石溪師竹關。《同胡星卿過牛首定禪丈室方繡山爾止已在座》《牛首》《次夜過祖堂宿石溪師竹關》

秋天，「覺浪和尙自杭州迴天界」，錢澄之與之談《易》。據《天界紀事》、《輓天界和尙四首》「老去示人惟讀易，年來下座不談禪。」「海艘上，城內外戒嚴，乃上牛首」兵撤才回到草堂。據《兵後重到草堂書懷》、《草堂四蚤詩》、《書懷》。

孟冬，天氣還是異常炎熱，接著又嚴寒難忍。《草堂紀異》、《苦寒行》十二月十四，與曾青藜同往孫易公家看雪吟詩。《臘月望前一夕同曾青藜訪孫易公圍爐看雪限韻》。

庚子　明永曆十四年　清順治十七年 1660 年　49 歲

正月初三，與沈仲連、楊商賢、曾青藜、方爾止、梅杓司、陳伯機同在顧與治家讌集。《庚子正三日沈仲連楊商賢曾青藜方爾止梅杓司陳伯機同集顧與治宅》。

「初四日，即掛帆歸，隨入城，留龍眠（注，龍眠山在舒城縣城西南 40
公里，舒城、桐城二縣分界處。形如臥龍，故名）數月」，一直呆至暮春初夏
時分。《擬往江右尋藥地不得去里中諸子聞白門近事招余還山》「勞動雇人還
相慮，勸歸爲刻十年詩」《返里門江上雜作》《入城途中口號》《龍脈山居雜興》
「休脫衣棉早，空山入夏寒」據《左氏三都館詠新筍》。

初夏，回到家中，年近半百，悄然老去，在飲酒、談易、詠詩、寄懷故
友中度日。《初夏》「講罷南華無一事，舊詩親寫與人留」據《寄懷錢爾斐孝
廉》、《書懷寄錢仲芳》、《寄魏交讓處士》、《老去》。

五月初五，於家中一個人獨酌過端午。據《端午獨酌》。

七夕，從子龍友將應試，爲之寄詩一首。據《七夕陰示從子龍友》。

辛丑　明永曆十五年　清順治十八年 1661 年　50 歲

【時事】清帝世祖福臨卒，玄燁繼位。清斬鄭芝龍於寧古塔（黑龍江寧
安），滅其族，吳三桂攻緬甸，緬甸執明帝朱由榔送吳三桂君，明亡，立國 294
年 9 月，鄭成功據臺灣。

春天，忙於田間稼穡之事，播穀犁田鋤草。據《田園雜詩》

經過潛山，遊覽天柱山和司空山，再入太湖，探訪聶比玉，再由白鹿坪
回到樅陽，宿於輔仁會館。據《潛山道上雨過望雲中天柱峰》、《自潛山入太
湖道中七首》、《太湖聶比玉山居》、《白鹿坪贈寶惜庵主》、《宿輔仁館夜起示
楊得之童稚公期公》、《上祖姚孫宜人冢》（注　錢澄之其宗衍自宜人）。

七夕，於何氏山居慶祝玉成公生日。據《新秋宿何氏山居酬玉成公度》。

金秋大豐收，又開始忙於秋收和各種田園生活雜事。據《秋村八課》。

八月十四，同方君則、仲兄集於何克上之家。據《中秋前一日過何克上
蓮溪同君則及家兄作》。

初冬，田間草堂（樂易堂）成。《田間草廬初成移居》、《田間雜詩》、《樂
易堂落成》「入林惟少竹，滿徑自生梅」「未防多事逼，且得雨中眠」

按，錢澄之爲建田間草堂破費心血。早在己亥年的詩作中就流露出要置
屋的想法。《病中述懷》「吾志亦殊小，天心胡太慳。所求竹數個，爲構屋三
間。」庚子年，《左眠樵抱蜀堂落成》「我構茅齋空有願，此中權可號吾廬」
的感歎。《方還山過訪村居有贈韻奉和》「田廬未就棲身窄，消受江村一把
茅。」把構屋列爲與印文集一樣重要？《年譜》所說構田間數椽未就。辛丑
《田園雜詩》「徘徊靡所棲，還結田中廬。結廬雖不廣，床席容有餘」《漫述

口號》「進來稍覺費躊躇，爲祀先人勉構廬。長點香燈供木主，漸謀梨棗刻遺書。」《彭躬庵過訪田間》「垂老營一室，累載費拮据」《小築棗果菴兄乞石礎口號》、《田間草廬初成移居》「結構三間小，經營兩月多」《樂易堂落成》「榜墓三間室，還家十載情」「清淨同僧舍，吾名樂易堂」

錢澄之田間草堂落成，本爲其仲兄湘之預留西廂房，但還沒有入住，其就病亡。至此，錢澄之的三個兄長都已去世。《哭仲兄湘之翁》「落成曾不入，半壁至今虛。」

壬寅　清康熙元年 1662 年　51 歲

春天，「修五世祖下支譜，考訂混淆，條貫井然」《水村示群從雜詩》之三「重修宗譜一山情」受江南族人的邀請，到水村（鄰水而居，以湖爲生）探訪。（按，應與修譜也有很大的關係）《水村示群從雜詩》《水村即事示諸從子》「一房三百口，強半是諸孫」《水村示從孫昆牧》《過庭玉雍產村居即事》「牛屋重重架，湖田面面青。船成下水試，網曬過山腥」《水村泛舟荷葉中過瀞漕橋赴族弟飲》「吾家合族居水涯」

五月，回到鄉里。據《五月還江村即景》。

這個月，蔣氏事發。（他在丁酉冬至錢澄之家，次年春，錢澄之看其非馴良之輩，令其前往樅陽。後因爲結納游俠，官府大肆搜捕，蔣氏想逃走，錢澄之勸其留觀其變，後來竟平安無事。但他卻開始懷疑錢澄之，後盡賣所有，突然遁去。據《年譜》，正是其勾結之輩，後來入錢家搶劫，並殺害了錢澄之兒子法祖）《雜詩》十首，應爲感懷此事而作，「憶昔初相知，一語要平生。堅此歲寒約，重以金石盟。昨暮極繾綣，今晨背我行。」之九借救護一隻受傷之雀，殷情飼養只換來一朝怒飛衝籠而去，「疑我有他志，久令籠中藏。我不望汝報，汝行亦太涼。」

夏天，勤於農事，居於田園。據《夏日園居雜詩》、《夏日田間作》、《頓減》「多謝詞壇常齒及，可知折福是詩名」。

秋天，遊龍戒菴，碾玉峽，訪陳遐伯。據《秋雨宿龍戒庵》、《同左眠樵霜鶴遊碾玉峽因懷爾止》、《秋夜過陳遐伯雨窗茶話》。

「八月，入城，同仁爲刻《田間集》。刻成，要府君選同社詩。是時，有同聲、瑟玉、敦古三社」，錢澄之認爲社事之分容易惹起紛爭，主張合社之後在選詩，但因爲有人不欲合社，就挑撥事端，誹謗錢澄之，錢澄之只好辭眾而返。《龍眠感懷》十首。

冬至第二天，應孫啗公之邀，於晚香堂賞梅。據《冬至後一日孫啗公邀同李士雅吳炎牧左子厚戴導及集晚香堂偶述所聞時堂外梅花處放》。

癸卯　清康熙二年 1663 年　52 歲

【時事】清興文字獄，浙江莊廷鑨著《明史》，被知縣吳之榮告發，朝廷剉屍，斬其弟等七十餘人。

春天，回到家中。《春雪還江村留別諸子》「假館石屋寺，讀《素問》，刪定《傷寒八法》諸書」

九月，方繡山邀其同遊廬山，於是乘船到樅陽，過小孤山，宿於彭澤，然後穿鄱陽湖，到南康府。據《季秋偶赴山寺方繡山見過邀爲匡廬之遊比聞信輒返君已呼酒薄醉小詩見意》、《乘月泛舟到樅川即事》、《舟行紀事》、《望漳湖懷范小範》（注，漳湖，指鄱陽湖）、《南康道院》

上萬松坪，到含鄱砦逢雨，疾風驟雨阻隔了上山之路，夜宿老樹庵，停留了幾日，依舊不能登五老峰，於是，冒雨到萬松坪再到凌雲舍遊十三疊泉，再至玉川門又被雨阻。據《望廬山》、《宿棲賢寺二首》、《投宿朱砂庵》（又名老樹庵）、《萬松坪贈聞極上人》、《阻雨萬松坪紀事》「今年九月天氣清，方子邀我章江行。」《由萬松坪冒雨到凌雲舍即事》、《過上三疊泉精舍》、《宿凌雲舍枕上口號》、《到玉川門不得渡》、《鐵壁精舍》、《三疊泉》、《廬山雜記口號》。

在九江訪白鹿洞書院不得入。到南昌，遇泉州何紫屏，拜訪黎博庵、陳士業，同方繡山、敦四遊滕王閣。據《過白鹿洞不得入示繡山》、《南昌遇何紫屏》、《同紫屏訪黎博庵廬居》《陳士業數過小寓論詩率爾有作》、《滕王閣同方繡山敦四宴集得風字》。遇見從嶺南回來的周農父、楊嘉樹得知姚六康並未身亡。據《周農父楊嘉樹至自嶺南云於羊城晤姚六康喜極有詩》。

十月開始返回，因爲風雨急驟，於鄱陽湖遇阻，避於渚溪，泊於大孤山，過鱘魚嘴、磨盤州，由皖城到樅陽，再回到家中。《吳城阻風》「鄱陽不可過，兩日臥湖邊」據《渚溪》、《泊大孤尋百泉寺》、《石鍾山》、《阻風鱘魚嘴即事》、《宿磨盤州》、《放舟小飲忽過皖城醉中口號》、《到樅陽》。

甲辰　清康熙三年 1664 年　53 歲

【時事】明張煌言被斬於浙江杭州。

從樅陽出發，燈節（注，農曆正月十五日爲元宵節，又稱燈節、上元節，即全年第一個圓月之日）後又至白門。《樅陽阻雪》、《元夕阻風錦衣洲》「寂寞過燈節，淹留恨米船」《白鷺洲宿胡星卿草廬》。

何紫屏至，相邀爲黃山、白岳之遊，於是回到安徽池州，經由涇縣過石壁山到達新安。《池州凌雲閣同楊嘉樹作》、《涇縣道中示嘉樹》、《涇縣感舊贈王雲從孝廉》、《過石壁和金太史江文學韻》、《新安晤鄧子與答其見贈之作》、《新安長橋步月贈東莞洪藥倩》。

秋天，同何紫屏共遊白嶽山，再到祁門，下饒州，到南昌。據《同紫屏遊白嶽紀事》、《客祁門寓十王死雜詠》、《饒州道上作》、《南昌舟中和紫屏作》。

進入福建，由壽昌寺，經過邵武到延平，再上至建寧。據《夜到壽昌寺哭其天禪師》、《過昭武謝張聞自明府買舟下延平》、《到延平暮雨投宿陳昌箕寓齋》、《延平感懷》、《延平送紫屏南去予上建寧》。

除夕，陳昌箕送柰，葉慕廬贈酒，在福建度歲。據《甲辰除夕》。

乙巳　清康熙四年 1665 年　54 歲

元旦，作《乙巳元旦》。「此鄉三度逢元旦，屈指經今二十年」

到沙縣，與傅友仙，鄧子與遊洞天岩，再到順昌。據《沙縣酬傅友仙明府》、《沙縣有感》《過鄧子與有作》、《傅友仙明府招同鄧子與遊洞天岩紀事》、《同鄧子與訪半溪》、《夜到順昌投宿普慶寺雨阻寄丁信可明府》。

再經過貢川，到永安。據《貢川道中作》、《重過永安訪龔雲石明府》、《永安雜興》。

自永安過延平再至建寧。據《自永安還過延平不及入城寄別慕廬司李》。

臘月，病重於建寧，至次年春才好轉。據《建寧病起書懷》。

丙午　清康熙五年 1666 年　55 歲

春天，病情好轉。《建寧病起書懷》，「世事從春起，吾生若夢回。詩囊束已久，今似欲重開。」

姚經三、程姜若留錢澄之修《建寧府志》。因爲錢澄之堅持他自己的修史原則，存眞存信，不肯徇私虛美，在入儒戶和立傳的問題上，「抗當事之旨，得罪於數人。」另外，郡邑同修之人也不積極合作，錢澄之非常鬱悶。《贈程姜若司馬》「假館授餐延我住，書史筆墨紛然陳。懼我獨力不勝任，廣召多士憑咨詢。檄下各邑徵故事，至今應者猶逡巡。」《姚仲子經三司理初度書懷爲壽》（41 歲）「最重修府乘，謬以史才推。佐郡有程子，同心相繫維。深感知己誼，豈敢老鈍辭。假館給紙筆，素餐將一期。檄書行八邑，應者來何遲……自非眾思集，

獨力焉能屍。人情久厭倦，歲月徒虛糜。以此常輟卷，輒思還茅茨。」《書建寧
府志後》。《田間文集》有《建寧修志與姚經三司李書》。

秋，在建安晤方以智，方以智爲他畫《寒林學易圖》，並題詩。

秋天，「會新守至，程郡丞入覲，守固質直無文，又以人言不肯繼成其
事，志成亦不梓，」《送別程姜若司馬入覲予亦言旋》「秋風分手後，何處不
相思。」

入冬，娶歐寧徐母。

丁未　清康熙六年 1667 年　56 歲

「夏，《建寧志》成送府，府轉送司理姚經三攜回」（據錢撝祿《錢公飲
光府君年譜》）

孟冬，同方以智、李磊英遊武夷山，再回到家中。據《孟冬同無可禪師
李磊英居士遊武夷山》、《返里哭方君則》。

戊申　清康熙七年 1668 年　57 歲

從春到秋，過青陽，遊九華，作石埭之遊。《青陽道上》《客陵陽同增岸
汾仲師仲諸子游仙壇即事》（注 陵陽，今安徽石埭縣西北二十里。）《憶內三
首》「一春旅食滯陵陽。」《陵陽雜詩》「郭門無地可經行，況值春天不肯晴」
《據重九日陵陽諸子邀同晉江黃原虛新會朱錫公暨楊嘉樹張師仲劉吉士泛舟
舒溪即事》、《九峰歌爲石埭令壽郭昆冶太守》

注，九子峰爲九華山最高峰。

十月二十四日晚上，家中遭盜，錢澄之的兒子孝則死於盜手，各級官員
大肆受賄行賄，百般庇護盜賊，錢澄之奔回控告，無果。《傷心詩》十八首。

冬天，大雪，在家中度過除夕。據《同成二鴻大雪節訪黎天錫即事》、《坐
汪子西京寓齋看雪二鴻亦至》、《皖中除夕》。「故園此夕腸堪斷，愁聽樓頭更
漏賒。」

己酉　清康熙八年 1669 年　58 歲

秋，方文過安慶，與其論錢謙益注杜詩。

錢澄之爲兒子被殺害之事奔走喊冤，卻因爲牽涉到同族中六兄孝章，五
月返回家中。

庚戌　清康熙九年 1670 年　59 歲

元旦，一指岩書《金剛經》。據《庚戌元旦一指岩書金剛經》。

魏子存爲湖廣學道，寄信邀錢澄之前往。春天即從家中出發，經過九江、德安到武昌。《瀼溪訪江在湄道上即事》「溢浦水添新漲闊，匡廬雲截曉峰齊」。據《甫抵德安覓彭然石即遇喜極有作》、《武昌署中對雨》等。

至武漢登黃鶴樓，遊晴川閣。據《黃鶴樓同左子直孫威公鄧斯及夏振叔諸子即事》、《晴川閣即事》

秋末，告別魏子存，經過九江回到家中。據《留別魏子存學憲》、《留別詩三首》「蓮幕星飛秋漸殘，同時惜別駐江干」據《過九江雨夜同子直宿文燈嚴湖上書齋子直病》。

辛亥　清康熙十年 1671 年　60 歲

「買市宅於永利寺巷口，宅甚敝，改建爲北山樓也。又贖西田莊十畝。」錢澄之作《北山樓記》。

四月，順江東下，由蘇州到嘉興拜訪魏子存，重過南園。《江上漫興》、《京口》、《過蘇州口號》、《重過南園感舊》、《過子存城南別業》。

會舊友（實際上，昔年老友大多已亡，只剩仲芳、爾斐、爾玉、蔣亭彥、魏交讓等零星幾位），哭仲馭、復菴，感念舊事無限傷感。據《哭仲馭墓》、《遙哭松江徐復菴》、《塞菴相國忌日仲芳禮懺放下菴即事感懷》、《嘉禾曹秋岳齋中話舊》、《魏交讓邀同邵光伯沈止岳蔣亭彥孫岩儀令叔子存弟州來暑集》、《同爾斐過爾玉疏圃岩燭置酒即事感懷》、《潔園與仲芳閒坐偶成》、《寄曹秋岳司農問素臣後事》。

初秋，同子存訪西溪，登慈雲寺，後臥病慈雲寺。據《年譜》，「有詩百首，子存梓之」據《初秋同子存訪西溪》、《新秋登慈雲寺千佛閣》、《別慈雲僧舍》。「到日憐多病，高樓任獨居」

「九月歸。坐北山樓不下者數月，《田間易學》以成。」

仲冬，曾孫德施生。

十月七日，方以智逝，年六十一。

壬子　清康熙十一年 1672 年　61 歲

暮春，再次沿江而下，經過蕪湖到嘉興。《將發坐北山樓對雨》、《晚泊江口》「覓舟才得便，已是暮春天。」據《蕪湖換舟別同行客》、《到嘉興曹秋岳雲毛燕山在郡走晤並晤眞州卞生》。

四月到達，居於子存涉園，依舊與青城、亭彥、仲芳、爾斐、交讓等唱

和交遊。

「過蘇州，別姜如農父子，晤魏凝叔，諫其文宜慎重，不宜輕爲人作志傳。」《吳門晤姜如須令嗣奉世有感》、《吳門遇魏凝叔》「我行將北去，思救合門饑。平生諸製作，欲行今非時。《易》學吾親授，吾老微有窺。書成亦不出，序者非子誰。」

八月，過江陰，登君山，謁龔雲石。據《八月十八日同周翁仲榮登君山回至永定壩觀潮和韻》、《同山右史非常昆陵毛司伯登君山懷郎伯靖江》。

「雲石留修《江陰志》，府君以乙酉秋江陰死難者忠節宜紀，紀則犯當時之諱，不紀則無以慰忠魂，力辭而去。」九月，將北上，登永定禪院樓，再登君上與諸子作別。《君山歌爲龔雲石明府初度時將北去詩以言懷》「延陵九月秋光濃」據《重九日過趙翔九家晚登永定禪院樓》、《與江陰諸子言別再集君山朱玉汝要予首倡》。

「到揚州，從王家營取到泰安州，望泰山不得上，悵然賦詩。以冬初抵都門，寓增壽寺，老友則王敬哉父子、嚴灝亭也。隨投宗伯龔孝升並其幕中紀伯紫、徐方虎刺。」「是年，度歲增壽寺，交遊應酬頗不寂寞。」據《揚州》、《北行途中雜記口號》、《初至都門口號》、《寓增壽寺》、《酬嚴灝亭問卿》、《訪龔芝麓宗伯》、《訪王敬哉宗伯》、《酬紀伯紫見過》、《同伯紫亦友作坐宗伯榻前見梅率成》。

癸丑　清康熙十二年 1673 年　62 歲

錢澄之繼續留在京師。在京城登白塔寺，遊煤山，遊覽故都舊迹。《癸丑上元登白塔寺》「舉目故宮渾未改，傷心一倍黍離哀」據《煤山》、《都門雜詠》。於豐臺別業賞花踏春。《王敬哉宗伯邀同諸子集奉臺別業看芍藥即事》「開年無酒興，今日醉春風。」《陪龔宗伯飲王氏園即事寓懷》「尚書春起狎春風，約伴看春興許同」。

夏，應江友霞之邀與諸子共遊郊外話別。據《夏日江友霞邀同徐方虎韓元少李協萬集郊外祖家園言別分韻得園字》。

八月十七，與徐原一等遊西山。《中秋後二日徐原一邀同姜西溟葉子吉張素存遊西山馬上雜作》隨後不久，錢澄之大病。據《病中呈孫北海先生》、《病中蒙徐原一太史顧我榻前言別伏枕有作送其南還》、《病起哭龔宗伯八章》。

冬末，依舊與故友詩酒唱和，在京師度過第二個年頭。據《季冬望後李湘北司成大集詞客作公讌詩索和》「自我適京邑，兩見歲序移」，據《癸丑歲

暮飲退翁齋憶芝麓宗伯同紀伯紫作》

龔宗伯告老還鄉，不久，歿。

甲寅　清康熙十三年 1674 年　63 歲

【時事】吳三桂連陷沅州（湖南沅陵）、湖南常德、長沙、衡陽，靖南王耿精忠據福建叛，清政府大震。

元旦，依舊在京師，這是逗留京師的第三年。這一年戰亂頻仍，家書不通，友人盡去，錢澄之思鄉之情頓起。《甲寅元旦》「兩度逢元旦，三年客帝京」「久無家信至，空恃酒杯寬」《新春連日大雪口號二首》「遊客日來南去盡，窮愁獨滯老儒生」，「江上晚來多畫意，卻緣底事不能還」。

暮春，他告別故友，離開京師，南下回家。他經過天津，度過沙河、漳河，到淇縣，再過黃河到汴梁，渡過洛水至鞏縣留宿，訪杜甫故里。據《天津道上作》、《暮春出都門馬上口號》、《途中雜詩》「京西千里地，衰衰入黃埃。兵過村皆廢，人稀店不開」據《汴城感舊》、《由汴入洛途中雜述》、《宿鞏縣》「工部坊虛設，何人繼大風。」

初秋，由洛城繼續往南，經由蕪湖溯江而上，至樅陽。《南還途中雜詠》「才入新秋別洛城。」據《蕪關訪蘇韋玉進士信宿晤新安程抑若即席有言》、《蕪關訪房興公庫部榷使》、《射蛟臺懷古》。

乙卯　清康熙十四年 1675 年　64 歲

春天，自合肥至懷遠，經過宿州入永城，宿歸德，過開州，再過沙河至邯鄲，病臥旅館。據《自合肥至懷遠連日陰雨泥濘驢背雜還自遣》、《宿州》、《入永城界示家孺貽》、《出永城往歸德道上》、《宿歸德》、《開州道上作寄孫曙東》、《過沙河承劉杜三明府移尊就榻話舊感賦》、《到邯鄲臥疾舍書懷呈楊欽四明府》。

秋天抱病回裏，於家中度歲。《發大梁留別友人》「他鄉晨苦逢秋別，晚節還嗟抱病行」《乙卯除夕》「層層兒女聚燈前，守歲江村細雨天。」

丙辰　清康熙十五年 1676 年　65 歲

【時事】陝西、甘肅、福建重新歸於清。

這年錢澄之沒有出遊，居於鄉里。春天賞花，寒冬看雪，與人交遊唱和也不多，大部分時間呆在書閣中。《田間詩集》存詩十首。《丙辰元旦試筆》「新年謝客罷逢迎，策杖惟從閣上行。臥病可能開歲健，為農早見立春晴。」

丁巳　清康熙十六年 1677 年　66 歲

【時事】尚之信降清，清命其襲平南親王。

至吳門，過震澤，往崑山。在崑山徐乾學母喪守孝，前往弔唁，後一同遊靈巖山。《至吳門曾青藜爲余假館半塘僧室卻贈》、《過震澤口號紀哀》、《崑山弔健菴昆仲紀事書懷》、《同健菴遊靈巖山》。

注，健庵即徐乾學（1631～1694），字原一，清江蘇崑山人。明末清初著名學者顧炎武的外甥。

據《題徐立齋溪亭小影》（立齋即徐元文，字公肅，哥哥徐乾學、弟弟徐秉義都是進士，在當時很有名望，號稱「崑山三徐」）。

秋末，別徐乾學前往杭州，遊西湖，上法相寺，會武林舊友，與魏子存相會。《既別健菴有作》《重過湖上述懷》「霜寒客路楓林晚，月滿江城桂樹秋。」「驚心白髮常爲客，翹首青雲欲望誰。」據《徐方虎邀同孫屺瞻泛湖至法相寺》、《嚴方貽招飲集武林諸老友》、《武林諸子招飲嚴氏宅》、《靈隱宿綠天僧閣同魏子存作》。

雨中入松江，訪家葆玢，哭徐孝先，然後回到崑山，會曾青藜、徐健菴、徐果亭諸友。據《雨中入松江訪家葆玢張豫章即事有述》、《哭徐孝先》（闇公之子）、《過崑山值徐健菴諸郎秋薦》、《過曾青藜鄧尉村居》、《花豀贈徐果亭》。

戊午　清康熙十七年 1678 年　67 歲

【時事】吳三桂於長沙稱帝，國號爲周，建都衡州（湖南衡陽），年已 67 歲，尋卒。孫吳世璠嗣位。

安居鄉里，存詩八首。《戊午暮春懷廬有作》「絕頂茅茨願始成，讀書爲喜傍先塋」

己未　清康熙十八年 1679 年　68 歲

【時事】清簡親王喇布統軍南攻，連陷岳州（湖南岳陽）、（湖南）長沙、衡州（湖南衡陽）。吳世璠奔（貴州）貴陽。

春天，又作崑山、虞山之遊，與雲間諸子游九峰，登太史藏書樓，相互讌集唱和。《己未暮春客崑山諸勿菴招同徐健菴立齋及雲間諸子游九峰詩以紀勝》《午日同陸漢標張壽民徐敬思及兒輩登藏書樓》「崑山太史藏書閣，今節相扶醉後登」與徐健菴（乾學）、徐元文（立齋）交遊甚多。據《立齋學士招同祝子堅吳修齡然雲閣作》、《立齋得樹園雜詠》、《又二首》、《題健菴傳

是樓》、《健菴避客李氏園期余過話余方有歸與之興詩以見意》。「自嗟歸思切，空羨此山深」。

七夕，同諸子話別。據《七夕同祝子堅吳修齡徐崧之健菴集果亭宅話別時久旱得雨》。

庚申　清康熙十九年1680年　69歲

【時事】清陝西提督趙良棟陷成都，四川亦歸於清。將軍賴塔斬尚之信、尚之節。

五月五日作《九子峰歌爲喻武公太守侑觴》「老夫昨夜扁舟來，菖蒲酒碧滿城開。恰好佳辰逢令節，家家競舉長命杯。遙指九子爲君壽，九十九峰皆俯首。」

渡江過孔城回到家中。《渡江寄嘉樹》「石路荒亭細雨催，思家爲趁北風回。」據《過孔城宿黃元實寓卻贈》。

是年錢澄之《與江磊齋》的信中談及《詩學》、《易學》的刊印傳世問題，希望老友解囊救濟。「別後了得《詩學》一書，吳會間已有抄本，未知流傳在何時耳。……明年七十矣，後會知復何時？老年翁非薄待我者，必有以濟我之困而娛我之老也。」

秋闈八月，過池州，遊齊山。

按，錢澄之少年一直懷有經濟抱負，當理想破滅，只能在交遊吟，詠中勉強度日時，晚年的錢澄之則一直希冀其作品能流傳千古，所謂「吾生志千秋，今已心血衰」（癸丑年《方虎第後擢庶常誌喜一章》）只能以作品的傳世作爲慰藉，也作爲他所經歷的那段特殊日子的紀念，所以，在他晚年他費盡心思的就是作品的刊印傳世。

辛酉　清康熙二十年1681年　70歲

【時事】明延平郡王鄭經卒，子鄭克塽即位。清四川提督趙良棟等會師攻雲南，周帝吳世璠自殺。

是年古稀之歲，於江西樟樹舟中度過生日。《樟樹鎭舟中七十初度》「壽昌橋下生還日（40歲），燕子磯前花甲年（60歲）。此日停舟樟樹鎭，託人爲買上灘船。」

五月，與曹起峒相會慧力寺。據《慧力寺贈自之禪師》、《贈曹起峒》。

七夕，遊天寧寺。據《天寧寺七夕分得期字》。

會魏青城諸子，依舊心念《詩學》、《易學》的傳世。《以所著詩學易學示

魏青城》「半世詩名應浪竊，一生經學且成編。古人肯教微言絕，何計流行令早傳。」

　　八月，別魏青城，順章江而上，由樟樹鎮到豐城，至吳城（注：位於修水與贛江注入鄱陽湖的交匯處，「江西四大名鎮」之一），至左蠡（注：左蠡鎮位於鄱陽湖南北二湖交界之處）。《別魏青城觀察》《泊鹿渚同左子直舟中作》「歸帆苦被北風留，臥聽濤驚八月秋」據《守風樟樹鎮》、《豐城守灘酬河神》、《吳城令公廟》、《夜泊左蠡望子直不至》。

壬戌　清康熙二十一年 1682 年　71 歲

　　【時事】耿精忠被部將告發謀反，被捕殺。三藩至是悉滅。

　　歷經五年艱辛，築西田莊成，移居西田莊。《移居西田莊五首》「拮据經五載，卜築小山坳」「耕耘從此便，卷帙漸圖鈔。汗漫一生過，餘年為解嘲。」有《西田莊記》。

　　《與張敦復》的信中，錢澄之請求老友能為之點訂《詩學》、《易學》。「餘年寂寂，惟著述不廢。向來《易學》，已為老友遺矣，頃更加刪定。吳中當事索付剞厥，恐又屬空言耳。《詩學》亦費八年苦心，五易稿矣。尊小序，不悖朱傳，兩家各有謬處，僭為正之。間有發前人所未發者，安得就教高明，為之點訂也？」

癸亥　清康熙二十二年 1683 年　72 歲

　　【時事】清水師提督施琅自福州出海攻擊臺灣，明延平郡王鄭克塽出降，臺灣納入中國版圖。

　　復至吳越。清明前夕，到大龍山下石塘湖畔的杏花村觀賞杏花。有《大龍灣看杏花記》詳細記述了官吏前來賞花對當地百姓的傷害。也有《杏花村》詩：「石塘湖畔杏花村，幕府頻遊樹少存。漁戶買魚供舉網，獵人遮獸侯追奔。白茅階戴停車迹，綠草茵承漬酒痕。惱殺居民薪作炭，數株留取待高軒。」

　　遊靈壽洞。據《靈壽洞》。

　　《與嚴方貽》、《與王方喜》的信中再次提及《田間詩學》《田間易學》付梓之事。

甲子　清康熙二十三年 1684 年　73 歲

　　入吳，遊虎丘，到揚州訪汪辰初。六月客松江，秋至上海，再由無錫返里。《入吳途中酬方葆羽》、《虎丘》、《揚州訪汪辰初》、《同豫章玉樹逃暑張梅

傑園中即事》「六月六日氣焚如，逃暑往尋張秘書」《甲子夏六月客松江遙祝曾青藜吳門六十初度》、《重遊上海訪史簡菴明府》「五十年前此舊遊，江天風物又新秋。」據《梁溪贈陳集生》（注，梁溪，在無錫附近）。

按，錢澄之甲戌曾遊上海，甲子又來，有五十一年。

《甲子除夕西田莊口號》「雪擁雙扉度歲新，身爲萬曆老遺民。六年辛苦三重屋，一室團圓四代人」雖年事已高，壯志未成，但子孫滿堂，屋舍築成，在無奈愁苦中又夾雜著溫馨和希望。

胡星卿歿。《哭胡星卿》「雨過沙街馴象門，朝朝攜手破苔痕。同心漸失青山冷，雙眼徒穿白日昏」。對以前比鄰而居生活的懷念，對摯友離去的無限傷感。

乙丑　清康熙二十四年 1685 年　74 歲

開始注《離騷》。《乙丑元旦立春》「詩文刪罷閒無事，更注《離騷》訂七篇」。

秋出遊，赴張玉叔碧峰之邀。《寄家左車大梁》「長路風霜嗟獨往，深秋早暮憶無衣。衡州更去何年事，望爾朝朝侯竹扉。」據《新秋同諸子赴張玉叔碧峰之招上探披雪還集秋樹堂分得雨字》

這一年，錢澄之沒有四處遊覽，存詩五首。他更關心的仍是詩文的刊刻傳世。《與任克家》書曰：「即今年七十四矣，遊興已倦，衰殘困頓，不堪爲知己道。江村閉戶，刪定生平未刻詩文，遂盈數尺，授梓無期，但得傭書人，資其筆墨饔飧，抄一清本，藏之秘笈，足矣。然即此亦無力能辦。臺兄其有意存之否？」

丙寅　清康熙二十五年 1686 年　75 歲

重上浮山，有《浮山示山足上座》「浮山山下華嚴寺，憶我遊經六十年。」據《重修浮山華嚴寺碑記》。

按，錢澄之第一次上浮山是在壬戌年，有到華嚴寺，當時他十一歲，後來甲戌年再過浮山，卻沒有到華嚴寺。

秋天冒雨至貴池訪趙心遠。《秋雨渡江訪趙貴池心遠》「潮褪江頭江水平，扁舟冒雨渡江行。」

過建德，到武漢、武昌。《過建德留別金賓王廣文》《承漢陽明府張壽民移樽鄂渚用謝》「楚天風物接江鄉，來往人爭誦漢陽」《多夜集葉慕廬寓齋分得心字》「武昌城北晝常陰」，據《移寓漢陽千谷招飲不赴贈詩見嘲依韻》。

　　除夕，與何蔚宗度歲於開遠堂。《開遠堂除夕和何蔚宗韻》「酒量衰年怨，鄉情異地親。」

　　《莊屈合詁》一書寫成。與先前《詩學》、《易學》一樣，錢澄之最爲擔憂的就是它們的授梓刊印。《與忍亭》書云：「弟今年七十五矣，餘生有限，後會無期，一生心血，惟存著述數種……但得一種傳，足以不朽，惟世翁宴閒之暇，偶一及之，未敢以野人妄相干瀆也。」《與徐方虎》信中：「弟於去冬窮愁之中，又了得《莊屈合詁》一書，此書屬稿數年，今始卒業，自謂無復疑義。」

丁卯　清康熙二十六年 1687 年　76 歲

　　元旦，下雪，仍留於湖北開遠堂。據《元旦雪集開遠堂限開字》。

　　很快，跟隨龔千古南下，過金口，到岳州，過洞庭湖、汨羅江，至湘陰，最後到達長沙。《同龔千谷僉憲過湖即事》15 首詳細敘述了一路行程。二月，同諸子過湘江遊嶽麓山。據《同諸子嶽麓即事四首》。

　　回到南京，九月至江陰再經丹陽，復回金陵。據《長干感舊》、《白門晤方望子自嶺外回》、《再過江陰趙翔九宅上有作》、《丹陽道上》、《九月再過江陰呈李醒齋閣學》、《自丹陽返白門早行三首》、《經丹陽口號》。

　　從南安出發，回到安徽，經過懷遠、宿州、徐州到（山東）袞州度歲。據《皖中飲孟叔子宅上》、《將近孔城值大雪宿逆旅旆孫獨往夜不成寐》。

　　按，旆：秉玬公曾孫，旇行，字叔罃，號彭源，康熙戊辰進士。此年秋天錢澄之得知他秋薦得中，有《從孫旆秋薦志勉》一詩，云：「吾家灰冷百餘年，賴汝孤生火再燃。敢信文工投主好，定知母節荷天憐。讀書有效功難竟，立品方新願早堅。從此致身無限事，區區科第幾人傳。」叮嚀囑咐，希望他能懷揣更大的抱負和理想，講究人品的修養。所以孔城遭雪，旆獨往作陪，錢澄之無限感動興奮。據《過懷遠渡淮》、《宿州小除即事》、《早到徐州不得行》、《袞州道中同粵東陳昆圃黎文連旇德汪帝臣及從孫旆守歲》。

　　書信方面，《與沈聖符》書中敘述了自己家中當下的情形，回憶當年震澤之難，充滿了對他當年出手相救的感激之情。《與姜奉世》主要敘述了自己生活的艱難困頓，並爲《藏山閣集》乞序。

戊辰　清康熙二十七年 1688 年　77 歲

　　元旦，即從山東（袞州）出發，繼續向北，經過德州、任丘向京師進發。《元旦晴過袞州口號》「新年不暇蘸椒觴，逐伴驅車古道旁。桑柘影中過魯國，

輪蹄交處見周行。」《德州道中雪朝作》、《平原旅舍見壁上白氏女詩和韻》。

　　按，下有小注，標明爲任丘旅舍。

　　春天，到達都城京師，與諸子齊聚楊端木家中，有《京華春集》。與徐乾學（健庵）、徐元文（立齋）交往甚密。《仲春夜集徐立齋寓齋燈下看梅同朱錫鬯採章金穀似令侄藝初諸子作》、《徐健庵總憲席上有作》「江村小構未安居，晚歲營家計益疏。豈有暮齡勤遠道，荷頒清俸理徵車。交情能得幾知己，心血難捐舊著書。輦下即今寥落甚，於君獨仗意何如？」

　　按，此次京師之行，乃受徐健庵之禮聘，前往協助編書。錢品三「田間年譜按」有言「康熙丁卯，崑山徐公健菴罷司寇，諭令編纂，禮聘先生北來相助。年已七十有六，惟慮其不果首途，而先生一如少壯，翩赴都門。至則出所著書餉遺，曹好爭爲助貲授梓。老至欲傳，意蓋有所託焉。」但從《田間詩集》詩作所記來看，並非丁卯，而是戊辰之年。蕭穆《記田間先生年譜》也言「戊辰春入京師，秋間回裏。」錢澄之不顧自己古稀之高齡，仍跋涉千里應邀前往，一爲家中貧困，外出求食，而更重要的是爲了他著作的傳世。而他此次出遊得到的「助貲授梓」的機會也正是他最大的收穫！

　　秋，作別諸子，經過徐州返回安徽。《臨發聞家仲扶至不得晤書懷》「燕臺別去雁行疏」《出彰義門》、《九日宿利國驛爲張仲子衡臣初度》「令節征途去不休，隔河且喜近徐州」

己巳　清康熙二十八年 1689 年　78 歲

　　又作吳下、雲間之遊，五月泊於聚寶門。《夏五月夜泊聚寶門》到潤州《潤州酬王太守個菴》。

　　注，潤州，本東晉僑置南東海郡。隋置潤州，取州東潤譜爲名，尋廢，唐復置，屬江南道，治丹徒。五代入南唐，宋改置江軍。

　　六月，晤蔡九霞、張復重、梁藥亭。《夏六月蔡九霞招同張復重梁藥亭侯藥亭不至有作》「易代忠襄第，雙扉處士廬。招尋惟老友，討論有殘書。」秋天，居於徐氏花溪草堂，校讎著述。《寓花溪數過韓元少學士談讌是夕方虎至喜率爾成詩》、《花溪秋雨即事寄道積》

　　按，道積，即徐樹本，徐元文之子，徐乾學之侄。

　　「兩月寓花溪，一刺不妄投。閉門加戌定，未敢倦即休。宵燈暈老眼，與兒同校讎。頭白不足惜，汗青非自由。」「晚交徐叔子，心許代我籌。雖未即周急，且以寬我憂。窮乏寧足計，吾事在千秋。」《花溪寄師魯》「往返頻

移疾，淹留苦校書」。

秋末，返回潤州，度過梁溪，踏上歸途，途中度歲於宋聲求宅中。據《同諸寓公守歲宋聲求宅上歸途口號》、《客潤州月華山道院登萬歲樓》、《曉泊梁溪謁徐明府孝思》「曙色初開古驛前，梁溪霜壓萬家煙。」

庚午　清康熙二十九年 1690 年　79 歲

元宵，至吳門。據《吳門燈夕即事》。

三月，與汪異三、姜奉世同為西山之遊。據《庚午初春姜奉世邀同汪異三唐鑄萬往西山看梅夜宿光福》、《出光福遇雨憩道傍蘭若雨止上馬駕山飯香嵒菴晚登槎山小飲抵暮始回》、《次月由虎山橋泛舟出銅坑沿湖看花望鱉魚澗至熨斗柄維舟小飲夜歸遇蔡九霞同至光福》、《次日遊玄墓迂道石壁午後過長圻嶺到聖恩寺》、《春遊雜詩》。

客居吳門，與諸子雅集依園。據《顧迂客俠君昆仲邀同周子潔朱望子諸君依園雅集》。

六月，遊荷花蕩。《荷花蕩讌集酬徐大臨張日容金紹廷三子》「六月荷花蕩，吳中此勝遊。」

秋天與徐健菴同遊太湖、莫釐山。《月夜過太湖》「湖水秋平浪不興」。據《莫釐峰》。

七夕，回到花溪。《花溪七夕同果亭作》「東觀校書移遠岫，綸扉去國阻扁舟」「一臥花溪兩度秋，今年佳夕迥添愁」

按，錢澄之所言之「愁」，可能來自許家的變故。是年，《易學》、《詩學》、《莊屈合詁》、《文集》、《詩集》陸續刊成於蘇州，錢澄之親自前往督工雕校，但因為經費不繼和語涉避諱，《所知錄》、《藏山閣集》未能同刻。此時，徐道積（樹本）被劾，徐元文被革職，次年七月憂懼而死。這年徐乾學也被革職，三年後去世。

九月初九，於菡怡閣度過佳節。據《重九日同周介凡邀同從孫菽嵏飲菡怡閣閣在虎丘山後》。

深秋，由吳返里。據《過蕪關以酒六瓻見阻報稅率成》、《勞在茲見過索詩為其親壽》「春晴燈燦千門月，雪霽梅鋪萬壑花。」

書信有《與江在湄》「僕今年七十九矣，老態日增，餘生可見。」《與張敦復》「明年八十矣，從此戢影江村，絕迹遠去城市」，快至耄耋之年，身體狀況每堪愈下，呆於鄉里，不再有出遊之念。

辛未　清康熙三十年 1691 年　80 歲

4 月 29 日，唐甄爲之作壽文。據《田間先生八十壽序》。

秋，再次來到蘇州，爲著作付梓之事。

年老體衰，不復出遊，念念不忘的仍是其著作的刊印。有與王子喜、張敦復、葉見初、家枚一、文行遠的書信往來。

壬申　清康熙三十一年 1692 年　81 歲

春，查愼行遊覽廬山，過桐城，唔錢澄之。

身體每況愈下，雖子孫滿堂，生活卻貧困不堪，既無錢養病，也不能爲曾孫嫁娶，以不能稱高祖爲憾。見《與韓慕廬》書。

癸酉　清康熙三十二年 1693 年　82 歲

身體甚爲不佳，常臥床不起。

四月，應方以智之侄方有懷之請，作《白鹿山莊房詩集序》，前面闡述了他論詩的要義，仍在於情禮二端。「詩也者，樂章也，而準諸禮。凡三百篇所稱，莫非禮教；而所譏者，皆非禮之事」「夫子夏所謂後者禮之文也，文生於情，先王緣人情而制禮，詩所以道性情也。」認爲詩雖出於性情，卻終究要以禮爲節制，做到「樂而不淫，哀而不傷。」

夏，作《與黃平子》書，這是他寫給故友的最後一封書信，所關注的仍是著述刊刻和子孫的生活。

入秋，病重，九月初一卒於家中，享年八十有二，葬於樅陽之東破罡桃花村余家郭莊桃花山南麓犀牛地。乾隆二年，清禮部侍郎方苞作《田間先生墓表》，並題碑名。

年譜參考文獻

1. （清）錢澄之撰，諸偉奇等輯校，所知錄〔M〕，合肥：黃山書社，2006年。

2. （清）錢澄之撰，諸偉奇校點，田間詩集〔M〕，合肥：黃山書社，1998年。

3. （清）錢澄之撰，殷呈祥校點，莊屈合詁〔M〕，合肥：黃山書社，1998年。

4. （清）錢澄之撰，朱一清校點，田間詩學〔M〕，合肥：黃山書社，2005年。

5. （清）錢澄之撰，彭君華校點，田間文集〔M〕，合肥：黃山書社，1998年。

6. （清）錢澄之撰，吳懷祺校點，田間易學〔M〕，合肥：黃山書社，1998年。

7. （清）錢澄之撰，湯華泉校點，藏山閣集〔M〕，合肥：黃山書社，2004年。

8. （清）徐鼒著，王崇武校點，小腆紀年附考〔M〕，北京：中華書局，1957年。

9. （清）王之春撰，汪茂和點校，王夫之年譜〔M〕，北京：中華書局，1989年。

10. （清）廖大聞等修，金鼎壽纂，安徽省桐城續修縣志〔M〕，臺北：成文出版社，1975年。

11. （清）黃宗羲撰，南雷文定〔M〕，北京：中華書局，1985年。

12. 馬其昶，桐城耆舊傳〔M〕，臺北：文海出版社，1969年。

13. 任道斌編，方以智年譜〔M〕，合肥：安徽教育出版社，1983年。

14. 譚其驤主編，中國歷史地圖集〔M〕，北京：地圖出版社，1982年。

15. 鄭梁生編譯，中國歷史地名大辭典〔M〕，臺北：三通圖書公司，1984年。

16. 柏楊，中國歷史年表〔M〕，臺北：星光出版社，1986年。

17. 沈雲龍，桐城耆舊傳〔M〕，臺北：文海出版社，1966年。

18. 顧誠，南明史〔M〕，北京：中國青年出版社，1997年。

19. 張銘，錢澄之詩歌研究〔D〕，合肥：安徽大學，2004年。

20. 趙春燕，錢澄之《田間詩集》研究〔D〕，蕪湖：安徽師範大學，2006年。

21. 張瑞傑，錢澄之詩歌研究〔D〕，蘇州：蘇州大學，2008年。